智財系列

著作權法
實務問題研析（二）

蕭雄淋 著

五南圖書出版公司 印行

自　序

　　自2008年著者開始擔任經濟部智慧財產局著作權法諮詢顧問工作。智慧局凡遇民眾詢問難解的實務問題，或在修法或職務上遇到見解不是十分確定的著作權法問題，往往會以書面詢問諮詢顧問意見，由諮詢顧問以書面回答。

　　由於問題千奇百樣，引起我的興趣。因此對於每一個問題，我在時間許可範圍內，都盡量認真回答。迄2013年，累積了七十五個問題，回答字數達三十餘萬字，編成《著作權法實務問題研析（一）》一書。

　　多年來，我在臺北大學法律系博碩士班教授「著作權法專題研究」課程，上課中常引過去回答過的問題，覺得這些問題和回答，是這幾年著作權法理論與實務見解發展歷程的一部分，有必要以書籍保存下來，並拋磚引玉，以就教著作權法界的先進。近年來，又累積了三十個問題，因此，著者乃再編輯本書。

　　本書按著作權法章節加以分類，共分八章，每一章節，按回答問題的時間先後排列。其中問題盡量保留原智慧局的提問，回答也盡量保留原回答，並在每一回答後面記明回覆時間。

　　本書之出版，應感謝經濟部智慧財產局給我這樣的機會回答問題。這僅是代表著者個人的見解，並不代表智慧局的官方意見。著者見解，有若干被智慧局採納，有若干不被採納。又本書之見解，雖有許多與北辰著作權事務所諸同仁討論，但最後結論，僅代表個

人意見，並不代表北辰著作權事務所之意見。

　　本書之完成，承事務所同事李庭熙高級研究員校正，五南編輯高丞嫻小姐亦辛苦排版校對，謹此感謝。

著者　蕭雄淋　律師

2018年4月16日
於北辰著作權事務所

蕭雄淋律師簡介

一、現　任

1. 北辰著作權事務所主持律師
2. 國立臺北大學法律系博碩士班兼任副教授
3. 財團法人台北書展基金會董事
4. 全國工業總會保護智慧財產權委員會委員
5. 經濟部智慧財產局著作權法修正諮詢委員會委員
6. 經濟部智慧財產局著作權諮詢顧問
7. 臺灣文化法學會理事

二、經　歷

1. 以內政部顧問身分參與多次台美著作權談判
2. 參與內政部著作權法修正工作
3. 行政院新聞局錄影法及衛星傳播法起草委員
4. 行政院文化建設委員會中書西譯諮詢委員
5. 臺灣省警察專科學校巡佐班「著作權法」講師
6. 內政部、中國時報報系、聯合報系、自立報系等法律顧問
7. 內政部「翻譯權強制授權」、「音樂著作強制授權」、「兩岸著作權法之比較研究」等三項專案研究之研究主持人
8. 財團法人資訊工業策進會「多媒體法律問題研究」顧問
9. 行政院大陸委員會「兩岸智慧財產權保護小組」諮詢顧問
10. 台北律師公會及中國比較法學會理事
11. 教育部國立編譯館、國史館等法律顧問

12. 內政部著作權法修正諮詢委員會委員

13. 內政部頒布「著作權法第四十七條之使用報酬率」專案研究之主持人

14. 南華大學出版學研究所兼任副教授

15. 國立清華大學科技法律研究所兼任副教授

16. 國立臺北教育大學教育經營與管理系文教法律碩士班兼任副教授

17. 全國律師公會聯合會律師職前訓練所「著作權法」講座

18. 台灣法學會智慧財產權法委員會主任委員

19. 全國律師公會聯合會智慧財產權法委員會主任委員

20. 教育部學產基金管理委員會委員

21. 教育部「網路智慧財產權法律顧問小組」成員

22. 財團法人臺灣省學產基金會董事

23. 行政院文化建設委員會法規會委員

24. 經濟部智慧財產局著作權審議及調解委員會委員

25. 國防部史政編譯室法律顧問

26. 經濟部智慧財產局委託「著作權法第四十七條第四項使用報酬率之修正評估」之研究主持人

27. 經濟部智慧財產局委託「國際著作權法合理使用立法趨勢之研究」之共同研究主持人

28. 經濟部智慧財產局委託「著作權法職務著作之研究」之研究主持人

29. 經濟部智慧財產局委託「出版（含電子書）著作權小百科」之獨立編纂人

30. 經濟部智慧財產局委託「中國大陸著作權法令暨判決之研究」之研究主持人

31. 應邀著作權法演講及座談七百餘場

三、著 作

1. 著作權之侵害與救濟（民國（下同）68年9月初版，三民書局經銷）。

2. 著作權法之理論與實務（70年6月初版，同上）。

3. 著作權法研究（一）（75年9月初版，78年9月修正再版，同上）。

4. 著作權法逐條釋義（75年1月初版，同年9月修正再版，同上）。

5. 日本電腦程式暨半導體晶片法令彙編（翻譯）（76年9月初版，資訊工業策進會）。

6. 中美著作權談判專輯（77年1月初版，78年9月增訂再版，三民書局經銷）。

7. 錄影帶與著作權法（77年12月初版，同上）。

8. 著作權法修正條文相對草案（79年3月初版，內政部）。

9. 日本著作權相關法令中譯本（翻譯）（80年2月初版，同上）。

10. 著作權法漫談（一）（80年4月初版，三民書局經銷）。

11. 翻譯權強制授權之研究（80年6月初版，內政部）。

12. 音樂著作強制授權之研究（80年11月初版，同上）。

13. 有線電視與著作權（合譯）（81年1月初版，三民書局經銷）。

14. 兩岸著作權法之比較研究（81年12月初版，82年9月再版，同上）。

15. 著作權法漫談（二）（82年4月初版，同上）。

16. 天下文章一大抄（翻譯）（83年7月初版，三民書局經銷）。

17. 著作權裁判彙編（一）（83年7月初版，內政部）。

18. 著作權法漫談（三）（83年9月初版，華儒達出版社發行）。

19. 著作權法漫談精選（84年5月初版，月旦出版社發行）。

20. 兩岸交流著作權相關契約範例（84年8月，行政院大陸委員

目　錄 CONTENTS

第一章　著作權之主體

問題1：出資聘人完成著作出資額與利用權之關係

 相關條文

> 著作權法第5條（著作類別之例示）、第12條（受聘著作）、「著作權法第五條第一項各款著作內容例示」第2項第6款（圖形著作之例示）

壹、問題

　　高雄市政府捷運工程局（下稱捷運局）興建之環狀輕軌建設案由A公司統包工程，A公司再與B公司簽約，由B公司承攬工程設計服務，其中，捷運局與A公司之統包契約（政府採購契約）中有約定「廠商履約結果涉及智慧財產權者：廠商因履行契約所完成之著作，其著作財產權之全部於著作完成之同時讓與機關，廠商放棄行使著作人格權。廠商保證對其人員因履行契約所完成之著作，與其人員約定以廠商為著作人，享有著作財產權及著作人格權。」惟A公司與B公司之分包契約均未就著作權歸屬為任何約定。B公司依約完成本案爭議標的之「C1-C4地盤、機廠地盤、C4-C14地盤處理工程期末細部設計圖、C1-C14排水工程期末細部設計圖、愛河橋橋樑、成功橋橋樑工程期末設計圖」以及相關變更設計圖並交付A公司轉交捷運局，嗣經捷運局審驗通過。

　　惟工程施作期間，A公司發生財務問題，捷運局為避免工程進度受影響，乃於終結A公司相關款項後將該案分割，再將各部分工程分別另案辦理採購招標，該局並重製上述B公司設計圖及工程說明書檔案作為招標文件之附件，供有意投標之廠商閱覽，後續並將細部圖說交付得標廠商繼續按圖施工。

　　B公司主張上述設計圖及工程說明書為B公司之著作，捷運局與B公司間未存有任何授權契約存在，捷運局重製上述設計圖及工程說明書檔案並公開於網路之行為，屬非法侵害B公司之重製權等，並主張捷運局要求第三人廠商按圖

施工，亦屬侵害重製權之行為。

就本案事實，有以下問題想請教顧問：

一、以本局就建築著作之定義，係依據建築法中所認定之建築，惟系爭「機廠地盤、橋樑」等工程設計圖，是否屬著作權法所稱之「建築著作」，或屬於「圖形著作」？

二、在缺乏著作權約定的情形下，捷運局有無不需授權而利用B公司設計圖之空間？如有，其依據為何（例如目的讓與理論或默示授權）？

貳、回答

一、系爭著作為「圖形著作」，抑或「建築著作」？

（一）「圖形著作」與「建築著作」之區別實益

著作權法第5條規定：「本法所稱著作，例示如下：一、語文著作。二、音樂著作。三、戲劇、舞蹈著作。四、美術著作。五、攝影著作。六、圖形著作。七、視聽著作。八、錄音著作。九、建築著作。十、電腦程式著作（第1項）。前項各款著作例示內容，由主管機關訂定之（第2項）。」可見「圖形著作」與「建築著作」係不同之著作。依「著作權法第五條第一項各款著作內容例示」規定：「圖形著作：包括地圖、圖表、科技或工程設計圖及其他之圖形著作。」、「建築著作：包括建築設計圖、建築模型、建築物及其他之建築著作。」

著作權法第3條第1項第5款規定：「重製：指以印刷、複印、錄音、錄影、攝影、筆錄或其他方法直接、間接、永久或暫時之重複製作。於劇本、音樂著作或其他類似著作演出或播送時予以錄音或錄影；或依建築設計圖或建築模型建造建築物者，亦屬之。」「科技工程設計圖」為圖形著作，而「建築圖」為建築著作。建築圖由平面到立體，視為「重製」，屬於著作權法第22條之權利範圍，而「科技工程設計圖」從平面到立體，實務見解認係「實施」，不屬於著作權法效力所及。亦即由平面製作成立體，在建築著作係侵害著作權，在圖形著作則否。

（二）系爭著作為圖形著作，而非建築著作

本件系爭著作，爲「C1-C4地盤、機廠地盤、C4-C14地盤處理工程期末細部設計圖、C1-C14排水工程期末細部設計圖、愛河橋橋樑、成功橋橋樑工程期末設計圖」，其所欲完成者，並非建築法上之建築，亦非建築物相關庭園之一部分，故該圖僅得解釋爲「科技或工程設計圖」，解釋上爲圖形著作之一種，其著作權效力所及，僅係平面之重製，而不包含從平面到立體之製作工程。

二、捷運局得否利用B公司系爭圖形？

（一）本件捷運局與A公司間，或A公司與B公司間之關係，均係著作權法第12條之承攬關係

現行著作權法第11條規定：「受雇人於職務上完成之著作，以該受雇人爲著作人。但契約約定以雇用人爲著作人者，從其約定（第1項）。依前項規定，以受雇人爲著作人者，其著作財產權歸雇用人享有。但契約約定其著作財產權歸受雇人享有者，從其約定（第2項）。前二項所稱受雇人，包括公務員（第3項）。」第12條規定：「出資聘請他人完成之著作，除前條情形外，以該受聘人爲著作人。但契約約定以出資人爲著作人者，從其約定（第1項）。依前項規定，以受聘人爲著作人者，其著作財產權依契約約定歸受聘人或出資人享有。未約定著作財產權之歸屬者，其著作財產權歸受聘人享有（第2項）。依前項規定著作財產權歸受聘人享有者，出資人得利用該著作（第3項）。」本件無論捷運局與A公司間，或A公司與B公司之間，均非僱傭關係，而係承攬關係，除合約另有規定外，應適用著作權法第12條規定。

（二）著作權法第12條出資人之利用權，不因出資人之出資關係未履行而受影響

依著作權法第12條規定，如果承攬關係雙方對出資完成著作之標的著作未約定著作權之歸屬，著作權屬於創作者，但出資者有利用權。而出資者之利用權與出資關係之履行，實務見解如下：

1.最高法院100年度台上字第1895號民事判決謂：「按著作權法第十二條第三項所指出資聘請他人完成之著作，出資人得利用該著作之範圍，應依出資人出資或契約之目的定之，在此範圍內所爲之重製、改作自爲法之所許。又出

資人之利用權乃係本於法律之規定，並非基於當事人之約定，與著作完成之報酬給付，並非立於互為對待給付之關係，自無同時履行抗辯之可言。上訴人謂重製、改作專屬著作人，非屬著作權法第十二條第三項規定之利用範圍，且以報酬之領取與出資人之利用權為同時履行抗辯，不無誤會。」

2. 智慧財產法院104年刑智上易第3號刑事判決謂：「(1)被告依約定使用系爭攝影著作：著作權法第12條第3項所謂出資聘請他人完成之著作，出資人得利用該著作之範圍，應依出資人出資或契約之目的定之，在此範圍內所為之重製、改作自為法之所許。被告為出資人得利用著作，其利用著作之範圍，應依出資人與受聘人間契約之約定；倘無約定，應參酌被告使用之目的、約定使用之態樣或契約內容，決定被告利用著作之行為是否合法。查告訴人知悉被告出資委由其拍攝系爭攝影著作之目的，係作為於網站行銷產品之用途，故張貼於阿里巴巴網、惠聰網網頁之系爭攝影著作，為明靚公司於網際網路行銷產品之用途，照片商品內容有註明『聖女蕃茄』、『梅子紅肉李』、『金煌芒果』等商品名稱，其與被告出資聘請告訴人完成著作時，所約定使用系爭攝影著作之目的相符。(2)本案屬債務不履行民事事件：出資人之利用權係本於法律之規定，並非基於當事人之約定，其與著作完成之報酬給付，並非立於互為對待給付之關係，自無同時履行抗辯之可言（參照最高法院100年度台上字第1895號民事判決）。縱使被告未先徵得告訴人同意，或未先依契約之約定給付費用予告訴人，僅屬民事債務不履行之損害賠償責任範疇，然揆諸前揭說明，被告得依約定內容使用系爭攝影著作。職是，不能遽認被告有擅自違法重製告訴人著作之故意，即不成立著作權法第91條第1項之罪。」

3. 經濟部智慧財產局民國101年9月20日電子郵件1010920號謂：「一、依照您來信所述，某人（出資人）出資委託您（受聘人）設計網站的LOGO，但一直沒有匯款進來，事後並發現原本的LOGO圖片被他拿去他新的網站一節，有關出資聘請他人完成著作，其著作財產權之歸屬，依著作權法第12條規定，出資聘人完成之著作，其著作人及著作財產權之歸屬，原則上當事人得透過契約約定予以認定。如雙方未約定時，則由受聘人為著作人並享有著作財產權，而出資人得在出資的目的及範圍內利用該著作。當事人簽立合約後，著作已完成，出資人未給付價金，是否會影響著作權歸屬？則應視出資聘請之合約狀態而定，如果出資聘請之合約已合法終止，即無所謂之出資聘人完成著作之情形存在；反之，如果出資聘請合約仍存在，只是出資人未給付價金，則不影響著作財產權之歸屬，只是受聘人得循民事契約關係，請求相對人依約履行對待給

付之問題。然由於著作權係屬私權，因此就上述情形（合約終止後，著作權如何歸屬、利用等）均涉及私契約之認定，發生爭議時，亦須依個案事實，由司法機關予以審認。」

　　4. 經濟部智慧財產局民國97年4月8日智著字第09716001070號謂：「二、有關出資聘請他人完成著作，其著作財產權之歸屬，依著作權法（下稱本法）第12條規定，出資聘人完成之著作，其著作人及著作財產權之歸屬，原則上當事人得透過契約約定予以認定。如雙方未約定時，則由受聘人為著作人並享有著作財產權，而出資人得在出資的目的及範圍內利用該著作。但受聘人為法人時，應適用本法第11條雇用著作之規定，定其著作人及著作財產權之歸屬，出資人無從依本法第12條取得該著作之權利。三、所詢若當事人簽立合約後於著作未完成前，發生終止合約且未給付價金等情事，是否影響著作權歸屬一節，由於未完成之著作，並無著作權，不生著作權歸屬之問題。四、惟若當事人簽立合約後，著作已完成，出資者未給付價金，是否會影響著作權歸屬？則應視出資聘請之合約狀態而定，如果出資聘請之合約已合法終止，即無所謂之出資聘人完成著作之情形存在；反之，如果出資聘請合約仍存在，只是出資者未給付價金，則不影響著作財產權之歸屬，只是受聘人得循民事契約關係，請求相對人依約履行對待給付之問題。然由於著作權係屬私權，因此就上述情形（合約終止後，著作權如何歸屬、利用等）均涉及私契約之認定，發生爭議時，亦需依個案事實，由司法機關予以審認。」

　　5. 本件如果B公司與A公司已解約，則捷運局不得利用B公司之著作；如果B公司與A公司未解約，則捷運局得利用B公司之著作，B公司僅得對A公司請求民事賠償或給付出資價金。

　　本件既然A公司與B公司間未有著作權歸屬之約定，則依著作權法第12條有關出資聘人完成著作之規定，著作權歸B公司所有，然而A公司有著作之利用權。此利用權透過A公司與捷運局之約定，移轉為捷運局所有，亦即捷運局得加以利用B公司之該著作。而捷運局重製並在網路公開，解釋上屬於當初利用目的之範圍，至於A公司對B公司之積欠出資價金，仍屬A公司與B公司間的民事問題，與捷運局之利用權無關。

　　反之，如果A公司積欠B公司價金，依合約或民法規定，B公司得解除合約者，如果B公司真的解除該合約，則A公司與B公司間之合約溯及地消滅，此解除合約，B公司與A公司間，當然不發生著作權法第12條之出資聘人完成著作之關係。因此捷運局當然亦無權利用系爭科技工程設計圖。捷運局之損

害，僅得向A公司請求損害賠償。

　　至於捷運局對B公司有無侵害著作權之責任？解釋上，捷運局與A公司間有著作財產權轉讓合約，捷運局就該著作之利用，並無違反著作權法之犯罪故意，除非捷運局接獲B公司之通知，明知B公司與A公司已經解約而仍然加以利用，否則應無刑事責任可言。至於捷運局是否有民事責任，應視捷運局有無過失而定，此應由B公司負舉證責任。

（回覆於2017年5月）

第二章　著作權之客體

問題2：劇本為「語文著作」或「戲劇舞蹈著作」？

 相關條文

> 著作權法第5條第1項（著作之類別）、「著作權法第五條第一項各款著作內容例示」第2項第1款、第3款（語文著作、戲劇舞蹈著作之例示）

壹、問題

最近在檢討「著作權法第五條第一項例示」的內容，目前有一個有關「劇本」的問題想請教。

我國現行法中已有所謂的「戲劇、舞蹈著作」。依據初步的理解，除即興演出之外，演員都是依照劇本來完成戲劇表演，可說劇本就等同於戲劇著作本身；但現行例示將「劇本」獨立出來放在「語文著作」，似與「戲劇著作」有重疊之處。這樣的理解是否正確？如果正確，現行例示是否需要修正（如將「語文著作」中的「劇本」刪去）？

貳、回答

一、有關公約規定

伯恩公約第2條第1項規定：「所謂『文學及藝術之著作』，謂不問以任何表現方法或形式，屬於文學、科學及藝術範圍之製作物。諸如：書籍、小冊子及其他文字著作；講演、演說、布道及其他同性質之著作；演劇用或樂劇用之著作；舞蹈及默劇著作；樂曲（不問有無附歌詞）；電影的著作（包括以類似電影之方法加以表現之著作，以下同）；素描、繪畫、建築、雕刻、版畫的著

作；攝影著作（包括以類似攝影之方法加以表現之著作，以下同）；應用美術著作；圖解、地圖圖表、略圖及關於地理學、地形學、建築學或科學之三度空間之著作。」

伯恩公約第2條第1項既規定「文字著作」（writings），又規定「演劇用或樂劇用之著作；舞蹈及默劇著作」（dramatic or dramatico-musical works; choreographic works and entertainments in dumb show），而劇本之本身究係上述「文字著作」，抑或「演劇用或樂劇用之著作；舞蹈及默劇著作」？

由於伯恩公約指南特別提到上述「文字著作」，是指小說、新聞、詩歌、朗誦詩歌、短篇小說……，不論其內容、篇幅、用途和形式如何。而「演劇用或樂劇用之著作；舞蹈及默劇著作」，依伯恩公約指南，係指劇院上演之著作[1]。依此而論，文字性質的劇本本身，似指「文字著作」或「語文著作」，是否亦屬「演劇用或樂劇用之著作；舞蹈及默劇著作」，字義並不明確。

二、各國規定

（一）德國著作權法

德國著作權法第2條第1項第1款為「語言著作」，例如語言文字著作、演講或電腦程式著作。而第2條第1項第3款為「包含舞蹈藝術著作在內默劇著作」。依德國學者解釋，廣播劇、歌劇、小歌劇之劇本，均屬「語言著作」，而非「默劇著作」[2]。

（二）日本著作權法

日本著作權法第10條第1項規定：「本法所稱著作，其例示大致如下：
一、小說、腳本、論文、演講及其他語文著作。
二、音樂著作。
三、舞蹈或默劇之著作。

---

[1] 參見WIPO著，劉波林譯，保護文學和藝術作品伯爾尼公約（1971巴黎文本）指南（Guide to the Berne Convention for the Protection of Literary and Artistic Works (Paris Act, 1971)），頁13-14，中國人民大學出版社，2002年7月。

[2] Manfred Rehbinder著，張恩民譯，著作權（Urheberrecht），頁126，法律出版社，2005年1月。

四、繪畫、版畫、雕刻及其他美術著作。

五、建築著作。

六、地圖或具有學術性質之圖面、圖表、模型及其他圖形著作。

七、電影著作。

八、攝影著作。

九、電腦程式著作。」

其中形成文字的劇本，屬於「語文著作」，已經是明文規定，並無疑義。而上述第3款爲「舞蹈或默劇」之著作，依學者加戶守行之解釋：「第10條第1項第3款是對於藉由肢體律動或動作而表現之著作的規定，所謂『肢體律動或動作』，並非指該當於（著作鄰接權之）表演或演出之演技，而是演技之外型或型態；亦即，呈現舞蹈型態之舞譜，或是呈現默劇演技之外型等，均屬本款之保護對象。此外，對於即興且具獨創性演技之實行，其演技之外型亦得適用本款規定而予保障，此與前款即興演奏之情形相同[3]。」依此解釋，上述默劇之文字劇本，應不屬第3款「默劇著作」之領域。

（三）南韓著作權法

南韓著作權法第4條規定：「依本法著作例示如下：

一、小說、論文、演講、口述、劇本或其他語言著作。

二、音樂著作。

三、演劇、舞蹈、默劇或其他演劇之著作。

四、繪畫、書藝、雕刻、版畫、工藝、應用美術或其他美術著作。

五、建築物、建築模型、建築設計圖或其他建築著作。

六、攝影著作（包含其他依此方法所製作者）。

七、視聽著作。

八、地圖、圖表、設計圖、略圖、模型或其他圖形著作。

九、電腦程式著作。」

南韓著作將形成文字的劇本，明文規定屬於「語言著作」，觀其解釋，似與日本著作權法相類似。

---

[3] 參見加戶守行，著作權法逐條講義，頁122-123，着作權情報センター，2013年8月六訂版。

（四）中國著作權法

中國著作權法第3條規定：「本法所稱的作品，包括以下列形式創作的文學、藝術和自然科學、社會科學、工程技術等作品：

一、文字作品；

二、口述作品；

三、音樂、戲劇、曲藝、舞蹈、雜技藝術作品；

四、美術、建築作品；

五、攝影作品；

六、電影作品和以類似攝製電影的方法創作的作品；

七、工程設計圖、產品設計圖、地圖、示意圖等圖形作品和模型作品；

八、計算機軟件；

九、法律、行政法規規定的其他作品。」

依中國大陸著作權法實施條例第4條第1項第1款規定：「文字作品，是指小說、詩詞、散文、論文等以文字形式表現的作品。」而「戲劇作品：是指話劇、歌劇、地方戲等供舞台演出的作品。」對於形成文字的劇本本身，究係是否屬於文字作品，條文規定，並不明確。而依學者解釋，劇本本身既是「文字作品」，也是「戲劇作品」，兩者有交叉[4]。然而亦有認為戲劇作品為綜合藝術形式，即將劇本、音樂、美術加以結合，戲劇作品的作者，即劇本作者、導演音樂作者、美術作者[5]。

三、我國之立法

如果依日本、德國、南韓著作權法，文字形式之劇本，係指語文著作，並無疑義，而德國著作權法第2條第1項第3款係「包含舞蹈藝術著作在內默劇著作」，日本著作權法第10條第1項第3款係「舞蹈或默劇之著作」，南韓著作權法第4條第1項第3款係「演劇、舞蹈、默劇或其他演劇之著作」，皆非指形成文字形式的劇本。而中國大陸著作權法，「文字作品」和「戲劇作品」，可能

---

[4] 參見李明德、許超，著作權法，頁34，法律出版社，2009年7月。同見解如：王遷，著作權法學，頁51-52，北京大學出版社，2007年7月；馮曉青，著作權法，頁56-57，法律出版社，2010年9月。

[5] 參見湯宗舜，著作權法，頁33，知識產權出版社，2005年。

形成重疊交叉現象。

　　我國著作權法第5條第1項規定：「本法所稱著作，例示如下：

　　一、語文著作。

　　二、音樂著作。

　　三、戲劇、舞蹈著作。

　　四、美術著作。

　　五、攝影著作。

　　六、圖形著作。

　　七、視聽著作。

　　八、錄音著作。

　　九、建築著作。

　　十、電腦程式著作。」

　　而第1款中的「語文著作」，依「著作權法第五條第一項例示」第2條第1款：「包括詩、詞、散文、小說、劇本、學術論述、演講及其他之語文著作。」第3款規定：「戲劇、舞蹈著作：包括舞蹈、默劇、歌劇、話劇及其他之戲劇、舞蹈著作。」如果依大陸學者的多數說解釋，可能形成語文形式的劇本，既屬「語文著作」，又屬「戲劇著作」，形成交叉現象。

　　我國立法如果不擬交叉，可仿日德立法，將戲劇著作改為默劇，而其他舞台上演劇本的演出戲劇，則為表演，至於形成文字的劇本，則為「語文著作」，如此則可能解決目前之問題。

　　其次，如果將目前「著作權法第五條第一項例示」第2條第1款：「包括詩、詞、散文、小說、劇本、學術論述、演講及其他之語文著作。」其中將「劇本」刪除，依各國立法例解釋，仍不能排除文字形式的「劇本」，解釋上仍屬語文著作之性質，並不能解決問題。

（回覆於2014年10月）

問題3：縣市之市旗市徽是否具有著作權？

 **相關條文**

著作權法第9條第1項第1款、第2項（公文不得為著作權之標的）

壹、問題

有關各縣市之市旗市徽是否受著作權保護？如縣市之市旗市徽的形式係依法所制定（例如中華民國國旗依國旗法第4條制定、臺北市市旗係依臺北市市徽市旗設置自治條例第4條制定），依本局解釋，屬著作權法第9條第1項之「公文」，不得為著作權標的，但就未依法制定之縣市市旗市徽是否受著作權保護，本局並未進一步討論解釋。

日前民眾就前述見解函詢本局，認為縣市旗幟牽涉著作流通利用，不論是否依法制定均應開放公眾自由利用。經查目前台灣各縣市旗幟僅台北市、高雄市、台南市訂有市旗市徽自治條例或使用要點，惟就其他未依法制定之市旗市徽，是否受著作權保護，謹初擬下列二說：

一、甲說

如市旗市徽業經縣市政府核定、用印等公文作業流程，符合公文程式條例所稱之公文，則為著作權法第9條之公文，不得為著作權之標的，任何人均得利用。

二、乙說

未依法制定之市旗市徽可能屬著作，縱經內部審定，亦不因其為公文附件而屬於公文，不受著作權保護。惟基於各縣市市旗市徽之制定目的，在規範市旗市徽之制式及使用，並展現縣市之特色與代表性，因此民眾就此類市旗市徽之利用，如有符合著作權法第65條規定，似有依該條主張合理使用之空間。

就此部分煩請各位顧問提供意見。

貳、回答

一、原創性之認定

具有原創性之著作，方受著作權法保護。縣市市旗市徽如果未達到著作所必須具備之原創性，則不受著作權法保護，無待討論該縣市市旗市徽是否為公文問題，合先說明。

二、縣市市旗市徽是否為著作權法第9條之「公文」，抑或著作權法第50條之「機關或公法人公開發表之著作」？

（一）著作權法第9條規定：「下列各款不得為著作權之標的：一、憲法、法律、命令或公文。二、中央或地方機關就前款著作作成之翻譯物或編輯物。三、標語及通用之符號、名詞、公式、數表、表格、簿冊或時曆。四、單純為傳達事實之新聞報導所作成之語文著作。五、依法令舉行之各類考試試題及其備用試題（第1項）。前項第一款所稱公文，包括公務員於職務上草擬之文告、講稿、新聞稿及其他文書（第2項）。」第50條規定：「以中央或地方機關或公法人之名義公開發表之著作，在合理範圍內，得重製、公開播送或公開傳輸。」縣市市旗市徽，以機關名義或公法人名義公開發表，究係著作權法第9條之「公文」，抑或著作權法第50條之「以機關或公法人名義公開發表之著作」？前者並無著作權保護，後者受著作權保護，僅在一定情形下得為合理使用而已。

（二）有關著作權法第9條之「公文」，與著作權法第50條之「機關或公法人名義公開發表之著作」不同。著作權法第9條之公文，係具有「告知機能」、「因成為國民權利義務之基準，本來應使其廣為周知」，故不得為著作權之標的。行政機關此項有關國民之權利義務之業務之遂行所發布之意思，與著作權法第50條機關公開發表之著作如白皮書等報告書與國民的權利義務無直接關係，僅係行政服務之一環不同。白皮書應解為係著作權法第50條之對象。公家機關發行之文書，如果具有高度之學術意義，非必有一般人廣為周知之性質，此有關學術之著作，受著作權之保護。第9條之「公文」，係指直接或間接，深深與國民之利益相關，使國民廣為知悉、正確理解之必要，影響國民權利義務，而由行政機關之管轄權限下所發布之文書。至於國家或地方公共團體，使國民及住民廣為周知所作成之文書，如白皮書及報告書等，與通常之著

作相同，受著作權法之保護[6]。

　　（三）各縣市市旗市徽一般均有法令依據，或經議會通過，由各縣市機關公告，履行一般公文程序，代表各縣市政府，就該縣市而言，具有象徵意義，與一個國家之國旗相當，而與學術性質之著作不相當。而目前中華民國之國旗既解釋為公文，一般人均得製作，即使印製在玩具、服飾、餐具，在所不禁，縣市市旗市徽理當亦然。故本人擬採甲說。

（回覆於2017年1月）

---

[6] 參見蕭雄淋，著作權法實務問題研析（一），頁62-65，五南圖書，2013年7月。

問題4：日本機關之報告書在我國是否受保護？

 **相關條文**

> 著作權法第4條（外國人著作之保護）、第9條第1項第1款、第2項（公文不得爲著作權之標的）

壹、問題

　　頃據日本交流協會來函詢問，日本文部科學省出資委託業者所完成，並取得著作權之報告書，如在日本被認定屬公文書，在我國是否即被認定屬公文書而不受著作權法保護？

　　茲擬具以下兩說：

　　甲說：依國民待遇原則，仍須視該報告書之內容，依我國法令個案認定是否屬公文書，未能一概而論。

　　乙說：在著作之源流國既被認定屬不受著作權保護之標的，在我國即無須給予保護，亦即應依日本法令所爲之認定爲據。

貳、回答

一、日本文部科學省出資委託業者所完成，並經取得著作權之報告書，依日本著作權法著作權之歸屬

　　（一）依日本著作權法規定，日本文部科學省出資委託業者所完成，並經取得著作權之報告書，可能有兩個適用規定：

1. 日本著作權法第13條規定

　　日本著作權法第13條規定：「著作有下列情形之一者，依本章之規定，不得爲著作權之標的：(1)憲法或其他之法令。(2)國家或地方公共團體之機關、獨立行政法人（即獨立行政法人通則法第2條第1項之行政法人，下同）或地方獨立行政法人（即地方獨立行政法人法第2條第1項之地方獨立行政法人）所發之告示、訓令、通知或其他類似者。(3)法院之判決、決定、命令及裁判、行政廳所爲準用裁判程序之裁決及決定。(4)國家或地方公共團體之機關、獨立

行政法人或地方獨立行政法人作成之前三款規定之翻譯物或編輯物。」

2. 日本著作權法第32條第2項

日本著作權法第32條第2項規定：「國家或地方公共團體之機關獨立行政法人或地方獨立行政法人為使一般周知為目的作成，而以其著作名義下公開發表之公關宣傳資料、調查統計資料、報告書及其他相類似之著作，新聞紙、雜誌或其他刊行物作為說明之材料得加以轉載。但其有禁止之表示者，不在此限。」

上述二規定，前者根本無著作權，類似我國著作權法第9條，後者有著作權，但為法定例外條款，類似我國著作權法第50條。

（二）對於法律規定之詮釋有擴張解釋與限縮解釋二種方式，前者僅於非就國民權利施加限制之情形，始得採行；反之則不得採用前者解釋方式。而日本著作權法第13條第1款之規定內容，係限制國家所享有之（著作權）權利而擴張國民得以自由利用著作之權利，而符合得非就國民權利施加限制之情形，因此，對於本款之法規命令範圍，學者認為應予以擴張解釋[7]。亦即法律草案法令之草案，亦包含在內。

再者，第13條第2款之公文書，即包括通知，以及參照（照會）或回覆（回答）等行政實例；以國家、地方公共團體、獨立行政法人或地方獨立行政法人等機關名義相互往來之文書；以及為提供國民知悉之目的，由國家機關本於其權限行使而製作之文書。

第13條第4款為包含第13條第1款至第3款之編輯物或翻譯物。

而日本文部科學省出資委託業者所完成，並經取得著作權之報告書，是否可能成為公文書，而成為上開日本著作權法第13條不得成為著作權之標的？

由於日本文部科學省出資委託業者所完成，並經取得著作權之報告書，具體情形不明。設若日本文部科學省出資委託業者所完成之法令草案、公文書稿，或日本著作權法第13條第4款之翻譯物或編輯物（如外國法令之翻譯），符合日本著作權法第15條有關職務著作規定，並以國家機關等名義公開發表，並非無成立日本著作權法第13條第1款規定不得為著作權標的之可能。

7　參見加户守行，著作權法逐條講義，頁138-139，着作権情報センター，2013年8月六版。

二、日本文部科學省出資委託業者所完成，並經取得著作權之報告書，在我國著作權究應依日本抑或我國法律以決定著作權歸屬？

（一）就公約而言

我國與日本均為WTO成員，兩國相互有著作權之互惠關係，TRIPS（與貿易有關之智慧財產協定）第1條第3項規定：「會員應將本協定規定之待遇給予其他會員之國民。就相關之智慧財產權而言，所謂其他會員之國民，係指自然人或法人，並符合（1967年）巴黎公約、伯恩公約（1971年）、羅馬公約及積體電路智慧財產權條約規定之保護要件標的者（設若全體世界貿易組織會員為前述公約之會員）。任何會員援引羅馬公約第5條第3項或第6條第2項規定者，應依該規定通知與貿易有關之智慧財產權理事會。」即為WTO成員國民之著作，而為相互保護之規定。

而TRIPS第3條第1項規定：「除巴黎公約（1967年）、伯恩公約（1971年）、羅馬公約及積體電路智慧財產權條約所定之例外規定外，就智慧財產權保護而言，每一會員給予其他會員國民之待遇不得低於其給予本國國民之待遇；對表演人、錄音物製作人及廣播機構而言，本項義務僅及於依本協定規定之權利。任何會員於援引伯恩公約第6條及羅馬公約第16條第1項(b)款規定時，均應依各該條規定通知與貿易有關之智慧財產權理事會。」上述規定在著作權方面，主要在規定如果有伯恩公約第6條之情形，得以互惠原則代替國民待遇原則[8]，而伯恩公約第6條之情形，在本件並不適用。因為本件之著作受保護，並非基於發行地原則，而是基於著作人的國籍原則。

另伯恩公約第9條第1項規定：「會員應遵守伯恩公約（1971年）第1條至第21條及附錄之規定。但會員依本協定所享有之權利及所負擔之義務不及於伯恩公約第6條之1之規定所賦予或衍生之權利。」即TRIPS沒有特別明文規定內國國民待遇原則，僅在第3條第1項規定，「每一會員給予其他會員國民之待遇不得低於其給予本國國民之待遇。」因此有關內國國民待遇原則的詳細規定，應依伯恩公約來解決。

依伯恩公約第5條規定：「(1)著作人就其受本公約保護之著作，於源流國

8　參見鄭成思，WTO知識產權協議逐條講解，頁32-34，中國方正出版社，2001年。

以外本聯盟各會員國境內，應享有本公約特別授予之權利，以及各該國家法律現在或將來對其國民授予之權利。(2)上開權利之享有及行使，不得要求須履行一定形式要件，且應不問著作源流國是否給予保護。是故，除本公約另有規定者外，保護之範圍，以及著作人為保護其權利所享有之救濟方式，專受主張保護之當地國法律之拘束。(3)源流國境內之保護，從其國內法規定。但如著作人就其受本公約保護之著作，非係源流國之國民者，著作人應與該國之本國著作人享有相同權利。」

上述第5條第1項為「內國國民待遇原則」之規定。此一規定，依伯恩公約指南舉例，一名塞內加爾的著作人的著作，首次在象牙海岸發行，其著作權在法國受侵害，此一著作人及其權利繼受人在法國必須受到依此一著作由法國著作人創作並在法國境內發行之情況相同對待[9]。

上述第5條第2項之「獨立原則」，係指A國國民之著作，在B國境內受保護，其保護之範圍及其救濟方法，獨立於源流國A國之外，純依B國之法律認定。

然而此僅限於「保護之範圍」及其「救濟方法」而言，對於確定著作人身分及原始著作權歸屬上，學者認為應依源流國法律或具有最密切關係國之法律[10]。

基此，本件有關日本文部科學省出資委託業者所完成，並經取得著作權之報告書，如果依日本法律認為係「公文書」，依「確定著作人身分及原始著作權歸屬上，依源流國或具有最密切關係國之法律」之原則，則上開著作，其著作人應為日本之國家機關，而是否為公文書之及公文書是否擁有著作權之認定，應依我國法律。

（二）就我國涉外民事法律適用法而言

我國涉外民事法律適用法第42條規定：「以智慧財產為標的之權利，依該權利應受保護地之法律。」、「受僱人於職務上完成之智慧財產，其權利之歸屬，依其僱傭契約應適用之法律。」基於上述「確定著作人身分及原始著作

---

[9] World Intellectual Property Organization, Guide to the Berne Convention, p. 238 (1978).

[10] Poul Goldstein, International Copyright, Principles, Law, and Practice, pp. 103-104 (2001).

權歸屬上，依源流國或具有最密切關係國之法律」之原則，上述涉外民事法律適用法第42條第2項雖僅限於僱傭契約，然而在解釋上應包含整個職務著作，即本件有關日本文部科學省出資委託業者所完成，並經取得著作權之報告書，其權利歸屬應依日本法律，而依日本法律認定之公文書，其著作人應為國家機關。而依我國涉外民事法律適用法第42條規定：「以智慧財產為標的之權利，依該權利應受保護地之法律。」即認定有關權利之行使及保護，應依公約的「受保護地」原則，在我國受保護，即依我國法律。

（三）就我國著作權法規定而言

我國著作權法第4條規定：「外國人之著作合於下列情形之一者，得依本法享有著作權。但條約或協定另有約定，經立法院議決通過者，從其約定：一、於中華民國管轄區域內首次發行，或於中華民國管轄區域外首次發行後三十日內在中華民國管轄區域內發行者。但以該外國人之本國，對中華民國之著作，在相同之情形下，亦予保護且經查證屬實者為限。二、依條約、協定或其本國法令、慣例，中華民國人之著作得在該國享有著作權者。」此為我國著作權法「內國國民待遇原則」之規定。依「確定著作人身分及原始著作權歸屬上，依源流國或具有最密切關係國之法律」之原則，在確定著作著作人身分為日本國家機關及權利歸屬後，認定有關權利之行使及保護，應依公約的「受保護地原則」。依我國著作權法第4條規定，在我國受保護，應依我國法律。

三、日本文部科學省出資委託業者所完成，並經取得著作權之報告書，依日本認定是公文書，在我國是否認定是著作權法第9條之公文書？

依我國著作權法第9條第1項規定：「下列各款不得為著作權之標的：一、憲法、法律、命令或公文。二、中央或地方機關就前款著作作成之翻譯物或編輯物……。」第2項規定：「前項第1款所稱公文，包括公務員於職務上草擬之文告、講稿、新聞稿及其他文書。」基於上述「確定著作人身分及原始著作權歸屬上，依源流國或具有最密切關係國之法律」之原則，日本認定係「公文書」者，其著作人應為國家機關。上述報告書，如果具備「傳達行政廳意思之公文書」、「國家機關為權限行使，使國民知悉為目的而發出之文書」之性質，依我國著作權法，應認為係公文。然而是否為我國著作權法第9條之公

文，仍應具體認定[11]。

（回覆於2013年12月）

---

[11] 參見蕭雄淋，著作權法實務問題研析（一），頁62-66，五南圖書，2013年7月。

第三章　著作權之內容

問題5：由建築圖作成建築物何以是重製而非實施？

 **相關條文**

> 著作權法第3條第1項第5款（重製之定義）、「著作權法第五條第一項各款著作內容例示」第2項第9款（建築著作之例示）

壹、問題

　　有民眾來函表示，依建築設計圖之尺寸、比例、規格等施工，製成立體物，依著作權法第3條第1項第5款後段，將構成重製行為，詢及何以對建築著作按圖施工之行為給予特別保護？

　　茲因查詢民國（以下同）81年著作權法之修正理由，就此並無著墨，其他相關書籍，就此亦無相關資料可資參考，請教此立法意見如何？

貳、回答

一、問題之所在

（一）著作權法第5條第1項各種著作例示，其中第6款規定「圖形著作」，第9款規定「建築著作」。依「著作權法第五條第一項各款著作內容例示」第2條第6款規定：「圖形著作：包括地圖、圖表、科技或工程設計圖及其他之圖形著作。」第9款規定：「建築著作：包括建築設計圖、建築模型、建築物及其他之建築著作。」

（二）有關圖形著作從「科技工程設計圖」製作實物，歷年來實務通說認為係屬「實施」，而非「重製」範圍。例如：

1. 內政部民國76年7月23日台（76）內著字第515282號函：「將科技或工業設計圖形產製成品，係屬『實施』而非『重製』，自非著作權法所保護之範圍，亦即著作權保障著作，製成品不受著作權法之保護。」

2. 經濟部智慧財產局民國92年5月28日智著字第0920003350-0號函：「……(2)至依『圖形著作』標示之尺寸、規格或器械結構圖等以按圖施工之方法將著作表現之概念製成立體物者，係屬『實施』之行為，該立體物上如未顯示器械結構圖之著作內容（即圖形）者，自不屬著作權法保護之著作。」

3. 經濟部智慧財產局民國99年10月6日智著字第09900095070號函：「二、按著作權法（下稱本法）所稱之『圖形著作』係指利用圖之形狀，線條等製圖技巧，以學術或技術之表現為特徵而表現思想或感情之創作，包括地圖、圖表、科技或工程設計圖及其他之圖形著作。又受本法保護之『科技設計圖』，不包括顯示半導體晶片（或積體電路）電路布局之圖形。是所詢之電路圖，如係前述之『科技設計圖』，且無本法第9條不得為著作權標的之情形者，該電路圖自著作完成時起，即受本法之保護。至依圖形著作標示之尺寸、規格或器械結構圖等以按圖施工之方法將著作表現之概念製成立體物者，係屬『實施』之行為，並非本法保護之著作。」

4. 最高法院93年度台上字第5488號刑事判決：「又既係有形之重複製作，則必限於以前述方法使原著作內容再現者方屬之，而『實施』除建築設計圖或模型等著作有特別規定外，並非著作權法明定保護之權利，著作權法所保護者，乃平面美術或圖形著作，製成品本身並非著作權保護之對象，因此將平面圖形轉變為立體形式，是否為上述之重製，自須就平面之圖形著作與轉變後之立體物加以比較認定，如美術或圖形著作之著作內容係以平面形式附著於該立體物上者，即為美術或圖形著作的重複製作，屬著作權法第3條第1項第5款所定『重製』之行為。而『科技或工程設計圖』……，固屬圖形著作之一種，惟著作權法於民國81年6月10日修正時已將原第3條第1項第23款『圖形著作就平面或立體轉變為立體或平面者，視同重製』之規定刪除，僅有『依建築設計圖或建築模型建造建築物，亦屬重製』之規定，對於依建築設計圖以外圖形而為製作之立體實物，非

屬重製之範圍，而屬圖形著作之『實施權』，則不在著作權保護範圍。又著作權法第10條之1規定『依本法取得之著作權，其保護僅及於該著作之表達，而不及於其所表達之思想、程序、製程、系統、操作方法、概念、原理、發現』。足見著作權法對於科技或工程設計圖形著作之保護範圍，限於所繪之圖之重製權，不及於其製成品。製成實用物品，係專利法上之實施行為，並非著作權法保護之對象，而具有功能性的科技產品之勞動成果，例如機械裝置設計圖製成機器成品，或可認為屬於使用專利法上製造方式專利而實施成工業成品。」

5. 最高法院97年度台上字第6410號刑事判決：「又將平面著作之內容，依按圖施工之方法，並循著作標示之尺寸、規格或器械結構圖，將著作之概念製成立體物，其外觀與工程圖顯不相同，此已非單純之著作內容再現，而為『實施』，應非著作權規範之事項，因著作權法對圖形著作，從未保護所謂『實施權』。上訴人雖指訴被告等按照系爭工程設計圖施工，將平面圖著作表現之概念製造成瓦斯安全調整器，構成侵害著作權之重製或改作云云。然依上開說明，被告等係將平面之工程設計圖內容，按圖施工，循著作標示之尺寸、規格或器械結構圖，將著作之概念製成立。」

（三）依著作權法第3條第1項第5款規定：「重製：指以印刷、複印、錄音、錄影、攝影、筆錄或其他方法直接、間接、永久或暫時之重複製作。於劇本、音樂著作或其他類似著作演出或播送時予以錄音或錄影；或依建築設計圖或建築模型建造建築物者，亦屬之。」何以依「圖形著作」從「科技工程設計圖」建造實物為「實施」行為，不為著作權之權利所及，而依「建築設計圖」建造「建築物」，則為「重製」，為著作權之權利所及？

二、理由

（一）立法政策

　　科技工程設計圖形由平面圖形作成平面圖形，固屬著作權法的重製領域，但由科技工程設計圖形製造實物，通常涉及技術思想的襲用，而非原物的重現。例如由機械圖製造實際機器，往往涉及技術原理，依著作權法第10條之

1規定：「依本法取得之著作權，其保護僅及於該著作之表達，而不及於其所表達之思想、程序、製程、系統、操作方法、概念、原理、發現。」故科技工程設計圖形製造實物，往往由專利法或其他法律加以保護，而非著作權法保護之範圍。

仿他人「建築物」而建造「建築物」，屬於重製；仿他人「建築設計圖」而製作「建築設計圖」，亦屬於重製，固無問題。然而如果依「建築設計圖」建造「建築物」，而屬於實施，非屬重製，對建築著作之保護，未免不周。蓋機械本身不是著作，故仿機器而做成機器，並非重製。因此，仿機器圖作成實際機器，成立實施，應可理解並容許。然而建築物本身即為著作之一種，仿他人「建築物」而建造「建築物」，已屬於重製，或仿他人「建築設計圖」而製作「建築設計圖」，亦屬重製，而如果仿他人「建築設計圖」建造「建築物」，不屬於重製，實為保護之漏洞。更何況著作權為保護文學及藝術之領域，而建築為藝術領域之核心部分，與科技工程設計圖之實物為應用領域，非藝術領域有所不同。建築設計圖之保護較科技工程設計圖之保護更大，在立法政策上，實屬當然。

（二）外國立法例

1. 日本著作權法第3條第1項第15款規定：「重製：指以印刷、攝影、複寫、錄音、錄影或其他方式而有形再現者。下列各目所規定之行為，均屬之。(1)腳本及其他與之類似而供戲劇用之著作：對於該著作之上演、播送或有線播送，予以錄音或錄影者。(2)建築著作：依照與建築相關之圖面而完成建築物。」

2. 南韓著作權法第2條第22款規定：「所謂複製，係以印刷、攝影、複寫、錄音、錄影或其他方法將有形物固定或將有形物改變而加以製作，以建築圖或建築模型而加以施工成建築物，亦為重製。」

3. 法國智慧財產法典第L部分（文學藝術財產權）第122條之3：「重製指以各種方法將著作實體化，並以間接方式向公眾傳播謂之。它可以印刷、繪畫、雕刻、攝影、鑄造及所有平面印刷暨造形藝術方式，以及機械，電影或磁帶錄製之。建築著作之重製亦含複製已完成之設計圖或標準草圖[1]。」

---

1 中文譯本參內政部85年度研究報告，國際著作權法令暨判決之研究、法國著作權法令暨判決之研究，頁37，1996年4月。

4. 綜上所述，建築著作所以由依建築設計圖或建築模型建造建築物者，亦屬重製，乃立法之特別設計，各國多有立法例。其立法政策之考慮，已如前述。

（回覆於2014年4月）

問題6：使用Line群組轉傳他人著作的著作權法問題

 **相關條文**

著作權法第3條第1項第4款（公眾之定義）、同條項第10款（公開傳輸之定義）

壹、問題

本局謹就個人使用通訊軟體Line於「群組」及「動態消息」轉傳、張貼他人受保護之著作（圖片、文章或影片），是否已涉及向「公眾」傳達著作之利用行為，請教各位顧問。

一、通訊軟體Line可透過建立個人專屬帳號，一對一與朋友即時傳訊息聊天，也可以透過邀請／被邀請一定人數好友成為群組（上限為200人），一次發送訊息給所有群組好友進行互動，可發送訊息包括短篇文章（上限500字）、照片／圖片、影片等內容。此外，可於動態消息頁面（類似Facebook塗鴉牆）自行撰寫／張貼訊息（內容同前）和朋友交流，設定訊息發布對象為所有人（不限好友）、所有好友或特定群組，並有轉發分享功能。

二、按著作權法第3條第1項第4款規定：「『公眾』係指不特定人或特定之多數人。但家庭及其正常社交之多數人，不在此限。」本局前曾就以電子郵件將圖文轉寄給親朋好友所為之函釋，認為「多數」之人數未有一特定之數字，應視實際情況，依一般社會通念加以判斷。若得以觀看者已超過正常社交之範圍，非屬「家庭及其正常社交之多數人」，仍可能被視為公眾（如本局電子郵件1010423號、971021A號函釋）。至於轉傳電影連結網址給好友，本局則曾於電子郵件1030828號函釋中，認為透過點選網址連結，進入其他網站觀覽著作內容（如Youtube），並不直接涉及侵害該等電影之著作利用行為（除非明知該連結網址之影片係未經合法授權或屬於盜版影音）。

三、有關前述個人於通訊軟體Line「群組」及「動態消息」瀏覽對象是否構成「公眾」？於群組或動態消息中轉傳、張貼他人受保護之著作（圖片、文章或影片），得否認定不構成著作權法意義下之「公眾」，而排除於公開傳輸之利用行為外？滋生疑義，敬請惠示卓見，俾供本局參考。

貳、回答

一、我國法之「公開」傳輸與「公眾」之意義

（一）我國著作權法第3條第1項第10款規定：「公開傳輸：指以有線電、無線電之網路或其他通訊方法，藉聲音或影像向公眾提供或傳達著作內容，包括使公眾得於其各自選定之時間或地點，以上述方法接收著作內容。」著作權法第3條第1項第4款規定：「公眾：指不特定人或特定之多數人。但家庭及其正常社交之多數人，不在此限。」將著作內容上載於網路供人瀏覽，係使不特定之網路公眾可於其各自選定之時間或地點，透過網路連線接收及瀏覽著作內容，屬於公開傳輸行為無疑。關於以電子郵件將他人著作內容轉寄給特定人，是否構成「公開」傳輸行為，貴局民國101年4月23日電子郵件1010423號函釋表示：「一、著作權法（以下簡稱本法）第3條第1項第4款規定：『公眾：指不特定人或特定之多數人。但家庭及其正常社交之多數人，不在此限。』至『多數』之人數未有一特定之數字，應視實際情況，依一般社會通念加以判斷。……三、於網路部落格文章中附帶影音資料或以電子郵件轉寄文章，即便輸入密碼方可觀看，若得以觀看者已超過正常社交之範圍，非屬『家庭及其正常社交之多數人』，仍可能被視為公眾。至若是否涉及重製或公開傳輸之行為，仍應依實際情況判斷。」

（二）有關透過通訊軟體Line一次發送照片／圖片、影片等著作內容給同一或不同群組之好友，其行為性質類似寄送電子郵件給親朋好友，屬於一種網路傳輸行為。另外，於Line之動態消息頁面（類似Facebook塗鴉牆）自行撰寫／張貼含有照片／圖片、影片等著作內容供好友瀏覽，其行為性質類似將著作內容上載於網路供人瀏覽，亦屬一種網路傳輸行為。上述行為是否構成「公開」傳輸，應視能接收到訊息或貼文的好友之質、量而定。

二、美國法之「公開」演出、「公開」展示之意義

（一）美國著作權法第106條規定六種著作權利：重製權、改作權、散布權、公開演出權、公開展示權、數位表演權。其中：

　　1. 依第106條第4款規定，著作權人就「文學、音樂、戲劇、舞蹈著作、默劇、電影及其他視聽著作」享有「公開演出」（perform publicly）之權利。依第101條之定義，「演出」係指「直接或藉任何裝置或方

法，將著作內容加以朗誦、演唱、演奏、舞蹈或演出；或以任何連續性顯示電影或其他視聽著作之影像或使其所伴隨之聲音發聲。」此所謂的「藉任何裝置或方法」，可以包括「重製或擴大聲音或影像的一切種類之設備，任何種類的傳送裝置，任何類型的電子檢索系統，以及目前尚未發明或使用的其他任何技術與系統」[2]。因此，「演出」包括最初的表演，以及以進一步行為將該表演對外傳送或傳達。以下情形均屬「演出」行為：(1)歌手演唱歌曲；(2)全國性廣播網將該歌手之演唱予以傳輸，不論是將演唱予以同步傳輸，或將唱片上該歌手之演唱予以傳輸；(3)區域廣播業者將前述全國性廣播網之廣播進行傳輸；(4)有線電視系統將前述之廣播向其客戶進行傳送；(5)任何人播放錄音物上所收錄之演播內容；(6)任何人以打開接收機之方式傳播演播之內容[3]。

2. 依第106條第5款規定，著作權人就「文學、音樂、戲劇、舞蹈著作、默劇、圖畫、圖形或雕塑著作、電影及其他視聽著作之個別影像」享有「公開展示」（display publicly）之權利。依第101條之定義，「展示」係指「無論直接或藉軟片、幻燈片、電視影像或其他任何裝置或方法，顯示著作之一份；或以個別非連續性顯示電影或其他視聽著作之影像。」此所謂著作之「一份」（a copy）包括著作原件及其重製物。除了直接展示外，還包括以任何方法將個別影像投射在螢幕上或其他表面，以電子或其他方式傳送影像，將影像顯示在陰極射線管，或以和任何資訊儲存及檢索系統相連之收視裝置顯示影像[4]。

3. 從上述可知，在美國著作權法上，文學、音樂、戲劇、舞蹈著作、默劇享有公開演出權及公開展示權，圖畫、圖形、雕塑著作享有公開展示權，電影及其他視聽著作之連續影像享有公開演出權，電影及其他視聽著作之個別影像享有公開展示權。上述公開演出權及公開展示權均包括最初之演出、展示以及藉「其他任何裝置或方法」

---

[2] House Report on Copyright Act of 1976, p. 63.

[3] 參見視聽著作權利保護之研究，經濟部智慧財產局委託研究報告，頁160-161，2011年4月28日。

[4] House Report, p. 64.

包含以電子方式公開演出、公開展示。

（二）依美國著作權法第101條之定義，所謂「公開」（publicly）演出或展示著作，係指「(1)於對公眾開放之場所，或家庭及其社交圈通常範圍以外之相當數量人所聚集之場所，演出或展示。或者(2)將著作之演出或展示，藉任何裝置或方法，傳送或傳播至第(1)款所指場所或公眾，而不論能接收該演出或展示之公眾成員係在同場所或不同場所、或在同時或不同時接收。」所謂「傳送」（transmit）演出或展示，係指「藉任何裝置或方法，使影像或聲音得以在傳播地以外之場所接收。」依此，「公開」演出或展示著作，分爲：

1. 在「場所」內的公開演出或展示

　　所謂「場所」，包括「對公眾開放之場所」，以及「家庭及其社交圈通常範圍以外之相當數量人所聚集之場所」。所謂「家庭及其社交圈通常範圍以外之相當數量人所聚集之場所」係指俱樂部、大樓門房／管理室、工廠、夏令營、學校等「準公開場所」（semipublic），在此等場所演出或展示，亦屬「公開」演出或展示。但企業或政府部門的例行會議，並非聚集「相當數量之人」，故不構成「公開」[5]。

2. 傳送至其他「場所」或「公眾」的公開演出或展示

　　「傳送」行爲包括一切有線或無線的傳送方式，包含、但不限於廣播、電視。將演出或展示傳送至其他「場所」或「公眾」，接收該演出或展示之場所或公眾係在開始傳送地以外，亦即非現場演出或展示，但接收的公眾成員不必在同一場所或同一時間接受，可能的接收人也不必在傳送時正好打開其接收裝置。換言之，只要讓公眾處於可得接收之狀態即可，不必公眾實際有接收到該演出或展示[6]。接收同一演出的公眾成員不在同一場所，例如電台廣播或電視廣播。接收同一演出的公眾成員不在同一時間，例如影音店出租錄影帶供顧客在店內的視聽室內播放觀賞。

5　同前註。

6　Nimmer on Copyright, Volume 2, 2013, §8.14[C][2], pp. 8-383.

三、比較

（一）美國著作權法的公開演出權、公開展示權，其涵蓋範圍很廣，包括相當於我國著作權法上的公開演出權、公開播送權、公開傳輸權。有關將著作內容上載於網路供人瀏覽，係使不特定之網路公眾可於其各自選定之時間或地點，透過網路連線接收及瀏覽著作內容，在我國著作權法界定為公開傳輸，在美國著作權法則界定為公開演出（適用於文學、音樂、戲劇、舞蹈著作、默劇、電影及其他視聽著作之連續影像）或公開展示（適用於文學、音樂、戲劇、舞蹈著作、默劇、圖畫、圖形、雕塑著作、電影及其他視聽著作之個別影像）。

（二）我國的公開傳輸，其核心概念是「向公眾提供或傳達著作內容」，亦即是以接收之「對象」是否為「公眾」來判斷，而「公眾」則定義為「不特定人或特定之多數人。但家庭及其正常社交之多數人，不在此限。」故傳輸行為是否構成「公開」，取決於接收的「對象」是否為「不特定人」或「家庭及其正常社交圈以外之特定多數人」。

美國的公開演出及公開展示，其核心概念是「公開」的行為，而行為是否「公開」，依接收者在（開始傳送地的）「場所內」或「場所外」而異。若接收者在「場所內」，則只要該場所是「公開場所」（對公眾開放之場所）或「準公開場所」（家庭及其社交圈通常範圍以外之相當數量人所聚集之場所），即屬「公開」；若接收者在「場所外」，則只要傳送至其他「公開場所或準公開場所」或傳送至「公眾」，即屬「公開」，不受限於任何場所。不過美國著作權法沒有對「公眾」加以定義。

（三）我國法及美國法之「公開」定義雖有差異，惟針對透過通訊軟體Line發送照片／圖片、影片等著作內容給好友，或於Line之動態消息頁面張貼含有照片／圖片、影片等著作內容，由於接收者是在（傳送地的）「場所外」，不論依我國法或美國法，只要接收之對象是「公眾」，則不論場所性質為何，均構成「公開」。就此而言，我國法和美國法並無實質不同。而我國法對於「公眾」有所定義，美國法對於「公眾」並無定義，因此，上述行為是否構成「公開」傳輸，僅需從能接收到訊息或貼文的好友是否為「不特定人」或「家庭及其正常社交圈以外之特定多數人」加以判定即可。而所謂「多數人」，誠如貴局函釋所言，法律上並無規定特定的數量，也不可能規定特定的數量，應視個案實際情況，依一般社會通念加以判斷，無法一概而論。能接收

訊息或貼文者若已超過正常社交之範圍，應非屬「家庭及其正常社交之多數人」，仍可被視爲公眾，而構成「公開」傳輸。具體個案如有爭議，應由司法機關依法認定之。

　　（四）透過Line發送照片／圖片、影片等著作內容給好友，或於Line之動態消息頁面張貼含有照片／圖片、影片等著作內容，即使能接收訊息或貼文者已超過正常社交之範圍而構成「公開」傳輸，如符合著作權法第44至65條所定合理使用情形之一者，仍不構成侵害著作權，惟此乃另一問題，併此敘明。

（回覆於2015年4月）

問題7：書店得否將書籍拆開單頁後販售？

 **相關條文**

> 著作權法第17條（禁止醜化權）、第87條第1項第1款（以侵害著作人名譽之方法利用著作）

壹、問題

近來接到民眾函詢有關將正版書籍拆開成單頁後販售之行為是否涉及著作權疑義。

依民眾來信說明，其規劃經營書店，欲提供顧客一個創意體驗：將書本拆開成單頁，讓顧客自由購買要閱讀的內容。書本的獲取會遵循合法管道，並不會複印給顧客，詢問前述拆書後販售之行為是否涉及違反著作權？

本問題初步認為若所販售書本是在中華民國管轄區域內取得所有權之合法重製物（正版著作），除契約另有規定外，依著作權法第59條之1規定之「散布權耗盡原則」，得以移轉所有權方式散布之，不論販售書本之形式為數頁或單頁，並不生侵害著作財產權的問題。

然而對於是否涉及著作人格權部分則仍有疑義，目前有以下兩種解釋：

一、甲說：著作人格權之「不當變更禁止權」須「以歪曲、割裂、竄改或其他方法改變其著作之內容、形式或名目致損害其名譽」為要件，拆書販售似無實質改變著作，亦應不致損害著作人名譽，故應無侵害著作人格權。

二、乙說：拆書可能造成割裂，而涉及不當變更著作之形式致損害其名譽，故拆書販售應不得侵害著作人格權。

貳、回答

一、書店有無違約？

（一）民法第519條規定：「出版人對於著作，不得增減或變更。（第1項）出版人應以適當之格式重製著作。並應為必要之廣告及用通常之方法推銷出版物（第2項）。」第521條規定：「同一著作人之數著作，為各別出版而交

付於出版人者，出版人不得將其數著作，併合出版（第1項）。出版權授與人就同一著作人或數著作人之數著作為併合出版，而交付於出版人者，出版人不得將著作，各別出版（第2項）。」

（二）著作人與出版人間，著作之呈現應符合著作人之意思，出版人不得就著作人交付之著作，任意併合出版，亦不得分開出版。相同的，書店販賣之書籍，其樣式、內容在讀者眼中呈現，應與出版社出版書籍時具備之形式、內容相同。既然著作人得要求出版社出版書籍，不得併合出版，亦不得分開出版。同理，書店亦有義務按出版人出版書籍時所呈現之原樣而販售，否則書店對出版社應構成違約，負有民事損害賠償責任。

二、書店有無構成著作財產權之侵害？

（一）重製權之部分

1. 著作權法第3條第1項第5款規定：「重製：指以印刷、複印、錄音、錄影、攝影、筆錄或其他方法直接、間接、永久或暫時之重複製作。於劇本、音樂著作或其他類似著作演出或播送時予以錄音或錄影；或依建築設計圖或建築模型建造建築物者，亦屬之。」第22條第1項規定。「著作人除本法另有規定外，專有重製其著作之權利。」

2. 本件書店僅就由出版社買得之原書，拆開單頁販賣，不另影印或印刷、照像等就原書籍而重複製作，應不侵害著作財產權人之重製權。

（二）散布權部分

1. 著作權法第3條第1項第12款規定：「散布：指不問有償或無償，將著作之原件或重製物提供公眾交易或流通。」第28條之1第1項規定：「著作人除本法另有規定外，專有以移轉所有權之方式，散布其著作之權利。」第59條之1規定：「在中華民國管轄區域內取得著作原件或其合法重製物所有權之人，得以移轉所有權之方式散布之。」

2. 出版社透過總經銷或區域經銷，將書籍賣至書店，如果該出版社係台灣地區之出版社，則該書籍之散布權在書籍販售至書店時，著作財產權人之散布權，已經耗盡，著作財產權人不得再主張散布權。因此，書店將書籍拆開成單頁，讓顧客自由購買要閱讀的內容，基本上不構成散布權之侵害。

3. 如果書籍之來源，係來自國外經銷者，未經著作財產權同意而進口，書店之販賣不管有無拆開單頁，均屬侵害著作財產權之散布權，與本件是否拆開

單頁販賣的行為無關。

三、書店有無構成著作人格權之侵害

（一）著作權法第17條規定：「著作人享有禁止他人以歪曲、割裂、竄改或其他方法改變其著作之內容、形式或名目致損害其名譽之權利。」第87條第1項第1款規定：「有下列情形之一者，除本法另有規定外，視為侵害著作權或製版權：一、以侵害著作人名譽之方法利用其著作者。」如果利用人為著作權法第22條至第29條的著作財產權之權利利用行為，而有影響著作內容的同一性，並導致著作人名譽受到損害，利用人固有侵害著作人之著作人格權。然而如果係不涉及著作權法第22至29條著作之權利利用，而僅係所有人對著作之所有物之利用，就所有物加以割裂，致損害著作人之名譽，是否侵害著作人之著作人格權，不無疑問。如果上開行為，屬於侵害著作人之著作人格權，究係適用著作權法第17條，抑或第87條第1項第1款判斷，亦屬問題。

（二）我國著作權法第17條，於民國87年修正，其修正理由為：「民國81年舊法同一性保持權規定甚為嚴格，只要將著作加以變更，除合於同條但書各款情形外，即使係將著作內容修改得更好，仍會構成侵害同一性保持權。惟查伯恩公約第6條之1第1項之規定，著作人所享有之同一性保持權係禁止他人以損害其名譽之方式利用其著作；又隨科技之進步，著作之利用型態增加，利用之結果變更著作內容者，在所難免，依民國81年舊法，均可能構成侵害同一性保持權。爰參酌修正如上，以免同一性保持權之保護過當，阻礙著作之流通[7]。」著作權法第17條規定，既來自伯恩公約，則有關此規定之解釋，應得由伯恩公約第6條之2之規定及解釋上觀察。

（三）伯恩公約1971年巴黎條款第6條之2第1項規定：「著作人不問其經濟權利是否存在，甚至在經濟權利轉讓後，仍得主張其為該著作物之著作人，並反對他人將其著作物加以歪曲、割裂或竄改、或就其著作為足以損害其聲譽之其他行為。」此規定，係在1948年布魯塞爾會議上所修正。上述規定，包含著作之姓名表示權及著作的尊重權。而在伯恩公約指南中所舉的例子，如導演

---

[7] 參見經濟部智慧財產局編，歷年著作權法規彙編專輯，頁228，2010年5月。
　https://www.tipo.gov.tw/public/Data/3321555771.pdf（最後瀏覽日期：2017/11/28）。

不能刪除劇本的若干章節，出版者不能將敘述文字刪去幾章等[8]，此均涉及著作權利的利用而加以割裂、改變，而非著作之複製所有物本身的加以割裂或改變。

（四）然而國際上對於伯恩公約第6條之2之解釋，通說亦認爲及於著作所有物的利用而影響著作名譽之情形。例如出版書籍時，雖未變更著作內容，但使用令人不愉快之封面，出版人將侵害著作人之著作人格權[9]。又如於重製特定美術著作時，將美術著作之重製物與含有色情意涵之素材併排陳列，亦屬伯恩公約第6條之2的著作人格權之侵害[10]。

（五）伯恩公約第6條之2，既然包含著作載體之利用而損害著作人之名譽，則書店就書籍裁切以單頁販賣，如果有損著作人之名譽，則將屬於著作權法第17條之以割裂方法改變著作之形式，而致損害著作人之名譽。至於是否有損害，應個案具體判斷。例如名人傳記之作者，對於每一個名人，在傳記中均有所褒貶，非觀書籍全貌，均將使讀者對傳記對象之瞭解失眞，有損讀者對作者之評價，不得謂非對著作人之名譽無損。至於著作權法第87條第1項第1款之行爲，應係指不屬於第17條而利用著作，仍有損著作人名譽之情形，例如上述所舉例，於重製特定美術著作時，將美術著作之重製物與含有色情意涵之素材併排陳列之情形即是。

（回覆於2017年11月）

---

[8] 參見劉波林譯，保護文學和藝術作品伯爾尼公約指南，頁34-35，中國人民大學出版社，2002年7月。

[9] Ricketson, Sam and Ginsburg, Jane C, *International Copyright and Neighbouring Rights – The Berne Convention and Beyond, Second Edition, Volume I*, Oxford University Press, 2005, p. 603.

[10] Ricketson, Sam and Ginsburg, Jane C, ibid, pp. 603-604；黃絜，著作人格權中禁止醜化權之研究——以日本法與我國法之比較爲中心，頁88-90，臺北教育大學文教法律研究所碩士論文，2012年7月。

第四章　著作財產權之保護期間

問題8：日治時期在台日人著作財產權保護期之計算

 相關條文

民國38年著作權法第4條（舊法時期之著作權保護期間）、民國53年著作權法第4條（舊法時期之著作權保護期間）、民國74年著作權法第8條、第14條第1項（舊法時期之著作權保護期間）、民國81年著作權法第30條、現行著作權法第30條（著作財產權之保護期間）、現行著作權法第35條（保護期間之終止日）

壹、問題

　　本局日前受理「南湖大山に登る」、「南湖への旅行」及「冬期南湖大山行」等三件日本不明語文著作強制授權申請案，該三件著作均為日治時期在台日人著作，分別於民國（以下同）16年（昭和2年）、27年（昭和13年）及31年（昭和17年）刊登於台灣山岳雜誌，因該三件著作年代久遠，是否仍享有著作權有待查證，故本局發函相關機構協助查證本案著作之財產權歸屬及存續狀況，經獲臺灣圖書館臺灣學研究中心回覆，台灣山岳雜誌係以臺灣總督府之名義發行，經查，昭和年間著作權法第6條規定：「以官署、公衙、學校、社寺、協會、公司或其他團體為著作名義而發行或上演之著作，其著作權保護期間自發行或上演時起三十年。」本案著作如依該條規定屬於法人著作，因該等著作均未依我國歷次著作權法取得著作權，則依現行著作權法第106條之1回溯保護之規定，法人著作之著作權期間存續於公開發表後五十年，亦即本案著作分別於66年、77年及81年屆滿。

　　就此想請教顧問，如依版權頁所示發行所為「臺灣總督府內台灣山岳社」，而認定本案著作為日治時期之法人著作，進而推論本案著作之著作權期間均已屆滿，是否妥適？

貳、回答

一、日治時代日人在台灣之著作，應適用日本著作權法、台灣習慣法抑或中華民國著作權法？

（一）日本與大清帝國在馬關條約後，於1896年（明治29年）3月31日日本國會公布法律第63號「應於臺灣施行法令相關之法律」。該法律特別賦予臺灣總督律令制定權，在其管轄區域內得發布具有法律效力之命令。然而依該法律第5條規定：「現行法律或將來應頒布之法律，如其全部或一部有施行於臺灣之必要者，以敕令定之。」[1]而於1899年（明治32年）6月22日，日本以敕令第301號公布著作權法在台灣施行[2]。故日治時代在台灣的日本人之著作，依當時有效的日本著作權法計算保護期，直至民國34年中華民國著作權法在台灣適用為止。

（二）現行日本著作權法係1970年（昭和45年）全盤修正而來。而日本在前係適用1899年（明治32年）所制定之著作權法。依日本1899年著作權法第6條規定：「以官署、公衙、學校、社寺、協會、公司或其他團體為著作名義而發行或上演之著作，其著作權保護期間自發行或上演時起三十年。」上述規定，日本學者說通說解釋係團體名義之著作，原則上團體享有最原始之著作權，而非以個人名義發表之著作[3]，即相當於我國現行法之「法人著作」。本件依本人向智慧局查證，文章本身係掛用日本自然人本人之本名為著作人，而非直接係團體著作、法人著作，自不得依1899年日本著作權法第6條計算保護期間，而應依當時之日本著作權法第3條終身加死亡後三十年計算著作財產權保護期間。

（三）本件三篇著作，分別於民國（以下同）16年（昭和2年）、27年（昭和13年）及31年（昭和17年）發表，斯時作者應尚生存，即使文章發表後之翌年死亡，依當時日本著作權法第3條一般著作保護期間終身加三十年之規

---

1 https://zh.wikipedia.org/wiki/%E5%85%AD%E4%B8%89%E6%B3%95（最後瀏覽日期：2018/1/26）。

2 https://www.digital.archives.go.jp/DAS/meta/Detail_F0000000000000018144（最後瀏覽日期：2018/1/26）。

3 參見城戶芳彥，著作權研究，頁265，新興音樂出版社，昭和18年9月。榛村專一，著作權法概論，頁90-91，嚴松堂書店，昭和8年7月。

定，保護期間屆滿期，亦超過34年之中華民國著作權法適用於台灣地區之時期。因此，上開三件著作之最後之著作財產權保護屆滿時之計算，應適用我國著作權法規定。

二、我國著作權法著作財產權保護期間之計算

（一）我國著作權法自前清宣統2年（1910年）之著作權律到民國（以下同）81年著作權法修正以前，一般著作財產權保護期間為終身加死亡後三十年，於81年著作權法修正後，改為終身加五十年。由於81年著作權法在81年6月12日生效。故如果該三篇文章之作者，在51年6月11日前死亡，該文章即為公共財產。因在舊法時期著作財產權保護期間屆滿者，不適用新法。然而如果該三篇文章的作者在51年6月12日以後死亡者，則適用81年以後之著作權法。

（二）依現行著作權法第30條第1項規定：「著作財產權，除本法另有規定外，存續於著作人之生存期間及其死亡後五十年。」第35條規定：「第三十條至第三十四條所定存續期間，以該期間屆滿當年之末日為期間之終止。」此二規定在81年迄今未修正。依此規定，該三篇文章的作者，在56年12月31日以前過世者，方屬公共財產。如果逾此期間才過世，則文章尚受我國著作權法保護。

（回覆於2018年1月）

第五章　著作財產權之轉讓、行使與消滅

問題9：舊法時期未經註冊之著作的轉讓

 相關條文

民國48年著作權法施行細則第3條（未註冊之著作如何委託他人註冊或者由受讓人申請註冊）、民國54年著作權法施行細則第9條（繼承或受讓未註冊之著作如何申請註冊）、民國54年著作權法施行細則第23條（未註冊之著作遭侵害時得依民法侵權行為之規定尋求救濟）

壹、問題

某律師事務所函詢本局，舊著作權法採註冊主義時期，若實際著作人將「未經註冊之音樂著作」約定轉讓與唱片公司，並簽署轉讓證明書，再由唱片公司持該轉讓證明書向著作權主管機關辦理註冊且取得著作權執照，衍生下列疑義：

一、該唱片公司所受讓之音樂著作，於簽署轉讓證明書當時尚未註冊取得著作權，則該轉讓行為是否因轉讓標的不存在，依民法第246條第1項規定而無效？

二、承上，若該未經註冊之著作轉讓行為無效，則該唱片公司於舊法時期所取得之著作權執照，是否因而無效？進而，該唱片公司數十年來所衍生之授權行為，是否亦因而無效？是否可能衍生國家賠償問題？

關於上開疑義，初步意見如下：

一、問題一部分

按民法第246條第1項規定：「以不能之給付為契約標的者，其契約為無

效。但其不能情形可以除去，而當事人訂約時並預期於不能之情形除去後為給付者，其契約仍為有效。」本件雙方約定轉讓之音樂著作，於締約當時未註冊取得著作權，係以不能之給付作為契約標的，惟以唱片公司之專業背景，可推知雙方應能預期該給付不能之情形可經由辦理著作權註冊而除去，是以，依民法第246條第1項但書規定，該轉讓契約應仍為有效。

二、問題二部分

（一）民國（以下同）53年7月10日公布修正之著作權法第37條規定，註冊時呈報不實者，得由內政部註銷其註冊。是以，舊法採註冊主義時期，縱著作權註冊申請人呈報有虛偽不實情事，該註冊係屬得撤銷之處分，而非當然無效。舉重以明輕，本件著作權主管機關在系爭音樂著作尚未註冊取得著作權之前，即准予該唱片公司辦理著作權轉讓登記並核給著作權執照，該核給執照之處分雖有瑕疵，惟尚非無效之處分，且該等瑕疵至遲應於74年7月10日著作權法改採創作主義時即獲得補正。

（二）承上述，系爭核給該唱片公司著作權執照之處分既屬有效，且其瑕疵事後已獲得補正，則該唱片公司後續所衍生之授權行為亦屬有效，自不生國家賠償之問題。

貳、回答

一、依民國74年以前舊法未經註冊著作之轉讓的效力

（一）依民國（以下同）74年以前舊著作權法規定，著作係採註冊主義，非經註冊，並無著作權。例如53年著作權法第1條規定：「就左列著作物，依本法註冊，為有著作權。」然而未經註冊之著作，並非完全無權利，而僅無著作權法上之著作權而已。54年著作權法施行細則第23條即規定：「未依本法註冊取得著作權或製版權之著作物，遇有非著作人以之製版或照相翻印及非製版人以之照相翻印者，著作人或製版人得依民法侵權行為之規定，訴請司法機關辦理。」實務意見如下：

1. 民國55年4月18日最高法院55年度第3次民、刑庭總會會議決議（五）：「著作物未經註冊者，固不得依著作權法之規定，對他人之翻印等行為提起訴訟，惟仍得依民法第184條第1項後段侵權行為之

規定，訴請賠償，此觀著作權法施行細則第23條所定『未依本法註冊取得著作權或製版權之著作物，遇有非著作人以之製版或照像翻印及非製版人以之照像翻印者，著作人或製版人，得依民法侵權行為之規定，訴請司法機關辦理』等語自明，故遇此類事件，不得僅以其著作物未經註冊，即將原告之訴駁回。」

2. 最高法院55年台上字第1779號民事判決：「未依著作權法註冊取得著作權或製版權之著作物，遇有非著作人以之製版或照像翻印及非製版人以之照像翻印者，著作人或製版人得依民法侵權行為之規定訴請司法機關辦理，著作權法施行細則第23條定有明文。是著作物未經註冊者，固不得依著作權法之規定對於他人之翻印等行為提起訴訟，惟仍得依民法侵權行為之規定訴請賠償。」

3. 最高法院56年台上字第3421號民事判決：「依自己見解，蒐集資料，撰寫編印之書籍，自為其所有之著作物，系爭『試題詳解』乃被上訴人對歷屆高等、普通、特種、檢定等各類考試之試題，蒐集資料，撰寫之答案，是『試題詳解』縱使未經內政部依著作法准予註冊取得著作權及出版權，但既屬於被上訴人所有之著作物，即應受民法之保護。上訴人蒲秀媚出版之『輔導叢書』，係將被上訴人編印之『試題詳解』抄襲剪貼影印而成，即係侵害被上訴人所有之著作物。因被上訴人『輔導叢書』之銷售，既比例減少其『試題詳解』之銷路，上訴人所得之利益，即為被上訴人所受損失，應由該上訴人負賠償責任。」（最高法院裁判類編九冊1026頁）

4. 最高法院72年台上字第1658號民事判決：「依著作權法施行細則第23條之規定，遇有非著作人以之製版或照像翻印者，著作人仍得依民法侵權行為之規定，訴請排除其侵害。而所謂排除侵害，祇須有侵害行為存在，受害人即得請求排除，初不以有實際上之損害發生為要件。」

5. 內政部民國72年3月20日72台內著字第141830號函復國泰法律事務所函：「一、著作權法施行細則第23條所指『著作物』，包括著作權法第1條第1項第2款美術之製作，美術製作之取得製版權，須依同法第22條之規定，經整理排印出版繼續發行並依法註冊者為限。二、細則第23條所指『著作人』或『製版人』包括法人，至法人所發行未經註冊之美術製作物，是否得根據上開條文規定以著作人或製版

　　人名義請求排除侵害一事，應由法院就具體案件加以認定。」

（二）依民法第246條第1項規定：「以不能之給付爲契約標的者，其契約爲無效。但其不能情形可以除去，而當事人訂約時並預期於不能之情形除去後爲給付者，其契約仍爲有效。」在民國（以下同）74年以前，如果雙方約定轉讓之音樂著作，於締約當時未註冊取得著作權，是否係以不能之給付作爲契約標的？

　　查民法第758條第1項規定：「不動產物權依法律行爲而取得、設定、喪失及變更者，非經登記，不生效力。」然而依67年2月21日最高法院67年度第2次民事庭庭長會議決定（一）：「違章建築之讓與，雖因不能爲移轉登記而不能爲不動產所有權之讓與，但受讓人與讓與人間如無相反之約定，應認爲讓與人已將該違章建築之事實上處分權讓與受讓人。」（同旨見最高法院86台上字第2272號民事判決）。又最高法院74年3月5日74年度第3次民事庭會議決議：「未與土地分離之土地出產物，實務上認爲得爲強制執行之標的物（參看司法院字第1988號解釋（二）及辦理強制執行事件應行注意事項24），對於此項土地出產物有收取權，得因收取而原始取得該出產物所有權之第三人，應認爲強制執行法第15條所稱就執行標的物有足以排除強制執行之權利之第三人。」亦即以將來收成之果實作爲契約標的，不因立契約時之不存在而無效，而以違章建築爲轉讓標的，亦非因該違章建築不能登記而無效。此在本題亦可作類似之推論，在74年以前，以未經註冊之著作爲轉讓之標的，該轉讓契約，並非自始標的不能，不得認爲依民法第246條第1項而無效。

（三）依民國74年以前著作權法既採註冊主義，未經註冊之著作，是否得轉讓，有無權利轉讓之效力？有肯定、否定兩說：

1. **肯定說**：既然著作未經註冊，並非當然無權利，故得加以轉讓，如果經轉讓，事後取得轉讓註冊，或後來著作權法改採創作主義，其著作財產權之轉讓當然有效。

2. **否定說**：既然著作未經註冊，並無著作權，縱然有其他權利或利益，則轉讓者，亦僅爲其他權利或利益，而非著作權，因此事後受讓人不問有無轉讓註冊或著作權法是否改採創作主義，受讓人均不得擁有著作人之著作財產權。

　　上述二說，本人主張肯定說，理由如下：

1. 依民國48年著作權法施行細則第3條規定：「著作物之所有人，以著作物委託他人聲請註冊，或在註冊前已將著作物轉讓由受讓人申請註冊者，應附具委託書或轉讓證明書聲請之。」由此可見，在舊法採註冊主義時期，未經註冊之著作，亦得轉讓。如果由受讓人為轉讓註冊者，其著作財產權之轉讓，亦屬有效。

2. 民國54年著作權法施行細則第9條規定：「繼承或受讓未經註冊之著作物或出版物聲請註冊者，須附繼承或受讓文件。」此亦證明，在舊法採註冊主義時期，未經註冊之著作，亦得轉讓。如果由受讓人為轉讓註冊者，其著作財產權之轉讓，亦屬有效。

3. 民國17年著作權法第3條規定：「著作權得轉讓於他人。」司法院院字第1365號解釋：「著作權法第3條既規定著作權得以轉讓，則著作人或其繼承人，若未取得著作權以前之著作物轉讓於他人，倘無其他意思表示，當然應視為該著作物上所可得之著作權，亦已一併移轉，故同法第6條所定著作人亡故後，發行著作物之人，不以著作人之繼承人為限。」此雖將「著作物」與「著作權」相混淆，然而對未經註冊之著作，得加以轉讓，並可能取得著作權，採肯定態度。

4. 依民國79年著作權法第50條之1第2項規定：「完成於中華民國74年7月10日本法修正施行前未經註冊取得著作權之著作，其發行未滿二十年者，於中華民國74年7月10日本法修正施行後適用本法之規定。但侵害行為之賠償及處罰，須該行為發生於本法修正施行後，始適用本法。」而74年之著作權原則上採創作主義，在舊法時期未經註冊而轉讓著作財產權者，即使未為轉讓註冊，依該規定，在74年以後，原則上亦有轉讓之效力。何況在舊法時期已經為轉讓註冊，縱然轉讓前著作人未為著作權之註冊，其轉讓註冊，在74年以後，應具有轉讓之效力。此在現行著作權法第106條及第106條之1規定，採回溯保護主義而適用現行著作權法，更為明顯。

二、對民國74年以前尚未註冊之著作為轉讓註冊，是否為虛偽註冊？

（一）依前述內政部民國72年3月20日72台內著字第141830號函復國泰法

律事務所函釋意旨，在74年以前之著作人，包含法人在內[1]。法人既得為著作人，當然亦得為受讓人，在本件法人受讓著作財產權，應無違法問題。

（二）依前述民國54年著作權法施行細則第9條規定：「繼承或受讓未經註冊之著作物或出版物聲請註冊者，須附繼承或受讓文件。」則未經註冊之著作，經受讓人提出受讓文件而申請轉讓註冊，應已補正著作人之註冊，而無申請虛偽情事。

（回覆於2014年4月）

---

[1] 詳蕭雄淋，「論兩岸著作權法法人著作之形成過程及比較——從大清著作權律談起」一文，http://blog.ylib.com/nsgrotius/Archives/2014/01/07/22500（最後瀏覽日：2014/4/17）。

問題10：關於文創業尋求著作授權之解決

 **相關條文**

> 著作權法第37條（著作財產權之授權）

壹、問題

據瞭解，目前許多青創團隊反映於創作時，常會利用到各類著作（包括音樂、圖片、文字、視聽等），但卻無法輕易取得該等著作之授權。因現行集體管理團體（下稱集管團體）僅能提供音樂方面之授權，如權利人未加入集管團體或是音樂、錄音著作以外之授權，則無法解決。又侵害著作權之行為會涉及刑事責任，造成阻礙青創團隊創作之路；故有部分文創業者促請政府建立著作資訊交換平台，或利用人代理機構（讓平台代替利用人蒐集），協助利用人取得授權（單一窗口）之構想，期減少自行搜尋所耗費之精力與時間，並期有利侵權不具「故意」責任之舉證。

想請教我國目前對文創新興產業之著作授權，其授權管道是否暢通？類似上述之平台或機構是否可行？實務上是否有迫切需要？

貳、回答

目前要解決利用人與權利間快速接頭的問題，無法有一個統一解決的機制，可能要各個行業逐一解決。

一個文創公司，快速得到權利人的授權，是這家公司的突出能力之一。以出版業為例，較大的出版公司，自己都有版權部門，可以與國外直接聯繫尋求授權書籍、圖片、文章或甚至出售版權。除了自己的版權部門外，出版業也有自己獨特的版權代理公司，如博達公司等。它是代理各出版社向國外尋求授權，或甚至代理國外某些大的出版社，把它們的版權授權給台灣。這是單純出版行業的版權代理公司。

此外，在每年由台北書展基金會辦理的國際書展，第一天是專業人員的版權交易，這是一個集體的版權代理交易機制。再者，在國外也有出版的版權代

理網站，想要賣版權的出版社或作者，可以上網去張貼自己的版權項目及聯絡方式，想要買版權的人，可以透過這項訊息，在網路上直接與賣方接洽。

筆者是台北書展基金會董事，曾提案書展基金會也來做這樣的網站，後來被董事會否決，認為書展基金會是公益團體，不應與民爭利，這應由民間公司來做。

再者，就有關出版、雜誌、新聞媒體方面，民間就有如達志公司這樣的照片銀行代理公司，專門代理國外著名照片，任何人要照片，可以在網站上找，中意的話，可以找達志公司授權。

光出版這一項，就有這麼多樣化的機制，可見有市場需求，就會有公司出現。

至於在廣播部分，台灣也有中華民國廣播電視音樂著作使用人協會，專門代理廣播電視去與權利人團體談判音樂授權事項。而權利人團體，除了智慧局許可登記的集管團體外，也有台北市音樂著作權代理人協會（MPA）等權利人團體，專門代理音樂的重製授權事項。

足見有關文創業的權利，各行業可以各自發展權利人團體和利用人團體，也可以各自發展公司。很難無所不包地成立利用人團體來服務文創業。

要解決利用的授權問題，最快速的方法，是強化權利人集管團體，而在集管團體能力所不及者，自己的行業，則自然會產生版權代理公司，例如上述博達公司、達志公司之類的。

至於如果文化部真正要輔導這些版權交易公司力所未及之處，只能透過補助或專案，給各行業的公益團體，如出版界的台北書展基金會、台北出版公會等，去成立交易網站平台，由權利人和利用人自己去交易，就像104就業平台，或崔媽媽租屋網一樣。

（回覆於2015年7月）

問題11：伯朗大道木標、黑色邊框等之授權

 **相關條文**

> 著作權法第37條（著作財產權之授權）

壹、問題

本案緣起為台東縣池上鄉來函詢問其是否有權授權民眾依伯朗大道上之二個主標物（刻有伯朗大道之木標、白色邊框）製作鑰匙圈等商品販售。

「刻有伯朗大道之木標、白色邊框」係鄉公所就李村長繪製之樣稿圖案所建置之重製物。謹向各位顧問請教，樣稿上繪製之圖案是否具有原創性而構成美術著作，因而受著作權法保護？敦請各位顧問提供寶貴意見，俾供本局參考。

貳、回答

一、本案標的，其中伯朗大道的字體是書法，書法是美術著作。另無論是木標或邊框，也是美術著作。依著作權法第58條規定：「於街道、公園、建築物之外壁或其他向公眾開放之戶外場所長期展示之美術著作或建築著作，除下列情形外，得以任何方法利用之：一、以建築方式重製建築物。二、以雕塑方式重製雕塑物。三、為於本條規定之場所長期展示目的所為之重製。四、專門以販賣美術著作重製物為目的所為之重製。」依上述第58條第4款規定，專門以美術著作製作鑰匙圈販賣營利，不得主張合理使用，應得到權利人授權。

二、上述標的，是否具有原創性，應個案認定。然而此為授權案，而非侵害案。縱然原創性低，對得否授權亦無影響。故光只有是否得授權之判斷，無須考慮原創性高低問題。

三、上述美術品，係就村長之圖案製作而成。圖案如果係平面，而請人製作立體，會有衍生著作問題。而且既是村長之原圖，村長與鄉公所間之法律關係如何？係授權關係，抑或著作財產權轉讓關係？又找人作立體製品，製作者與鄉公所間，有無出資聘人完成著作之關係？著作權歸屬如何？事關應由何人

授權？應由幾人授權？此方爲本件之應注意重點。

（回覆於2015年8月）

第六章 著作財產權之限制（合理使用）

問題12：著作權法第48條之館藏合理使用對象有無包含數位資料庫？

 **相關條文**

> 著作權法第48條（文教機構所收藏著作之合理使用）

壹、問題

　　現行著作權法第48條定有圖書館等機構於特定情形得重製他人著作之規定，但重製對象限於「館藏」（「收藏之著作」），近年來我們常接獲圖書館詢問其另行訂閱、購買的資料庫（電子期刊）是否亦適用第48條的規定，目前本局的行政解釋認為授權利用不屬於館藏；惟亦有認為現行民眾對圖書館之利用方式已大不相同，授權利用之電子資料庫，或租賃方式取得之著作，仍應認為是館藏，以符合實務上圖書館之功能需求。為瞭解本局函釋是否妥適，想要請問顧問以下兩個問題：

一、圖書館等機構訂閱／購買的資料庫（電子期刊），目前據瞭解可做如下的區分：

1. 依（授權）利用期間不同，可分為「短期授權」（如利用期間兩年，期滿再續約，有授權條款）、「永久授權」（利用期間永久，有授權條款）及「買斷」（利用期間永久，無授權條款）。

2. 依資料儲存空間的不同，可分為「遠端接觸」（如廠商限制資料庫上線人數，利用人係輸入帳號密碼，進入遠端的廠商伺服器中讀取資料、期刊）及「館內建置」（資料庫內容直接重製於館內伺服器當中）。

　　請問依顧問意見，以上的不同授權利用之情形，是否都屬於館藏？還

是在上述何種特定情形下，會影響認定結果而不屬於館藏？

二、圖書館等機構訂閱／購買的資料庫（電子期刊）如屬「館藏」，可以適用著作權法第48條，但如果廠商以授權條款限制本屬合理使用之利用範圍，該等授權條款的效力爲何（以下兩說何者正確）？

1. 甲說：著作權法合理使用係屬強制規定，以契約限制者，該契約違反法令而無效。

2. 乙說：著作權法未明文規定合理使用爲強制規定，如以契約限制，又進行違反契約（但在合理使用範圍內）之利用，雖不違法，但會有違約的民事責任。

上述說法，究以何說爲當？

貳、回答

一、著作權法第48條之館藏，是否包含數位資料庫？

著作權法第48條規定：「供公眾使用之圖書館、博物館、歷史館、科學館、藝術館或其他文教機構，於下列情形之一，得就其收藏之著作重製之：一、應閱覽人供個人研究之要求，重製已公開發表著作之一部分，或期刊或已公開發表之研討會論文集之單篇著作，每人以一份爲限。二、基於保存資料之必要者。三、就絕版或難以購得之著作，應同性質機構之要求者。」上述所謂「收藏之著作」是否包含數位資料庫？易言之，數位資料庫，是否得爲著作權法第48條合理使用之標的？

上述問題，依貴局過去見解，似採否定說，其函釋如下：

（一）經濟部智慧財產局民國105年5月20日電子郵件1050520號函釋

「由於著作權法第48條所允之合理使用僅適用於圖書館之館藏，且限少數特定之利用情形，故所詢圖書館另行訂閱、購買之資料庫或電子期刊之情形並不適用，仍須回歸前揭說明之一般原則，故有關所詢圖書館是否得以就資料庫或電子期刊之內容等非絕版或難以購得之著作，欲透過館際Ariel系統或E-mail對外傳輸該內容之電子檔案，仍應視圖書館與各該著作財產權人（資料庫或電子期刊廠商）之授權契約範圍而定，圖書館與資料庫或電子期刊廠商得自由約定得傳輸電子檔案，著作權法就此部分並無限制，修法後亦無差異。」

（二）經濟部智慧財產局民國105年9月30日電子郵件1050930號函釋

「所詢圖書館所訂購或租賃之資料庫、電子期刊或電子書是否屬於能適用前揭合理使用規定之「館藏著作」？按現今大多數之資料庫、電子期刊或電子書業者，為保有其擁有著作財產權之著作在利用上之控制權，原則上均採『授權利用』之方式提供服務，僅授權其客戶在特定期間內（不論是『年度授權』或『永久授權』均屬之）利用著作，並訂有與客戶間之授權契約條款，其中可能就客戶得利用著作之樣態加以限制，此種『授權利用』之著作即不屬於『館藏著作』，自無著作權法第48條合理使用規定之適用，而須依授權契約之約定為之。」

本人採肯定說，認為著作權法第48條之館藏，包含數位資料庫在內。理由如下：

1. 著作權法第48條所稱「得就其收藏之著作重製之」，其收藏之「著作」，係指著作權法第5條之著作，包含語文著作、視聽著作、錄音著作、攝影著作等等。而其著作型態，無論是衍生著作（第6條）、編輯著作（第7條）、共同著作（第8條）均可。而依著作權法第7條規定：「就資料之選擇及編排具有創作性者為編輯著作，以獨立之著作保護之。編輯著作之保護，對其所收編著作之著作權不生影響。」資料庫屬於著作權法第7條之編輯著作，故圖書館所收藏之資料庫，當然是館藏之著作。蓋「著作」之範圍，當然包含資料庫在內，問題不在資料庫此一數位型態，而在於是否「館藏」。

2. 在數位化時代，著作的呈現型態，紙本形式已經越來越少，甚至有雜誌或圖書，已經不再出版紙本，連著名的《大英百科全書》2010年都是最後的印刷版本[1]。而許多電子書採線上版，由此可見，未來資料庫和線上電子書，是閱讀的新趨勢和主流，也是圖書館館藏的新方向。如果著作權法第48條之「館藏」解釋，採取紙本狹隘方式，恐不敷圖書館利用者閱讀和研究的需要，也使著作權法訂定圖書館合理使用規定，以調和社會公共利益，促進國家文化發展的目的落空。

---

[1] https://zh.wikipedia.org/wiki/%E5%A4%A7%E8%8B%B1%E7%99%BE%E7%A7%91%E5%85%A8%E4%B9%A6 (last visited: 03/20/2017)

二、著作權法第48條之「得就其收藏之著作重製之」，是否限於圖書館有所有權之著作，有無包含永久授權或定期授權之資料庫在內？

有關著作權法第48條之「得就其收藏之著作重製之」，是否包含永久授權或定期授權之資料庫在內？本人採肯定說，認為著作權法第48條之「得就其收藏之著作重製之」，包含永久授權或定期授權之資料庫在內，不以圖書館有「所有權」為限。其理由如下：

（一）日本著作權法第31條第1項規定：「於國立國會圖書館、以提供圖書紀錄及其他資料予公眾利用為其目的之圖書館及其他依政令規定之機構（施設）（以下各項稱為「圖書館等機構」）內，非為圖書館之營利目的且符合下列任一款規定情形者，得重製圖書館等機構之圖書、紀錄及其他資料（以下各條文均稱為「圖書館資料」）：一、為供圖書館等機構之利用者其調查研究所用，得重製已公開發表著作之一部分，或是，發行後已經過相當期間之定期刊物內所刊載之個別著作其全文——同條第3項亦同——但該著作重製物以一人提供一份為限。二、為保存圖書館資料之必要。三、為提供絕版及其他於一般情形取得困難之圖書館資料（以下稱為「絕版等資料」），予其他圖書館等機構。」上述日本著作權法第31條第1項，與我國著作權法第48條規定相當。

依日本學者通說解釋，日本著作權法第31條之「得重製圖書館等機構之圖書、紀錄及其他資料」，不限於圖書館等所有，不問其是否係自其他機構轉借而來，只要實行重製行為的機構對其負有保管責任，即屬本條規定之圖書館重製對象[2]。

我國著作權法第48條所稱「得就其收藏之著作重製之」，係指「館內收藏」而非「館內所有」。因此，館內被授權之著作，不管為永久授權或定期授權，只要在授權期間內，當然解為館內收藏之著作。

（二）在數位化時代，圖書館資料之取得，已不以「所有」為大宗，未來恐怕以授權為大宗。依日本學者通說解釋，只有館方「保管」，即使借來之著作，亦得為重製之標的。同理，在數位化時代，只要在授權期內，該著作應屬

---

[2] 參見加戶守行，著作權法逐條講義，頁237-238，着作權情報センター，2013年8月六版；作花文雄，詳解著作權法，頁330，株式会社ぎょうせい，2010年4月。

館方有權「控制」範圍，應解爲圖書館得爲著作權法第48條之合理使用，方能達成圖書館之目的，亦方能達成著作權法第1條之促進國家文化發展之目的。否則圖書館授權取得之資料庫，個人爲研究目的若不能部分重製，如何促進學術進步和文明發展？

三、著作權法第48條之「得就其收藏之著作重製之」之意義，是否因資料庫之「遠方接觸」或「館內建置」，而有區別？

著作權法第48條之「得就其收藏之著作重製之」，是否因「遠方接觸」，而非「館內建置」，而在解釋上有所不同？本人認爲，二者並無不同。

所謂「遠端接觸」，例如廠商限制資料庫上線人數，利用人係輸入帳號密碼，進入遠端的廠商伺服器中讀取資料、期刊。所謂「館內建置」，例如資料庫內容直接重製於館內伺服器當中。後者因其伺服器在圖書館內，解釋爲係「館藏」之著作，固無問題。而前者，伺服器在廠商之公司內，是否仍屬「館藏」之著作？

由於遠方接觸之資料庫，圖書館之利用，係利用圖書館之密碼而進入資料庫，而非直接不經圖書館而進入廠商之資料庫。在一定的人數和密碼控制下，該資料庫在該一定人數和密碼之管控的範圍內，仍屬「館藏」之著作。如果不如此解釋，遠端接觸之資料庫，對圖書館利用者之利用，將失去很多意義。而未來遠端接觸之資料庫將會是大宗。而且圖書館之購買遠端資料庫，將多數採點閱制。在一定點閱率下，廠商將有一定的收益，廠商此種商業模式的利益，將大於紙本之利益。而紙本得依著作權法第48條爲合理使用，遠端資料庫反而不能，將使圖書館因數位化反而失去公益功能，殊非公平之道，亦遠離著作權法之立法目的。

四、以契約限制著作權法第48條之圖書館合理使用規定，契約優先抑或合理使用規定優先？

查最高法院89年台上字第3431號判決謂：「惟訊之被告甲○○固不否認，警方於上開時地查扣之錄影帶十一卷，係其供出租他人觀賞之用，但矢口否認有重製情事，並以渠係向協和公司所授權之『常春影視社』負責人黃文華購買或租用者，黃文華係向協和公司買受者，爲合法之版權帶，既係合法之版權帶，以之出租於他人觀賞，並不違反著作權法爲辯。此經證人黃文華結證

在卷，並有其與協和公司間，就上開扣案之錄影帶簽訂之買賣合約書為證，堪信屬實。既無任何證據足資證明被告有重製行為，自不能依著作權法第91條第2項相繩；復依同法第60條規定：合法著作重製物之所有權人，得出租該重製物，即所謂『第一次銷售原則』，著作權已將其著作之重製物所有權出讓而進入市場，則其對於該重製物之出租權『即已用盡』，即不得對受讓人等再行主張其出租權。本件告訴人協和公司既已將扣案之錄影帶賣斷給黃文華，黃文華因而取得重製著作物之所有權，被告經所有權人黃文華同意而出租，自亦無違反同法第92條之可言。至於協和公司與黃文華間之買賣合約書內有記載：『所有本合約之錄影帶，限定不特定家庭或個人使用，乙方（指黃文華）不得將合約之錄影帶全部或一部轉售、出租、借用特定或不特定之第三人，供公開播送或非供個人使用之商業行為』，乃錄影帶發行商與簽約店間之內部民事上約定，並無對抗著作權法第60條規定之法律上效力。」

依上述最高法院實務見解，認為當事人之合約，不能對抗合理使用規定，然而並未指稱合約為無效。依此見解，如果廠商以契約限制圖書館合理使用規定，則圖書館仍然可以主張係依法律之行為，而不侵害著作權，亦即無侵害著作權之民事及刑事責任。

然而民法第71條規定：「法律行為，違反強制或禁止之規定者，無效。但其規定並不以之為無效者，不在此限。」民法第247條之1規定：「依照當事人一方預定用於同類契約之條款而訂定之契約，為左列各款之約定，按其情形顯失公平者，該部分約定無效：一、免除或減輕預定契約條款之當事人之責任者。二、加重他方當事人之責任者。三、使他方當事人拋棄權利或限制其行使權利者。四、其他於他方當事人有重大不利益者。」

依目前實務見解，法律上的強制或禁止規定，認定亦頗嚴格。著作權法合理使用規定，雖可能難謂法律上之強制或禁止規定，惟如果廠商之合約為定型化契約，而限制圖書館合理使用規定者，依民法第247條之1之規定，就限制部分之約定，應為無效。

以台灣廠商與圖書館間，圖書館為強勢之情形，而且圖書館之購買圖書、資料庫，多為招標，且招標公告係圖書館擬定之情勢下，此種廠商限制圖書館合理使用之情形，應該不多見。

（回覆於2017年3月）

問題13：圖書館得否將館藏博碩士論文電子檔提供給他館使用？

 **相關條文**

> 著作權法第48條（文教機構所收藏著作之合理使用）

壹、問題

　　我們最近收到大學圖書館來信詢問有關博碩士論文之館際合作，得否將博碩士論文之全文電子檔提供予國內或國外之圖書館？（大部分皆是利用Ariel系統傳輸）

　　本問題初步意見認為，就博碩士論文，圖書館似有依著作權法第48條第3款規定，主張其屬「難以購得」之著作，而有提供館際合作之空間。惟為求審慎，在這裡想請教各位顧問之意見，還請各位顧問不吝賜教，謝謝！

貳、回答

一、有關應閱覽人要求而館際利用Ariel系統[3]傳輸行為的法律適用

（一）有關圖書館的法定例外規定，我國著作權法第48條規定：「供公眾使用之圖書館、博物館、歷史館、科學館、藝術館或其他文教機構，於下列情形之一，得就其收藏之著作重製之：一、應閱覽人供個人研究之要求，重製已公開發表著作之一部分，或期刊或已公開發表之研討會論文集之單篇著作，每人以一份為限。二、基於保存資料之必要者。三、就絕版或難以購得之著作，應同性質機構之要求者。」目前圖書館館際間合作，往往閱覽人甲向A圖書館申請影印某書，A圖書館並無該書，乃商請B圖書館就該書利用Ariel系統傳輸而在A圖書館印出該書一部分給甲。

---

[3] 有關Ariel系統的說明，可以參照：http://www.twnfi.com.tw/cetacean/front/bin/pt-detail.phtml?Part=ot50&Category=0（最後瀏覽日期：2014/01/24）；http://www.lib.ncu.edu.tw/book/n17/arti1712.htm（最後瀏覽日期：2014/01/24）。

（二）有關圖書館以Ariel系統傳輸是否適法？依經濟部智慧財產局民國98年3月19日智著字第09800014860號函謂：「貴館函詢問題四，圖書館以Ariel方式提供資料給讀者，如該Ariel系統係屬館對館間一對一之定址傳輸而須由圖書館向被申請館提出申請者，雖不涉及『公開傳輸』之行為，惟依本法第48條第3款之規定，仍須符合『絕版或難以購得』之要件，始得將館藏著作重製成電子檔，透過Ariel系統直接傳輸予對方圖書館。至於對方圖書館再將Ariel系統所接收之資料以紙本印出給讀者之行為，亦應符合著作權法第48條第1款之規定，始得為之。」依該函示意旨，如果閱覽人甲向A圖書館申請影印某書，A圖書館並無該書，乃商請B圖書館就該書利用Ariel系統傳輸，此種情形，必須限於A圖書館就該書符合著作權法第48條第3款所規定「絕版或難以購得之著作」之要件，而且就該書之影印給讀者，必須限於著作權法第48條第1款之「應閱覽人供個人研究之要求，重製已公開發表著作之一部分，或期刊或已公開發表之研討會論文集之單篇著作，每人以一份為限」。故該書即使符合「絕版或難以購得之著作」之要件，讀者就該書亦不可能要求圖書館一次影印全部書籍。然而一次影印部分書籍，分次影印，乃至於完成全部，法律並不禁止。

（三）如果A圖書館在國外，B圖書館在國內，B圖書館之書籍縱然符合著作權法第48條第3款「絕版或難以購得之著作」之要件，是否因A圖書館在國外，而在影印上無須符合著作權法第48條第1款之「應閱覽人供個人研究之要求，重製已公開發表著作之一部分，或期刊或已公開發表之研討會論文集之單篇著作，每人以一份為限」之要件，而以A圖書館所在國之法律為準？上述情形有肯定及否定兩說：

1. **肯定說**：認為A圖書館如果在國外，因為閱覽要求重製之行為在國外，且依著作權法第48條第3款規定，B圖書館本來即可將電子檔重製傳送A圖書館，而A圖書館應閱覽人要求而重製著作給閱覽人，其行為完全係國外行為，應依A國法律判斷是否違法，不應依我國著作權法第48條第1款判斷之。如果國外著作權法規定得影印全部，此項行為應加以允許。

2. **否定說**：認為既然以B圖書館透過Ariel系統直接傳輸予A圖書館而影印給閱覽人，則從B圖書館到閱覽人間之行為，係一次行為，而非由B圖書館重製給A圖書館，再由A圖書館重製給閱覽人之兩次行為。

由於重製罪有刑事責任之規定（參照刑法第91條），依刑法第4條規定：「犯罪之行爲或結果有一在中華民國領域內者，爲在中華民國領域內犯罪。」因此上述行爲如果法庭地在我國，無論係B圖書館端或閱覽人端，仍應依我國著作權法第48條第1款或第3款之要件來判斷。

上述二說，本人傾向否定說，然而不排除有著作權法第65條第2項之「其他合理使用」之適用空間。

二、博碩士論文是否爲「絕版或難以購得之著作」？

（一）現行著作權法第48條規定修正於民國（以下同）81年，而81年之著作權法第48條規定，係源自74年之著作權法第32條。而74年著作權法第32條規定，於行政院草案雖未說明其立法依據，然無論74年之著作權法第32條規定或81年之著作權法第48條規定，其立法文字皆類似日本著作權法第31條規定。

（二）日本著作權法第31條第1項規定：「國立國會圖書館及以供公眾利用圖書、紀錄或其他資料爲目的之圖書館或依命令規定之其他設施（以下本條稱『圖書館等』），不以營利爲目的，而有左列情形之一者，得複製其圖書、紀錄或其他資料（本條以下稱「圖書館資料」）：一、基於圖書館等之利用人的要求，並且以供利用人調查研究目的之用，對於每一個人提供已公開發表著作之一部分者（揭載於發行後經相當期間之定期刊物中的各個著作物爲全部）。二、圖書館資料之保存目的所必要者。三、因絕版或其他相類似之理由，經一般交易途徑取得困難，基於其他圖書館等之要求，而提供圖書館資料之複製物者。」[4] 上述日本著作權

---

[4] 南韓著作權法第31條第1項規定：「一、圖書館與提升閱讀法所規定之圖書館，以及總統令所指定提供圖書、文件、紀錄與其他材料（以下簡稱爲圖書）供公眾使用之場所（包括該有關場所之首長，以下簡稱爲圖書館等），於下列情形之一，可以利用圖書館等所擁有之圖書（就本項第一款情形而言，並包括根據本條第三項而由其他圖書館所複製或互動式傳輸之圖書），而複製他人之作品。但以下第1款及第3款所定情形，圖書館等不得以數位形式複製他人作品：1.應使用者個人要求以及供研究與學習之目的，可複製而提供其一份已公開發表圖書之一部分。2.圖書館等基於保存圖書之必要而複製。3.對於絕版或因類似原因而難以購得之圖書，應其他圖書館等之要求，而提供一份該圖書之複製

法第31條第3款之「因絕版或其他相類似之理由，經一般交易途徑取得困難」，依學者之見解如下：

1. **加戶守行**：本款規定之「因絕版或其他類似理由」而通常難以取得之圖書館資料，係指：絕版之單行本、於發行時起已經過長期間的定期刊物，或是無法於舊書店內購得之書籍。因書籍價值過高而無法購買之經濟性理由，以及購入外國圖書之時間相關事由，則均非本款規定之「……其他類似理由」。換言之，本款規定之「因絕版或其他類似理由」，限於為取得已不存在於一般市場之圖書資料的情形。再者，本款規定之重製行為主體，係指：收藏有他圖書館等機構取得困難之資料，且提供其該資料重製物之圖書館等機構。據此，於此必須注意，圖書館本身並未收藏他圖書館所需資料，而是向他人或他機構商借而來、再予重製而提供他圖書館所用之行為，則非本款規定允許之重製行為[5]。

2. **小倉秀夫、金井重彥**：本款之得加以重製，係因對權利人之影響極少，故加以承認。本款之絕版書籍，包含書店無庫存、舊書店不流通等，如果因書籍價格高購入困難或出版地在國外購進時間長等理由，不屬第31條第3款之「因絕版或其他相類似之理由，經一般交易途徑取得困難」[6]。

3. **半田正夫、松田正行**：因出版之原版損壞而不再版，亦無舊書店可買，在物理上不能入手之情形屬之。至於因價過高或外國雜誌入手時間長等經濟或時間上困難，不能成為重製的理由。[7]

(三) 日本著作權法第31條第3款之要件為「因絕版或其他相類似之理由，經一般交易途徑取得困難，基於其他圖書館等之要求，而提供圖書館資料之複製物者」，我國著作權法第48條第3款之要件為「就絕版或難以購

本。」與日本著作權法第31條第1項相當。

5 參見加戶守行，著作權法逐條講義，頁259-260，着作權情報センター，2013年8月六版。

6 參見小倉秀夫、金井重彥，著作權法コンメンタール，頁608，レクシスレクリス・ジャパン株式会社，2013年5月。

7 參見半田正夫、松田政行，著作權法コンメンタール，第二冊，頁173，勁草書房，2009年1月。

得之著作，應同性質機構之要件」，兩者規定文字有差異。其中「難以購得之著作」，是否包含尚未出版發行的博碩士論文在內？有肯定、否定兩說：

1. **肯定說**：認為我國著作權法既然與日本著作權法規定不同，我國著作權法第48條第3款所謂「難以購得之著作」，應包含非絕版，而係尚未出版之博碩士論文在內。否則博碩士論文一直都未出版，一般人難以利用，有礙國家文化發展，違反著作權法第1條之立法精神。

2. **否定說**：認為我國著作權法第48條第3款之「難以購得之著作」，應限於絕版或類似的理由，不應包含尚未出版之博碩士論文在內。如果解釋為包含尚未出版的博碩士論文，則國家圖書館將可利用著作權法第48條第3款規定，大量重製博碩士論文分送各圖書館，那麼未來博碩士論文如果出版，則在圖書館全無市場可言。

（四）上述二說，本人贊同否定說，其理由如下：

1. 依按伯恩公約第9條規定：「(1)受本公約保護之文學及藝術著作，其著作人專有授權他人以任何方式或形式重製各該著作之權利。(2)上開著作得重製之特定特殊情形，依本聯盟各會員國之法律定之，惟所為重製，不得牴觸著作之正常利用，亦不得不當損害著作人合法權益。」伯恩公約第9條第2款係「三步測試」之規定，與TRIPS第13條、WCT第10條、WPPT第16條規定相當。而上述「三步測試」原則包含：(1)限於某些特殊情況；(2)不與著作的正常利用相牴觸；(3)不無理地損害著作人之合法利益。

   上述三原則應作為解釋我國著作權法有關法定例外規定之基本原則，因此如果解釋著作權法第48條第3款所謂「難以購得之著作」，包含尚未出版的博碩士論文在內，則將與未來博碩士論文的正常出版利用相牴觸，且因博碩士論文係學術著作，主要市場在學術界，包含學校和圖書館，故如果解釋著作權法第48條第3款所謂「難以購得之著作」，包含尚未出版的博碩士論文在內，則將損害博碩士論文未來出版的合法利益。

2. 如果解釋著作權法第48條第3款所謂「難以購得之著作」，包含尚未出版的博碩士論文在內，基於相同的理由，也應包含尚未出版政府委託著作而著作權屬於作者所有者在內，此種情形不宜認為著作權法第48條第3款之「難以購得之著作」。又此種著作，即使著作財產

權約定屬於國家所有，亦可能屬於文化創意產業發展法第21條之範圍，而非完全得由圖書館以「難以購得之著作」為理由而任意全部利用。

3. 目前博碩士論文之上線，在學生畢業前均會要求學生寫授權書，圖書館之上線與否，以及是否同意重製給其他圖書館，應屬學生自由授權之範圍，不宜由圖書館依著作權法第48條第3款規定強制公開。而無收藏之圖書館，如果讀者欲加以重製，得引用經濟部智慧財產局民國98年3月19日智著字第09800014860號函加以解決，無礙讀者之利用。

4. 針對已畢業五年、十年，而一直未出版之博碩士論文，如果其他圖書館欲加以收藏，要求有存書之圖書館重製，有援引著作權法第65條第2項「其他合理使用」之空間。

參、參考資料

發布日期：民國98年3月19日

令函案號：智著字第09800014860號

令函要旨：

　　說明：

一、復貴館98年2月20台圖期字第0980000464號函。

二、按著作權法（下稱本法）第48條第2款所謂「保存資料之必要」，係指該館藏之著作屬稀有本且已毀損或遺失或有毀損、遺失之虞，或其版本係一過時的版本，利用人於利用時已無法在市場上購得者，始有適用。有關貴館所詢問題一所述之期刊或書籍，是否構成前述「保存資料之必要」，尚須於具體個案中加以判斷，尚無法一概而論。惟如該等館藏著作已構成「保存資料之必要」者，其重製之方式自包括以數位化式之重製，圖書館並得依本法第48條第1款之規定提供讀者，另考量如交付數位化電子檔予閱覽人，基於重製之便利性及傳播之迅速性，對著作權人權益之影響不可謂不大，依著作權法第65條第2項第4款規定，尚難認屬合理使用之情形，自不能逕行交付重製之電子檔案，應僅限於以紙本交付予閱覽人。

三、另貴館所詢問題二，擬將「基於保存資料之目的」而數位化之重製物置於館內網域查檢利用，但限制使用者只能於館內瀏覽、列印紙本：有關置

於館內網域供讀者瀏覽者，涉及「公開傳輸」之行為，本法第48條雖無規定，惟圖書館提供讀者於館內以未附重製功能之電腦終端機或其他閱覽器閱覽，利用人無法利用此類行為將館藏著作另行重製為電子檔或將該檔案另行傳輸者，對著作權人權益之影響有限，可依本法第65條第2項之規定主張合理使用，又參酌國外立法例（例如美國著作權法第108條(b)之(2)及同條(c)之(2)；澳洲著作權法第51A條之(3A)及(3B)之規定），應限制利用人於館內利用時，未將館藏著作另行重製為電子檔或無法將該檔案另行傳輸者為限。

四、貴館函詢問題三，按本法第48條第1款並未限制閱覽人提出要求之方式，故圖書館提供遠距服務，使讀者不必親自到館就可透過郵寄、電話、傳真、電子郵件或網路，申請影印著作之一部分或期刊中之單篇論文，經館員影印紙本或利用第1項重製物列印成紙本，再以郵寄、傳真傳送，仍可主張適用本法第48條第1款合理使用之規定。

五、貴館函詢問題四，圖書館以Ariel方式提供資料給讀者，如該Ariel系統係屬館對館間一對一之定址傳輸而須由圖書館向被申請館提出申請者，雖不涉及「公開傳輸」之行為，惟依本法第48條第3款之規定，仍須符合「絕版或難以購得」之要件，始得將館藏著作重製成電子檔，透過Ariel系統直接傳輸予對方圖書館。至於對方圖書館再將Ariel系統所接收之資料以紙本印出給讀者之行為，亦應符合著作權法第48條第1款之規定，始得為之。

六、貴館函詢問題五，承前述說明一，若圖書館館藏之古老黑膠唱片及傳統錄影帶，因資料載體呈現老化及脆化現象，坊間已無適當讀取機器可以購買，且無法以合理管道或價格購買相同內容之CD或DVD，則圖書館可基於保存資料之必要，依本法第48條第2款規定將其轉錄成CD或DVD，用於替換古老黑膠唱片及傳統錄影帶之館藏。又該等重製物屬「視聽著作」或「錄音著作」，其性質上恐無法依著作權法第48條第1款之規定，供個人研究之要求，重製該等著作之一部。又如將該等重製物提供外借或供公眾使用，亦已超出保存之目的，另如置於館內網域供讀者瀏覽者，仍請參考前述說明三之說明。

七、以上為本局基於著作權專責機關所為之法律意見。如於具體個案就是否構成合理使用，當事人間發生爭時，仍應由司法機關調查事實予以認定，併予敘明。

（回覆於2014年1月）

問題14：有線廣播電視法第41條公益頻道節目的合理使用問題

 **相關條文**

> 著作權法第49條（時事報導之利用）、第52條（合理引用）、第55條（非營利活動之無形利用）

壹、問題

　　民眾自行錄製影片，並於有線電視台公用頻道播出時，是否有主張合理使用之可能？

　　一、日前本局接獲民眾詢問：「為落實有線廣播電視法第41條關於民眾媒體近用權之美意，就民眾自製的影音內容（如錄下社區阿公阿嬤搭配蔡依林歌曲翩然起舞），並於有線電視公用頻道播出之利用行為，是否有免除著作權限制之可能？」

　　二、由於有線電視台公用頻道播出民眾自製影音內容，可能涉及重製及公開播送之利用行為，想請教於此種利用情形下，公用頻道是否有主張著作權法第55條、第65條的空間？

　　三、有線電視台公用頻道為配合特定之節慶或主題活動所製作之特別節目（例如電視台敬老節活動，而非定期播放之帶狀節目）播放民眾所錄製之社區阿公阿嬤搭配蔡依林歌曲翩然起舞影片，可否有主張第55條合理使用之空間？又與公用頻道直播社區阿公阿嬤在特定活動（如敬老節活動）中搭配蔡依林歌曲翩然起舞影片，有無不同？

　　四、承上，不論係直播或播放民眾提供之影片（帶子、檔案等），是否有重製之利用行為？若有，則就該重製行為部分，是否有依第65條主張合理使用之空間？

貳、回答

一、有線廣播電視法第41條規定，並非著作權法免責規定

有線廣播電視法第41條規定：「系統經營者應無償提供一個以上公用頻道供政府機關、學校、團體及民衆播送公益、藝文、社教等節目；公用頻道之規劃及使用辦法，由中央主管機關定之（第1項）。系統經營者提供之公用頻道不得有下列行爲：一、播送有擬參選人參加，且由政府出資、製作或贊助之節目或廣告。二、播送由政府出資、製作或贊助以擬參選人爲題材之節目或廣告。三、播送受政府委託爲置入性行銷之節目。四、播送受政府委託但未揭露政府出資、製作、贊助或補助訊息之節目。五、播送商業廣告。（第2項）」

同法第33條規定：「系統經營者應同時轉播依法設立無線電視電台之節目及廣告，不得變更其形式、內容及頻道，並應列爲基本頻道。但經中央主管機關許可者，得變更頻道（第1項）。系統經營者爲前項轉播，免付費用，不構成侵害著作權（第2項）。」

有線廣播電視法第41條規定，係有關公用頻道的管理規定，該條規定，不似有線電視法第33條第2項另設類似著作財產權合理使用規定的著作權免責條款。因此，有線電視法第41條的公用頻道，其使用到他人著作，除非另符合著作權法有關著作財產權限制條款規定，或該著作屬於著作權法第9條不得爲著作權標的，或該著作已經是公共財產者外，應得著作財產權人之授權。

二、著作權法第55條是否可能解決公用頻道節目之侵害問題

（一）著作權法第55條規定：「非以營利爲目的，未對觀衆或聽衆直接或間接收取任何費用，且未對表演人支付報酬者，得於活動中公開口述、公開播送、公開上映或公開演出他人已公開發表之著作。」此一規定，僅係規範有關著作的無形利用，如公開口述、公開播送、公開上映或公開演出等合理使用問題，而不及於著作的重製之合理使用。有關公用頻道公開播送節目，一般上並非現場即時播送，如果涉及錄製再公開播送，則除應符合公開播送之合理使用條款外，尚應符合其他涉及重製之合理使用條款。

（二）有線廣播電視法第41條之公用頻道，係政府機關、學校、團體及民衆播送公益、藝文、社教等節目，大抵可能符合著作權法第55條有關「非以營利爲目的」之要件，至於是否符合著作權法第55條「未對觀衆或聽衆直接或間

接收取任何費用」的要件？

（三）從有線廣播電視法第41條有關公用頻道管理的立法精神來看，應可以解為有線電視對閱視觀眾的收費，不及於公用頻道，亦即公用頻道的公開播送，屬於「未對觀眾或聽眾直接或間接收取任何費用」。至於公用頻道的播出，一般上應屬無償，頻道商不會對節目提供之表演人給付表演之費用，故亦應符合著作權法第55條「未對表演人支付報酬」之要件。

（四）經濟部智慧財產局民國101年9月25日智著字第10100075910號函釋謂：「如係為節慶或其他特定目的而舉辦特定活動（非經常性），而有符合著作權法第55條規定，非以營利為目的、未對觀眾或聽眾直接或間接收取任何費用，且未對表演人支付報酬者等要件，自得依第55條規定主張合理使用，不會有侵害著作財產權之問題。爰此，所詢問題二至四，您所屬社團以每月舉辦慶生會方式或以每月約一至二次之頻率歡唱卡拉OK，似已屬於經常性之利用，而不屬於特定活動性質，建議應取得電腦伴唱機之公開演出授權。」依貴局一貫之函釋，著作權法第55條之「活動中」，係指「特定活動」而言，不含「經常性的活動」在內。故依有線廣播電視法第41條之公用頻道上的節目，如果該節目係經常性活動節目，不得主張著作權法第55條之合理使用使用[8]。

（五）基上所述，有線電視台公用頻道為配合特定之節慶或主題活動所製作之特別節目（例如電視台敬老節活動，而非定期播放之帶狀節目）播放民眾所錄製之社區阿公阿嬤搭配蔡依林歌曲翩然起舞影片，或與公用頻道直播社區阿公阿嬤在特定活動（如敬老節活動）中搭配蔡依林歌曲翩然起舞影片，就公開播送權利而言，有可能得主張著作權法第55條之合理使用。然而就重製部分，仍然無法以著作權法第55條規定加以解決。

三、如何解決公用頻道之重製權侵害問題？

依有線廣播電視法第41條規定，公用頻道之節目，係屬外製，由第三人提供，故有涉及他人節目的重製問題。此重製利問題之處理，無法以著作權法第55條加以解決。然而能否以著作權法其他規定解決？

---

[8] 智慧局函釋此一見解，本人不認同。參見：http://blog.ylib.com/nsgrotius/Archives/2009/03/11/9213。

（一）著作權法第65條能否解決公用頻道之重製問題？

　　著作權法第65條規定：「著作之合理使用，不構成著作財產權之侵害（第1項）。著作之利用是否合於第四十四條至第六十三條所定之合理範圍或其他合理使用之情形，應審酌一切情狀，尤應注意下列事項，以爲判斷之基準：一、利用之目的及性質，包括係爲商業目的或非營利教育目的。二、著作之性質。三、所利用之質量及其在整個著作所占之比例。四、利用結果對著作潛在市場與現在價值之影響。（第2項）」

　　著作權法第55條並未有「合理範圍」規定，且著作權法第55條有獨立之要件。故著作權法第55條僅限於公開無形利用，係立法上就公開使用的要件的有意設定。故符合著作權法第55條之要件，其中涉及重製者，著作權法第65條之「其他合理使用」要件，應嚴謹使用，以朝向不得主張第65條「其他合理使用之情形」較爲適宜。當然，第65條之一般合理使用條款之認定，係屬法院之權限，應視具體個案，由法院實質認定之。

（二）著作權法第56條得否解決公用頻道之重製問題？

　　著作權法第56條規定：「廣播或電視，爲公開播送之目的，得以自己之設備錄音或錄影該著作。但以其公開播送業經著作財產權人之授權或合於本法規定者爲限（第1項）。前項錄製物除經著作權專責機關核准保存於指定之處所外，應於錄音或錄影後六個月內銷燬之。（第2項）」著作權法第56條之爲播送之短暫重製的合理使用規定，必須錄音、錄影者爲播送者，而非錄音或錄影者爲播送者以外之節目之提供人。

　　而依有線廣播電視法第41條之公用頻道之節目，均由第三人提供，因此，其有關利用他人著作而重製於節目上，其重製之合理使用，無法以著作權法第56條加以解決。

（三）著作權法第49條得否解決公用頻道之重製問題？

　　著作權法第49條規定：「以廣播、攝影、錄影、新聞紙、網路或其他方法爲時事報導者，在報導之必要範圍內，得利用其報導過程中所接觸之著作。」公用頻道，亦可能涉及公民記者的時事報導，此報導如利用他人著作，而符合著作權法第49條規定，亦可能解決有線廣播電視法第41條公用頻道之重製合理使用問題。

（四）著作權法第52條得否解決公用頻道之重製問題？

著作權法第52條規定：「為報導、評論、教學、研究或其他正當目的之必要，在合理範圍內，得引用已公開發表之著作。」政府機關、學校、團體及民眾製作公益、藝文、社教等節目在公用頻道播放，其製作節目，亦可引用他人著作。如符合著作權法第52條引用之要件[9]，其引用他人著作而完成之自己的著作，將之加以公開播送，其播送本身，即屬合法，無待再檢驗著作權法第55條之規定。

（回覆於2016年4月）

---

[9] 有關著作權法第52條引用之要件，另參見：http://classic-blog.udn.com/2010hsiao/ 11097644。

問題15：在圖書館借用CD在圖書館聆聽的著作權問題

 **相關條文**

> 著作權法第3條第1項第9款（公開演出之定義）、第55條（非營利活動之無形利用）

壹、問題

一、目前多數圖書館除了書籍的出借外，也會提供DVD或CD供民眾觀賞或帶回家聆聽。而本案緣起於民眾（大學圖書館館員）函詢於圖書館播放音樂一事。若讀者欲將借出之館藏CD於圖書館內利用其筆電或館內設備（如公用電腦）播放，並透過耳機聆聽，其行為是否涉及著作之公開演出權？

二、又按本局先前之函釋（請參照參考資料），若為播放視聽著作之情形，即便播放之設備係供個人使用，其播放行為仍涉及侵害公開上映權。因此，若透過耳機聆聽音樂之行為可解釋為不涉及公開演出者，對於本局就視聽著作公開上映所作之解釋，是否會產生不衡平之結果？

貳、回答

圖書館於個人桌播放家用影片版之視聽著作給民眾觀賞，目前經濟部智慧財產局民國97年1月24日電子郵件970124b號函釋，認為係公開上映。此所以認定為公開上映之理由，恐係因圖書館出借電影給不特定之第三人，而圖書館為公共場所，圖書館尚提供放映設備供放映，就圖書館而言，應為公開上映之行為人。蓋圖書館對整個從提供影片到放映場所，均有積極地參與和控制行為。圖書館此時有無違法，關鍵並非在該行為是否公開上映行為，而係該行為是否得主張合理使用問題。

而目前客人在MTV場所拿出借之視聽著作，在MTV房間一個人觀賞電影，實務上通說也認為係公開上映。在MTV房間一個人觀賞電影，該房間已屬特定，另一第三人不可能再進該房間。然而此行為所以認定係公開上映，係因該客人對MTV場所而言，係不特定人，而MTV對不特定人提供影片在房間

觀賞，應認為MTV場所主人係公開上映。蓋MTV場所主人積極參與提供影片給不特定人並控制放映場所之行為。

同樣的，顧客在唱片行試聽CD音樂，如果試聽係用耳機，此試聽行為仍然屬於唱片行對CD音樂的公開演出行為。僅唱片行是否得對此提供耳機聆聽行為主張合理使用而已，不因該試聽音樂為用耳機或不用耳機而有所不同。此亦因唱片行提供CD音樂給不特定人聆聽，縱然該不特定人僅一人，且戴耳機，唱片行仍然為音樂CD的公開演出。因為每一個不特定人都可以用耳機來聆聽。

基此而論，圖書館出借CD而借用人用耳機在圖書館館內設備聆聽，應解為係圖書館對CD音樂之公開演出行為。所以認為係公開演出，乃係圖書館用館內設備對不特定人作CD音樂的公開提供，並實際上在自己的設備播放。而如果圖書館僅係出借CD，而借用人私人未經圖書館安排，私下用筆記型電腦及耳機在圖書館內加以聆聽，因圖書館未提供機器，未參與公開演出行為，而個人之播放CD第三人聽不見，所以該借出之私人，並未有公開演出行為，同樣的，圖書館亦未有公開演出行為。

圖書館出借CD而借用人用耳機在圖書館館內設備聆聽，應以合理使用規定加以解決，而非不把它當作公開演出。現行著作權法第55條規定：「非以營利為目的，未對觀眾或聽眾直接或間接收取任何費用，且未對表演人支付報酬者，得於活動中公開口述、公開播送、公開上映或公開演出他人已公開發表之著作。」智慧財產局一向認為此「活動中」，限於非反覆性、經常性之活動，本人一向持反對見解，認為所謂「活動中」，不限於非經常性、反覆性之活動[10]。而依智慧局公布著作權法修正草案第一稿第66條第1項規定：「非以營利為目的，未對觀眾或聽眾直接或間接收取任何費用，且未對表演人支付報酬者，得公開上映、公開演出他人已公開發表之著作。但視聽著作公開發表未滿三年者，不適用之。」已將「活動中」文字刪除，將解決未來圖書館的經常性活動問題。

---

[10] 參見蕭雄淋，著作權法實務問題研析（一），頁264以下，五南圖書，2013年7月。

參、參考資料

發布日期：民國97年1月24日

令函案號：電子郵件970124b

令函要旨：

一、依著作權法（以下簡稱本法）規定「公開上映」是指以單一或多數視聽機或其他傳送影像之方法於同一時間向現場或現場以外一定場所之公眾傳達著作內容。又「公眾」，指不特定人或特定之多數人。但家庭及其正常社交之多數人，不在此限。又本法並未規定何謂「公播版」或「家用版」，所謂公播版或家用版，係廠商依其市場區隔原則，自行將其著作商品分類，並個別訂定其授權使用範圍、時間及地域等。一般「公播版」是指授權視聽著作公開上映之版本，反之，「家用版」係指未經視聽著作財產權人授權「公開上映」之版本。該項商品之使用人，應依照著作財產權人授權之範圍利用著作，否則即有可能造成侵權之行為。

二、因此，所詢問題一，圖書館如於「個人桌」播放家用版之視聽著作予民眾觀看，雖每套視聽設備僅一人使用，但因「任何不特定人」都可借來欣賞其內容，應屬著作權法規定之「公開上映」行為，應徵得該影片著作財產權人之同意或授權，始得為之。另所詢問題二，若係指讀者將自圖書館借來之影片於自己辦公桌上觀看影片，如係向公眾傳達著作內容，應屬本法公開上映之利用行為，應徵得該影片著作財產權人之同意或授權。

三、以上說明，請參考著作權法第3條第1項第4款、第8款及第25條之規定。因著作權係屬私權，在具體個案中，對於利用著作有無合理使用、有無構成侵害等，如有爭議，仍應由司法機關調查事證予以審認。

（回覆於2014年4月）

問題16：圖書館VHS為公播版，經依法轉錄後的DVD是否亦為公播版？

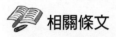 **相關條文**

著作權法第37條第1項（著作財產權授權利用範圍之約定）、第48條（文教機構所收藏著作之合理使用）

壹、問題

日前某校圖書館來信詢問，若其將已絕版VHS轉為DVD，該VHS為公播版，則重製後的DVD是否亦為公播版？

若圖書館符合著作權法第48條第2項之「基於保存之必要」要件，則應可將已絕版VHS轉為DVD。仍有以下兩個問題想要請教：

一、轉錄後之DVD是否亦為公播版而得公開上映？

二、該絕版之定義係指「無法於市場上購得」或是指「無法以某種媒介（如VHS）再發行」？

貳、回答

一、現行著作權法第48條之解釋

現行著作權法第48條規定：「供公眾使用之圖書館、博物館、歷史館、科學館、藝術館或其他文教機構，於下列情形之一，得就其收藏之著作重製之：一、應閱覽人供個人研究之要求，重製已公開發表著作之一部分，或期刊或已公開發表之研討會論文集之單篇著作，每人以一份為限。二、基於保存資料之必要者。三、就絕版或難以購得之著作，應同性質機構之要求者。」

現行著作權法第48條規定，經濟部智慧局曾有民國98年3月19日智著字第09800014860號函釋：

（一）復貴館民國98年2月20台圖期字第0980000464號函。

（二）按著作權法（下稱本法）第48條第2款所謂「保存資料之必要」，係指該館藏之著作屬稀有本且已毀損或遺失或有毀損、遺失之虞，或其版本係

一過時的版本，利用人於利用時已無法在市場上購得者，始有適用。有關貴館所詢問題一所述之期刊或書籍，是否構成前述「保存資料之必要」，尚須於具體個案中加以判斷，尚無法一概而論。惟如該等館藏著作已構成「保存資料之必要」者，其重製之方式自包括以數位化式之重製，圖書館並得依本法第48條第1款之規定提供讀者，另考量如交付數位化電子檔予閱覽人，基於重製之便利性及傳播之迅速性，對著作權人權益之影響不可謂不大，依著作權法第65條第2項第4款規定，尚難認屬合理使用之情形，自不能逕行交付重製之電子檔案，應僅限於以紙本交付予閱覽人。

（三）另貴館所詢問題二，擬將「基於保存資料之目的」而數位化之重製物置於館內網域查檢利用，但限制使用者只能於館內瀏覽、列印紙本：有關置於館內網域供讀者瀏覽者，涉及「公開傳輸」之行為，本法第48條雖無規定，惟圖書館提供讀者於館內以未附重製功能之電腦終端機或其他閱覽器閱覽，利用人無法利用此類行為將館藏著作另行重製為電子檔或將該檔案另行傳輸者，對著作權人權益之影響有限，可依本法第65條第2項之規定主張合理使用，又參酌國外立法例（例如美國著作權法第108條(b)之(2)及同條(c)之(2)；澳洲著作權法第51A條之(3A)及(3B)之規定），應限制利用人於館內利用時，未將館藏著作另行重製為電子檔或無法將該檔案另行傳輸者為限。

（四）貴館函詢問題三，按本法第48條第1款並未限制閱覽人提出要求之方式，故圖書館提供遠距服務，使讀者不必親自到館就可透過郵寄、電話、傳真、電子郵件或網路，申請影印著作之一部分或期刊中之單篇論文，經館員影印紙本或利用第1項重製物列印成紙本，再以郵寄、傳真傳送，仍可主張適用本法第48條第1款合理使用之規定。

（五）貴館函詢問題四，圖書館以Ariel方式提供資料給讀者，如該Ariel系統係屬館對館間一對一之定址傳輸而須由圖書館向被申請館提出申請者，雖不涉及「公開傳輸」之行為，惟依本法第48條第3款之規定，仍須符合「絕版或難以購得」之要件，始得將館藏著作重製成電子檔，透過Ariel系統直接傳輸予對方圖書館。至於對方圖書館再將Ariel系統所接收之資料以紙本印出給讀者之行為，亦應符合著作權法第48條第1款之規定，始得為之。

（六）貴館函詢問題五，承前述說明一，若圖書館館藏之古老黑膠唱片及傳統錄影帶，因資料載體呈現老化及脆化現象，坊間已無適當讀取機器可以購買，且無法以合理管道或價格購買相同內容之CD或DVD，則圖書館可基於保存資料之必要，依本法第48條第2款規定將其轉錄成CD或DVD，用於替換

古老黑膠唱片及傳統錄影帶之館藏。又該等重製物屬「視聽著作」或「錄音著作」，其性質上恐無法依著作權法第48條第1款之規定，供個人研究之要求，重製該等著作之一部。又如將該等重製物提供外借或供公眾使用，亦已超出保存之目的，另如置於館內網域供讀者瀏覽者，仍請參考前述說明三之說明。

二、基於保存資料必要之解釋

依著作權法第48條第2款規定，基於保存資料之必要者，圖書館得就其收藏之著作重製之。而依經濟部智慧財產局民國98年3月19日智著字第09800014860號函釋，此「基於保存資料之必要者」、「其版本係一過時的版本，利用人於利用時已無法在市場上購得者，始有適用」，又「若圖書館館藏之古老黑膠唱片及傳統錄影帶，因資料載體呈現老化及脆化現象，坊間已無適當讀取機器可以購買，且無法以合理管道或價格購買相同內容之CD或DVD，則圖書館可基於保存資料之必要，依本法第48條第2款規定將其轉錄成CD或DVD，用於替換古老黑膠唱片及傳統錄影帶之館藏」，依此函釋意旨，視聽著作如果僅係無法在市場上購得VHS影帶，而得於市場以合理管道或價格購得DVD，則尚不符著作權法第48條第2款規定，「基於保存資料必要」之要件而將館藏VHS之影帶轉為DVD；必須在市面上無法以合理管道或價格買到DVD，方符合著作權法第48條第2款「基於保存資料必要」之要件而將館藏VHS之影帶轉為DVD。

三、VHS為公播版，則重製後的DVD是否亦為公播版？

（一）若圖書館符合著作權法第48條第2項之「基於保存之必要」要件，則應可將已絕版VHS轉為DVD，轉錄後之DVD是否亦為公播版而得公開上映？此問題有肯定、否定兩說：

　　1. **肯定說**：當初購買VHS影帶，所購買之權利為「公播版」，如果基於著作權法第48條保存之必要而轉為DVD，而不能仍認定為「公播版」，提供公眾觀賞，則因科技原因，目前已無VHS的播放設備，豈非原來公播版的VHS影帶，完全無作用，失去當初購買的目的？因此解釋上，如果原來VHS影帶為公播版，基於著作權法規定而轉為DVD版，原來「公播版」的授權仍應存在在DVD上。

　　2. **否定說**：當初購買VHS影帶，所購買之權利為「公播版」，其公開

上映之權利，僅限於該VHS影帶的所有物上，當該VHS影帶所有物喪失，則該公開上映等授權，即為消滅，不復存在於其他轉換的媒介物上。

（二）上述二說，本人贊同否定說，理由如下：

1. 依著作權法第48條第2款規定，「基於保存資料之必要者」，圖書館得就其收藏之著作重製之。而依經濟部智慧財產局民國98年3月19日智著字第09800014860號函釋，「圖書館館藏之古老黑膠唱片及傳統錄影帶，因資料載體呈現老化及脆化現象，坊間已無適當讀取機器可以購買，且無法以合理管道或價格購買相同內容之CD或DVD，則圖書館可基於保存資料之必要，依本法第48條第2款規定將其轉錄成CD或DVD，用於替換古老黑膠唱片及傳統錄影帶之館藏。又該等重製物屬『視聽著作』或『錄音著作』，其性質上恐無法依著作權法第48條第1款之規定，供個人研究之要求，重製該等著作之一部。又如將該等重製物提供外借或供公眾使用，亦已超出保存之目的」，依此解釋意旨，轉錄之DVD，尚不得外借或公眾使用，當然更不得公開上映或公開播送。

2. 任何所有物，均有其使用壽命，如VHS之影帶，其使用壽命，當不會超過百次。而購買公播版之VHS影帶，其對價較一般家用影帶為高，其高出之費用，為得公開上映之次數之費用。例如一個公播帶為新臺幣3,000元，而VHS之影帶假設得使用百次，則每次使用之對價為30元。因此圖書館將VHS轉成DVD如果仍認其具有公播版之效力，豈非圖書館永遠無須再購買公播版之視聽著作，而得以著作權法第48條第2款規定，不斷轉化格式，而不斷公播使用，此恐非當初公播版權利之授權本意。

3. 依著作權法第37條第1項規定：「著作財產權人得授權他人利用著作，其授權利用之地域、時間、內容、利用方法或其他事項，依當事人之約定；其約定不明之部分，推定為未授權。」權利人得VHS影帶公播權利，非當然擁有DVD視聽著作公播之權利。圖書館購買公播版之VHS影帶，出賣人無權授權圖書館為DVD之公播。而圖書館依著作權法第48條規定，僅擁有重製之法定例外之豁免，欲得有關公播之豁免，應依著作權法第55條決定之。而當初圖書館得VHS影帶之「公播」授權，既然不等於DVD「公播」之授權，而著作權法

第48條亦限於「重製」之豁免，法律解釋豈可因著作權法重製之豁
免，而成為「公播」之豁免？

基上所述，圖書館符合著作權法第48條第2項之「基於保存之必要」要
件，應可將已絕版VHS轉為DVD，轉錄後之DVD，解釋上應非為公播版，不
得公開上映。

（回覆於2015年1月）

問題17：提供雲端空間給第四台業者之客戶錄影及異時觀賞，有無侵權？

 **相關條文**

著作權法第51條（個人或家庭非營利目的之重製）、第65條（合理使用）

壹、問題

　　日前本局接獲民眾詢問：「關於提供雲端空間給第四台業者之客戶錄影，等到有時間再看的服務，雲端空間服務提供商是否合法？」嗣經電詢該民眾，其表示其所屬公司欲與有線電視業者合作，提供雲端空間予業者之訂戶錄製節目，供事後觀賞，並有限制須於家中方得收視，且不得跨裝置使用。由於「雲端儲存服務」係屬新服務型態，目前我國實務尚無相關司法案例可供參考，且實務上商業模式中所使用之技術各異，茲就所涉著作權疑義請教。

　　傳統個人或家庭透過家中機器（如錄影帶錄製設備、數位錄影機等）將節目錄製供事後觀賞之私人重製行為，得依著作權法第51條主張合理使用；惟隨著雲端技術發展，有線電視業者開始結合雲端技術，提供遠端空間儲存服務，訂戶不須購買硬碟設備，只要經過遠端指示，即可將所想要錄製的節目或影片儲存在業者提供之雲端空間內，再透過點選要求，從雲端空間回播其所錄製之節目觀賞。故想請教在此利用型態下：

　　一、錄影重製行為是由訂戶或是業者主導？有無構成侵權行為？

　　二、錄影資訊的回播是由何者主導？是否構成公開傳輸之利用行為？

　　參考美國*Cartoon Network LP, LLLP v. CSC Holdings, INC*（*Cablevision*）案，法院基於該案事實情況，認為實際從事重製的當事人係訂戶而非業者，且因節目回播系統係針對特定訂戶的指令為其製作特定的重製物，再回播傳輸給特定該特定用戶，故並不構成重製權及公開演出權的侵害。然而，在我國現行著作權法制下，此種利用型態之法律性質為何？

貳、回答

一、有關何人主導問題

依題意問題所述，提供雲端空間給第四台業者之客戶錄影，等到有時間再看的服務，究係何人主導？此問題見仁見智，不同立場有不同觀點。

此猶自動點唱的包廂式KTV，所有設備均由KTV提供，欲點某首歌，均由包廂內的客人主導。有謂此包廂式之KTV之公開演出，係由KTV主導，客人已經對KTV作消費付費，此付費應包含對著作權人權利金的付費在內，KTV未解決授權問題，KTV對演唱歌曲之擅自公開演出行為，應負侵權責任。有認為KTV僅提供設備，並未決定唱何歌曲，而歌曲之演唱，係客人自行為之，因此KTV縱有侵權，應僅係幫助侵權，而非侵權行為的直接行為人。

然而，不管其爭議如何，實務上KTV應就客人之公開點唱歌曲之行為，付費給著作權團體，應無疑義。應解決著作權之授權問題者，應為KTV，而非客戶。

因此，本件問題不在為何人主導，關鍵在於這種雲端服務本身，是否在現行著作權法構成著作權的侵害行為？如果構成，因何而構成？其依據如何？而且如果構成侵害，在實務上應解決著作權授權問題者，應為雲端提供空間的業者，而非第四台的客戶。

二、有關提供雲端空間者是否侵害著作權問題

提供雲端空間給第四台業者之客戶錄影，等到有時間再看的服務，是否侵害著作權？略有肯定、否定兩說：

（一）**肯定說**：認為提供雲端空間給第四台業者之客戶錄影，等到有時間再看的服務，係構成侵害著作權人的著作權，理由如下：

1. 雲端空間對節目之重製，雖係針對特定客戶的需要和要求而重製，但不等同於家庭錄影，因該雲端係對不特定或特定多數之第四台客戶開放其申請，任何客戶申請此項服務，雲端業者均可設定為其重製節目及傳輸節目，故應與代客錄音錄影或影印店的代客影印相當。代客錄音、錄影或影印店的影印，實務上均認為不得主張合理使用。實務見解如：

(1) 經濟部智慧財產局民國103年11月19日電子郵件1031119d函釋：「依著作權法第51條規定：『供個人或家庭為非營利之目的，在合理範圍內，得利用圖書館及非供公眾使用之機器重製已公開發表之著作。』因此您自行將所購買之書籍以家中掃描設備掃描成PDF電子檔，方便個人閱讀之行為，得依本條規定主張合理使用，無須取得著作權人之授權。然而若您是求助影印店掃描書籍內容，則即便該掃描行為是供個人閱讀之用，但卻是透過店家營業用之掃描器，屬『供公眾使用』之機器，恐無法主張著作權法第51條之合理使用。」

(2) 經濟部智慧財產局民國101年10月1日電子郵件1011130b函釋：「依著作權法第51條規定：『供個人或家庭為非營利之目的，在合理範圍內，得利用圖書館及非供公眾使用之機器重製已公開發表之著作。』但是欲請影印店影印尚未逾著作權保護期間之著作，消費者之目的雖是供個人利用，因其係利用店家營業用之影印機，屬供公眾使用之機器，恐無法主張著作權法第51條之合理使用。又各大專院校學生，如符合著作權法合理使用規定，固可於合理範圍內影印書籍，惟如係整本或大部分之影印，或化整為零之影印，已超出合理使用範圍。」

2. 雲端的傳輸，雖在應客戶要求設定後，僅重製傳輸給要求的特定客戶。然而雲端業者係應不特定客戶之要求而設定重製及傳輸行為。就每一著作之使用而言，次數亦均非單一，故就雲端業者與所有第四台客戶間的關係而言，係針對不特定人之要求而為之，故雲端之傳輸行為，仍屬公開傳輸行為。此猶包廂式的KTV，雖然點唱均由客人為之，且每一包廂內之人，均非特定多數人，且多數為親友，然而KTV營業主，在公共場所開放不特定客入進入特定KTV包廂，就每一音樂而言，在包廂之演唱，即屬公開演出。

3. 美國*Cartoon Network LP, LLLP v. CSC Holdings, INC*（*Cablevision*）案，所以判決原告敗訴，係因美國有間接侵權制度，而原告並未告雲端設置者間接侵權，而係告直接侵權。如果原告對雲端業者訴求間接侵權，原告仍可能勝訴。故美國*Cartoon Network LP, LLLP v. CSC Holdings, INC*（*Cablevision*）案，不得作為本案採否定說之依據。

（二）**否定說**：認為提供雲端空間給第四台業者之客戶錄影，等到有時間再看

的服務，並不侵害著作權人的著作權。其理由為：

1. 此種雲端的重製，是針對特定客戶的需要和要求而重製，雲端只是平台，具有中立性工具性質。猶如家庭錄音、錄影一樣，錄音機和錄影機只是中立性工具，出售錄音、錄影工具者，並未侵害著作權。而家庭錄影係「時間的轉換」，通說是合理使用，所以雲端的重製，不屬侵權。此有下列經濟部智慧財產局民國104年1月20日電子郵件1040120b函釋可據：「一、依著作權法規定，作品一旦符合『原創性』（即著作人自己的創作，非抄襲他人者）及『創作性』（符合一定之『創作高度』）等二項要件，且非著作權法第9條與第10條之1之標的者，即為著作權法所保護之著作。因此，來信所詢廣播電台所播放之音樂、講座或主持人所講述之內容一旦符合上述要件，即為受著作權法保護之音樂著作（包含曲、詞）及語文著作，若將此等著作錄製於隨身碟MP3播放器，將涉及侵害著作財產權人之重製權。二、然而為了促進國家文化的發展，使著作得以在社會流通，避免過度保護著作權人反不利於文化的發展、知識的傳遞，因此，著作權法第44條至第65條定有合理使用規定；其中第51條規定，供個人或家庭為非營利之目的，在合理範圍內，得利用圖書館及非公眾使用之機器重製已公開發表之著作。是以，所詢將上開廣播內容錄製於隨身碟MP3播放器並供個人播放聆聽之行為，於符合該條規定之情況下，似有主張合理使用之空間。惟個案實際情況是否構成侵害，如有爭議，仍應由司法機關就具體事實調查認定之。」

2. 雲端的傳輸，僅傳輸給要求服務之該特定客戶，而非針對該要求之特定客戶以外之不特定人為傳輸，故非屬公開傳輸。再者，此應特定客戶所為之雲端重製及傳輸，均係機器之自動設定，而非人為之操作，故雲端設備之所有人，並非行為人。

3. 美國*Cartoon Network LP, LLLP v. CSC Holdings, INC*（*Cablevision*）案，亦不認為上述供雲端空間給第四台業者之客戶錄影，等到有時間再看的服務，係屬侵權，此應足為本案採否定說之重要參考。

（三）上述二說，本人贊同肯定說，認為提供雲端空間給第四台業者之客戶錄影，等到有時間再看的服務，係構成侵害著作權人的著作權，除上述肯定說之理由外，另補充如下：

1. 我國著作權法第51條規定：「供個人或家庭為非營利之目的，在合

理範圍內，得利用圖書館及非供公眾使用之機器重製已公開發表之著作。」第65條第2項規定：「著作之利用是否合於第44至63條所定之合理範圍或其他合理使用之情形，應審酌一切情狀，尤應注意下列事項，以爲判斷之基準：一、利用之目的及性質，包括係爲商業目的或非營利教育目的。二、著作之性質。三、所利用之質量及其在整個著作所占之比例。四、利用結果對著作潛在市場與現在價值之影響。」第51條規定，應受第65條第2項之檢驗。蓋在民國103年1月22日著作權法修正第65條，規定第44至63條有「合理範圍內」文字者，均同時適用第65條第2項，而第51條有「合理範圍」之文字，故應同時適用第65條。而本件提供雲端空間給第四台業者之客戶錄影，等到有時間再看的服務，如果認爲不侵害著作權，則將此種公開播送型態，實質形成應客戶需要而在不同時間和地點接收的公開傳輸形態，嚴重影響公開傳輸權利者的潛在市場。因而使上述雲端之重製，如果依著作權法第51條主張合理使用，將無法通過第65條之檢驗。更何況雲端重製及傳輸服務，係營業行爲，而非教育或非營利目的，因而無法主張第51條及第65條加以豁免。

2. 依目前實務通說見解，代客錄音、錄影及代學生或客戶影印的影印店，均因使用「公眾使用的機器」，而不得主張第51條的合理使用。本件的雲端服務之解釋，自不應有例外，否則任何播送業者均可以此種透過雲端服務而達到公開傳輸目的。易言之，得到公開播送授權之業者，無須再取得公開傳輸授權，即得取得相當於擁有公開傳輸權利之效果，恐非當初著作權法將公開播送與公開傳輸兩權利分立的目的。

3. 美國*Cartoon Network LP, LLLP v. CSC Holdings, INC*（*Cablevision*）案，頗多爭議。況該判決，僅因原告主張不周全而敗訴，而非被告全無責任，不得作爲本案免責的依據。再者，美國著作權法針對本案情形，完全依美國著作權法第107條判斷，而美國著作權法並無類似我國著作權法第51條規定的個人利用，須使用「非供公眾使用之機器」的要件。故美國*Cartoon Network LP, LLLP v. CSC Holdings, INC*（*Cablevision*）案，在我國法不得比照辦理。

（回覆於2015年5月）

問題18：學校未經同意得否就研究生博碩士論文電子檔送存國家圖書館？

 相關條文

著作權法第48條（文教機構所收藏著作之合理使用）、第65條（合理使用）

壹、問題

本局頃接獲國家圖書館詢問有關博碩士論文「典藏電子全文」之問題。茲教育部於民國105年8月11日發布「圖書館設立及營運標準」，並於館藏發展基準中明定國家圖書館為「為全國大學博碩士學位論文之法定送存機關，應依法要求各大學將該校博碩士論文以文件、錄影帶、錄音帶、光碟或其他方式，連同電子檔定期送存永久典藏，並以授權公開閱覽為原則」，其後教育部並函各大學院校「請各校定期將博碩士論文及電子檔送存國家圖書館永久典藏」。

惟部分大學圖書館認為研究生（著作財產權人）未填寫授權書之情況下，即由大學圖書館將論文電子檔送存國家圖書館一事，恐有違反著作權法之虞，國家圖書館爰向本局詢問大學圖書館依據前揭「圖書館設立及營運標準」送存學位論文電子全文供國家圖書館典藏，是否有著作權法第48條或第65條合理使用之適用。

經詢問國家圖書館表示，現行博碩士論文電子檔上傳至國家圖書館有兩種方式，其一是由研究生（著作財產權人）直接上傳國家圖書館，並授權國家圖書館及畢業學校使用；另一種則是研究生（著作財產權人）上傳論文電子檔至所屬學校，再由學校上傳至國家圖書館的FTP，此種方式無論是學校端或是國家圖書館端，均可能涉及重製著作之利用行為。

著作權法第48條第3款之規定，圖書館對於已經絕版的著作或無法以合理管道或價格在市場上購得之著作，可以向其他有典藏該著作的圖書館，請求重製該著作，提供協助的圖書館，即可依本款規定主張合理使用。惟國家圖書館全面性的向大專院校圖書館請求重製博碩士論文以典藏，是否所有之博碩士論文均符合「絕版或難以購得」之要件，尚非無疑（本局智著字第10500018570

號函參照）。

　　本局初步見解認為：

　　一、目前大學院校均要求研究生畢業前填寫授權書，將博碩士論文之電子檔案授權學校為特定目的之使用，則博碩士論文送國家圖書館典藏一事，亦應由研究生授權同意為宜。

　　二、就過去未授權送存國家圖書館典藏之博碩士論文電子檔案，如該等博碩士論文屬著作權法第48條第3款所稱「絕版或難以購得」之著作，依本局上開解釋，各大學圖書館得應國家圖書館之請求予以重製；惟就非屬「絕版或難以購得」之論文，原則上應依照著作權法第65條第2項之規定個案判斷。又各大學圖書館是否得主張此等重製為依法令之行為，即得免除民、刑事責任，茲有疑義。

貳、回答

　　一、上述問題，如果係學生主動上傳國家圖書館，得主張係著作權人之授權行為，無須考慮是否係著作權法第48條第3款之合理使用適用問題。

　　二、依學位授予法第8條規定：「博、碩士論文應以文件、錄影帶、錄音帶、光碟或其他方式，於國立中央圖書館保存之。」另依「圖書館設立及營運標準」其中「附表二：館藏發展基準」之（三）部分規定：「為全國大學博碩士學位論文之法定送存機關，應依法要求各大學將該校博碩論文以文件、錄影帶、錄音帶、光碟或其他方式，連同電子檔定期送存永久典藏，並以授權公開閱覽為原則。」上述學位授予法第8條規定，是否包含電子檔？在數位時代應解釋上包含電子檔在內，否則無法符法立法目的之要求。因此，如果學校將電子檔送存國家圖書館，應從寬解釋為係依法令之行為。

　　三、依學位授予法第8條之立法精神，如果電子檔係由學校上傳國家圖書館，即使不能解釋為係依法令之行為，應可以解釋為著作權法第65條第2項之其他合理使用，學校無須另得學生授權，否則學位授予法第8條之立法目的，無從達成。

（回覆於2016年12月）

問題19：國家發展委員會檔案管理局是否屬於著作權法第48條之「其他文教機構」？

 **相關條文**

著作權法第48條（文教機構所收藏著作之合理使用）

壹、問題

著作權法第48條規定，供公眾使用之圖書館、博物館、歷史館、科學館、藝術館或其他文教機構，於符合同條3款之情形，得就其收藏之著作重製之。請問，我國政府機關「國家發展委員會檔案管理局」（簡稱國檔局）及其所屬之「國家檔案閱覽中心」（簡稱閱覽中心，閱覽中心之管理人員為國檔局人員輪值擔任），就其所收藏、管理之國家檔案，如涉及第三人享有著作權之著作，國檔局及閱覽中心可否主張屬於現行第48條規定所謂之「其他文教機構」，而得適用該條合理使用規定？〔註：依「著作權法修正草案」（第58條）已將「其他文教機構」之文字（限縮）修正為「其他典藏機構」，立法理由為具有館藏功能之機構，均有適用，補充說明。〕

貳、回答

一、各國立法例之觀察

（一）我國著作權法第48條規定：「供公眾使用之圖書館、博物館、歷史館、科學館、藝術館或其他文教機構，於下列情形之一，得就其收藏之著作重製之：一、應閱覽人供個人研究之要求，重製已公開發表著作之一部分，或期刊或已公開發表之研討會論文集之單篇著作，每人以一份為限。二、基於保存資料之必要者。三、就絕版或難以購得之著作，應同性質機構之要求者。」此一規定，係我國有關圖書館之法定例外之規定。而上開規定中「其他文教機構」，究竟範圍如何？有無包含檔案機關，尤其是國檔局及其所屬之閱覽中心？此應由各國有關圖書館及檔案機關著作權法中法定例外之立法例加以觀察。

（二）由各國著作財產權限制規定之立法例觀之，適用主體多包括供公眾使用之具有館藏功能的非營利圖書館及檔案館，例如：

1. 美國著作權法

第108條，適用於圖書館或檔案館（a library or archives）。

2. 澳洲著作權法

第49條以下，亦均適用於圖書館及檔案館（libraries and archives）。第49條之(9)對於檔案館（archives）有作出定義，係指其全部或部分館藏可以供公眾接觸使用之檔案館。

3. 歐盟2001年著作權指令（Directive 2001/29/EC）

第40句亦包括圖書館、類似機構及檔案館（40：成員國可為特定之非營利機構，例如公共圖書館、類似機構以及檔案館，提供一項例外或限制規定……）。

4. 德國著作權法

第52b條規定：「供公眾使用之圖書館、博物館或者非直接或間接以營利為目的之檔案館，除契約有相反規定外，為研究與個人學習之目的，僅在各該館內空間所特別設置之電子閱覽區，得公開傳輸館藏之已公開發表之著作。同一著作同一時間在電子閱覽區公開傳輸之份數，原則上不得超過館藏之份數。本條之公開傳輸應支付適當之報酬。報酬請求權僅得透過著作權集體管理團體而行使。」

5. 法國智慧財產法典

L122-5之(8)規定：「根據向公眾開放之圖書館、博物館或公文書館之業務而以保存目的對著作所為之複製，或者以在現場閱讀為條件（兩者都以不追求經濟或商業利益為條件）就維護的目的而進行著作物之複製。」

6. 中國大陸著作權法

依2010年中國大陸著作權法第22條規定：「在下列情況下使用作品，可以不經著作權人許可，不向其支付報酬，但應當指明作者姓名、作品名稱，並且不得侵犯著作權人依照本法享有的其他權利：……（八）圖書館、檔案館、紀念館、博物館、美術館等為陳列或者保存版本的需要，複製本館收藏的作品。」

（三）日本著作權法第31條第1項規定：「國立國會圖書館及以供公眾利用圖書、紀錄或其他資料為目的之圖書館或依命令規定之其他設施（以下本

條稱『圖書館等』），不以營利爲目的，而有左列情形之一者，得複製其圖書、紀錄或其他資料（本條以下稱『圖書館資料』）：（一）基於圖書館等之利用人的要求，並且以供利用人調查研究目的之用，對於每一個人提供已公開發表著作之一部分者（揭載於發行後經相當期間之定期刊物中的各個著作物爲全部）。（二）圖書館資料之保存目的所必要者。（三）因絕版或其他相類似之理由，經一般交易途徑取得困難，基於其他圖書館等之要求，而提供圖書館資料之複製物者。」日本著作權法第31條第1項規定，與我國著作權法規定文字類似。而日本著作權法第31條，原則上適用主體爲國立國會圖書館、供公衆利用圖書／紀錄或其他資料爲目的之圖書館、或其他命令指定之其他設施。而包括哪些圖書館或設施，依據著作權法施行令第1條之3規定，除了公共圖書館、大學或類似大學教育圖書館、國立博物館、美術館、學術研究所／試驗所等外，尚另有文化廳指定之包括社團法人日本醫師會醫學圖書館、東京商工會議所經濟資料中心等共二十九個設施機構。其中並未包含國家檔案機關。

（四）然而，值得注意者，日本著作權法有兩條特別規定：

1. 第42條之2規定：「行政機關之首長、獨立行政法人等、地方公共團體之機關或地方行政法人，依行政機關情報公開法、獨立行政法人等情報公開法或情報公開條例之規定，在行政機關情報公開法第14條第1項規定（包含依同項規定之政令規定）之方法、獨立法人等情報公開法第15條第1項規定之方法（包含依同項規定之該獨立行政法人等所定之方法（依行政機關情報公開法第14條第1項規定之政令所定之方法以外者除外））、或情報公開條例所定之方法（行政機關情報公開法第14條第1項（含依同項規定之政令規定）規定之方法以外者除外）上認爲公開必要之限度內，得利用該著作物。」

2. 第42條之3規定：「爲依公文書管理法第15條第1項規定或公文書管理條例規定而保存歷史公文書等文件之目的，國立公文書館或地方公文書館等機構首長，得於必要範圍內，重製與該歷史公文書等文件相關之著作。本項之『公文書管理條例規定』，限於與公文書管理法第15條第1項相當之規定。爲依公文書管理法第16條第1項規定或公文書管理條例規定而向公衆提供或提示著作之目的，國立公文書館或地方公文書館等機構首長，得藉由分別符合公文書管理法

第19條規定之方法，或是公文書管理條例規定之方法，於為利用著作之必要範圍內，利用該著作。本項之『公文書管理條例規定』，限於與公文書管理法第16條第1項相當之規定。本項之『公文書管理法第19條』，包括依同條規定所訂定之政令規定在內。本項之『公文書管理條例規定之方法』，不包括公文書管理法第19條規定以外之方法。」

日本著作權法第42條之2條針對行政機關、獨立行政法人等機關，第42條之3針對公文書館（檔案館），依據行政機關情報公開法、公文書管理條例等依法對公眾提供或提示所為之利用，有獨立著作財產權限制規定之適用。因此，如依日本著作權法體例，其第31條有關圖書館之規定應不包括中央或地方檔案館，因為中央或地方檔案館自己是另外獨立適用第42條之3，等於可自行依據公文書管理條例之規定而享有（可能比著作權法第31條圖書館更寬鬆的）著作財產權限制規定之適用。另外，在第18條亦有針對上述機關依行政機關情報公開法、公文書管理條例等而提供或提示著作時，有視為同意公開發表之規定。

（五）由比較法的觀點來看，我國著作權法第48條之「其他文教機構」自應解為包含檔案機構，尤其是國檔局之閱覽中心。

二、從我國81年立法理由觀之

依據我國81年制定著作權法第48條之立法理由記載，著作權法第48條之「其他文教機構」，舉凡音樂廳、戲劇院、紀念館、育樂設施、文物館或文化中心等機構，均屬之[11]。其上有「文物館」。而國檔局的閱覽中心，與上述文物館等相當。解釋上自得適用著作權法第48條規定。

三、自現行檔案法等相關法條之結構觀之

所謂「檔案」，依檔案法第2條規定：「指各機關依照管理程序，而歸檔管理之文字或非文字資料及其附件。」而檔案法第14條規定：「私人或團體所有之文件或資料，具有永久保存價值者，檔案中央主管機關得接受捐贈、受託

---

11 參見立法院秘書處編，著作權法修正案（上冊），頁51-52，1993年12月。

保管或收購之。」、「捐贈前項文件或資料者，得予獎勵，獎勵辦法由檔案中央主管機關定之。」第15條規定：「私人或團體所有之文字或非文字資料，各機關認為有保存之必要者，得請提供，以微縮或其他複製方式編為檔案。」足見檔案亦有屬於私人，而將所有權捐贈機關，而自己保有著作權者，此文件或資料，亦有已公開發表或未公開發表者。

而檔案法第18條規定：「申請閱覽、抄錄或複製檔案，應以書面敘明理由為之，各機關非有法律依據不得拒絕。」第18條規定：「檔案有下列情形之一者，各機關得拒絕前條之申請：一、有關國家機密者。二、有關犯罪資料者。三、有關工商秘密者。四、有關學識技能檢定及資格審查之資料者。五、有關人事及薪資資料者。六、依法令或契約有保密之義務者。七、其他為維護公共利益或第三人之正當權益者。」

上述第18條第7款之「第三人之正當權益」，包含第三人擁有著作權在內。亦即如果第三人之著作，係未公開發表之著作，提供申請人閱覽、抄錄複製，即可能侵害著作人之公開發表權，而如果第三人之著作係為已公開發表之著作，然而仍有著作財產權者，尚得主張不得由他人抄錄，而機關亦得依檔案法第18條規定，拒絕他人申請閱覽或抄錄，使檔案法檔案公開的立法用意，因著作權法之緣故，而大為喪失。亦即檔案法本身，亦未解決著作權法上公開發表權及著作財產權之限制問題。此問題固必須在著作權法上解決[12]。

然而現行檔案法第1條第2項規定：「本法未規定者，適用其他法令規定。」檔案法施行細則第22條規定：「抄錄或複製檔案，如涉及著作權事項，應依著作權法及其相關規定辦理。」有關檔案法所涉他人有著作權之檔案的閱覽、影印或重製，得適用著作權法有關著作財產權限制規定，至少可以解決部分檔案法在適用上可能侵害他人著作權的困窘問題。而國檔局之閱覽中心解釋上得適用著作權法第48條，亦得使國檔局的閱覽中心擴大檔案開放及利用的範圍，以利轉型正義及國人知之權利。

---

[12] 參見蕭雄淋，政府資訊公開法、檔案法與著作權法之關係，載於蕭雄淋說法，http://blog.ylib.com/nsgrotius/Archives/2014/12/17/23621（最後瀏覽日期：2018/3/13）。

四、著作權法修正草案的解釋

　　著作權法修正草案第58條規定：「供公眾使用之圖書館、博物館、歷史館、科學館、藝術館或其他典藏機構，於下列情形之一，得就其收藏之著作重製或散布之」，其修正理由爲：「本項規定須具有典藏功能之文教機構始有適用，舉凡國家音樂廳、戲劇院、育樂館、文物館或文化中心等機構，只要具有館藏功能者，均有適用，爰將序文『文教機構』修正爲『典藏機構』，以符合館藏功能之本意。」[13]在我國著作權法未有類似日本著作權法第42條之2、之3之立法前，我國著作權法修正草案第58條規定之「其他典藏機構」，解釋上亦應包含檔案機構在內，尤其包含國檔局的閱覽中心。

（回覆於2018年3月）

---

[13] 參見https://www.tipo.gov.tw/public/Attachment/710261140937.pdf（最後瀏覽日期：2018/3/13）。

第七章　著作權之侵害及救濟

問題20：未轉讓著作財產權得否轉讓其不作爲請求權或損害賠償請求權？

 **相關條文**

> 著作權法第21條（著作人格權之專屬性）、第84條（權利侵害之排除及防止請求權）、第85條（著作人格權侵害之請求權）、第88條（著作財產權侵害之損害賠償請求權）

壹、問題

　　本件原來是民衆來函詢問，專利法第96條除有規定「發明專利權人對於侵害其專利權者，得請求除去之。有侵害之虞者，得請求防止之。發明專利權人對於因故意或過失侵害其專利權者，得請求損害賠償」之外，另有規定「專屬被授權人在被授權範圍內，得爲前三項之請求。但契約另有約定者，從其約定」。依據此條，專利權人可否不爲專利讓與或專屬授權，而僅債權讓與專利法第96條之「損害賠償請求權」或「除去、防止侵害請求權」給他人？若可，則受讓人是否可基於受讓債權向債務人即侵權人起訴主張損害賠償或除去、防止侵害？

　　因爲該詢問函一併詢問商標權與著作權之處理方式是否與專利權一致，故向各位顧問請教。本局初步意見如同上次寄給各位顧問之內容，再次摘要如下：

一、「排除／防止侵害請求權」部分

著作權爲無體財產權，屬於準物權；參酌民法第767條之規定，排除／防止侵害之權利爲所有權權能之部分，其請求人限於所有權人，應無讓與他人之可能性，著作權法84條規定之「排除／防止侵害請求權」不得在「不爲著作權讓與或專屬授權」之情況下單獨讓與給他人行使。

二、「損害賠償請求權」部分

損害賠償請求權之發生原因爲侵權行爲，只要此處之損害與人身專屬無涉（亦即不屬於著作權85條之著作人格權侵害），應可在「不爲著作權讓與或專屬授權」之情況下單獨讓與給他人行使。

貳、回答

一、有關著作權法第84條部分

（一）侵害禁止請求權係附屬於絕對權之一種請求權

1. 著作權法第84條規定：「著作權人或製版權人對於侵害其權利者，得請求排除之，有侵害之虞者，得請求防止之。」著作權法第84條係著作權人之「侵害禁止請求權」。其中「對於侵害其權利者，得請求排除之」，係「妨害除去請求權」，而「有侵害之虞者，得請求防止之」，係「防止侵害請求權」。對絕對權的侵害，法律通常均規定有「侵害禁止請求權」。民法第18條第1項規定：「人格權受侵害時，得請求法院除去其侵害；有受侵害之虞時，得請求防止之。」民法第767條第1項規定：「所有人對於無權占有或侵奪其所有物者，得請求返還之。對於妨害其所有權者，得請求除去之。有妨害其所有權之虞者，得請求防止之。」另專利法第96條規定：「發明專利權人對於侵害其專利權者，得請求除去之。有侵害之虞者，得請求防止之。發明專利權人對於因故意或過失侵害其專利權者，得請求損害賠償。」商標法第69條第1項規定：「商標權人對於侵害其商標權者，得請求除去之；有侵害之虞者，得請求防止之。」此均與著作權法第84條規定類似。

2. 著作權係一種私權，一般私權被侵害，係以侵權行爲加以對待。對於侵權行爲之結果，係以損害賠償爲最主要結果（民法第184條）。惟損害賠償一

般係以回復原狀為原則，金錢賠償為例外（民法第213條、第215條）。而回復原狀，係回復過去之原狀，對於現在或將來的損害，原則上難以回復原狀為解決，故有禁止請求權之設，對於現在之侵害或未來有侵害之虞，得加以禁止，著作權法第84條之立法即由此而設[1]。

（二）侵害禁止請求權之法定請求權人

1. 著作權法第84條之請求權利人，係「著作權人或製版權人」，其中「製版權人」與本件無關，暫且不論。而此「著作權人」，包含著作人格權被侵害之「著作人」以及著作財產權被侵害之「著作財產權人」。如果著作財產權之支分權之一已移轉，該移轉之支分權（如重製權）被侵害，該請求權人為該支分權人（重製權人）[2]。

2. 另著作權法第18條規定：「著作人死亡或消滅者，關於其著作人格權之保護，視同生存或存續，任何人不得侵害。但依利用行為之性質及程度、社會之變動或其他情事可認為不違反該著作人之意思者，不構成侵害。」第86條規定：「著作人死亡後，除其遺囑另有指定外，下列之人，依順序對於違反第十八條或有違反之虞者，得依第八十四條及前條第二項規定，請求救濟：一、配偶。二、子女。三、父母。四、孫子女。五、兄弟姊妹。六、祖父母。」故有關著作人死亡後著作人的人格利益受侵害，著作權法第86條之一定親屬得為第84條之救濟。

3. 著作權法第37條規定：「著作財產權人得授權他人利用著作，其授權利用之地域、時間、內容、利用方法或其他事項，依當事人之約定；其約定不明之部分，推定為未授權（第1項）。前項授權不因著作財產權人嗣後將其著作財產權讓與或再為授權而受影響（第2項）。非專屬授權之被授權人非經著作財產權人同意，不得將其被授與之權利再授權第三人利用（第3項）。專屬授權之被授權人在被授權範圍內，得以著作財產權人之地位行使權利，並得以自己名義為訴訟上之行為。著作財產權人在專屬授權範圍內，不得行使權利（第4項）。」日本著作權法無類似本條規定，日本著作權法著作財產權之專屬被授權權利被侵害，得以日本民法432條債權人代位之規定，行使禁止請求權，

1　參見半田正夫，著作權法概說（第15版），頁319，法学書院，2013年2月。
2　參見半田正夫，前揭書，頁319-320。

對於非專屬授權之被授權人，則無此權利[3]。依我國著作權法第37條第4項之立法意旨，著作財產權之專屬被授權人，既得以著作權人的地位行使權利，則其權利被侵害，解釋上得以專屬被授權人自己名義為著作權法第84條之請求。

（三）侵害禁止請求權不得與著作人相分離而為讓與

著作人之著作人格權被侵害，著作人得否將著作權法第84條之禁止請求權讓與第三人，由自己保留著作人格權，該第三人行使著作權法第84條之權利？本人採否定說，理由如下：

1. 著作權法第21條規定：「著作人格權專屬於著作人本身，不得讓與或繼承。」著作人格權既不得讓與及繼承，具有專屬性，而著作權法第八十四條有關著作人格權被侵害之禁止請求權，既與著作人格權相始終，具有不可分性，第三人既不可能擁有著作人之著作人格權，亦即非著作人之第三人不可能著作人格權被侵害，即無從主張禁止請求權加以防衛。故著作人不得將著作權法第84條之禁止請求權轉讓第三人，而自己保有著作人格權。

2. 民法第195條規定：「不法侵害他人之身體、健康、名譽、自由、信用、隱私、貞操，或不法侵害其他人格法益而情節重大者，被害人雖非財產上之損害，亦得請求賠償相當之金額。其名譽被侵害者，並得請求回復名譽之適當處分（第1項）。前項請求權，不得讓與或繼承。但以金額賠償之請求權已依契約承諾，或已起訴者，不在此限（第2項）。」民法上人格權被侵害之慰撫金請求權，原則上不得讓與或繼承。除非已經轉為純金錢之請求權，而且已依契約承諾或已經起訴，方得讓與或繼承。而民法第18條第1項之人格受侵害之禁止請求權，無從轉變為純金錢之請求權，著作權法第84條著作人格權被侵害之禁止請求權，亦然，無從轉變為純金錢之請求權，自不得讓與或繼承。

3. 著作權法第18條之著作人死亡後人格利益之保護，係由著作權法第86條之人來維護，其立法目的無非係該著作權法第86條規定之人，最瞭解著作人生前之意思，故由一定順序之親屬來維護著作人的人格利益。然而如果該禁止請求權得由著作權法第86條之人任意轉讓第三人，第三人非必對著作人生前之意思瞭解，則著作權法第18條及第86條之規定將落空。故著作權法第84條有關著作人格權受侵害之禁止請求權不得與著作人格權相分離而讓與，蓋雙方具有主

---

[3] 參見半田正夫、松田正行，著作權法コンメンタール，第三冊，頁383，勁草書房，2009年1月。

從關係及不可分性。

　　4.著作人格權既然具有專屬性，著作人格權之防禦之權利是否發動，須由著作人決定。如果著作人自己保留著作人格權，而將著作人格權被侵害之禁止請求權轉讓第三人，第三人對著作人著作人格權之防禦權的發動與著作人意思不符，殊非保護著作人之道，亦與著作權法第1條規定立法意旨不符。

（四）侵害禁止請求權不得與著作財產權人相分離而為讓與

　　1.債權係指特定人對特定人的特定請求權。有關債權之轉讓，民法第294條規定：「債權人得將債權讓與於第三人。但左列債權，不在此限：一、依債權之性質，不得讓與者。二、依當事人之特約，不得讓與者。三、債權禁止扣押者。前項第二款不得讓與之特約，不得以之對抗善意第三人。」其中「依債權之性質不得讓與者」，有係依一定身分關係，有係依一定信任關係，有係附屬於他權利之債權[4]。著作權法第84條之侵害禁止請求權，應屬附屬於著作權之權利，自不得與著作權相分離而為讓與。如同抵押權不得與原債權相分離而為讓與一樣。

　　2.依著作權法第1條規定：「為保障著作人著作權益，調和社會公共利益，促進國家文化發展，特制定本法（第1項）。本法未規定者，適用其他法律之規定（第2項）。」著作權法之立法目的，係在促進國家文化發展，而非僅保障著作人權益。著作權係無體財產權，著作不似有形之物質，具有稀少性，會因利用而消費，並減其價值。故如果著作權人不在意著作被利用，利用人未經授權而利用著作，將有益於國家之文化發展。因此，如果允許著作財產權人保留著作財產權，而將著作權法第84條之禁止請求權讓與第三人，著作財產權不欲禁止第三人利用，禁止請求權之受讓人卻禁止第三人利用，反而有害國家文化發展，與著作權法第1條之立法目的不符。基此，本人認為侵害禁止請求權不得與著作財產權人相分離而為讓與。

二、有關著作權法第85條部分

　　民法第195條規定：「不法侵害他人之身體、健康、名譽、自由、信用、隱私、貞操，或不法侵害其他人格法益而情節重大者，被害人雖非財產上之損害，亦得請求賠償相當之金額。其名譽被侵害者，並得請求回復名譽之適當

---

[4]　參見史尚寬，民法總論，頁675-676，著者發行，1990年，7版。

處分（第1項）。前項請求權，不得讓與或繼承。但以金額賠償之請求權已依契約承諾，或已起訴者，不在此限（第2項）。」民法上人格權被侵害之慰撫金請求權，原則上不得讓與或繼承。除非已經轉爲純金錢之請求權，而且已依契約承諾或已經起訴，方得讓與或繼承。著作權法第85條規定：「侵害著作人格權者，負損害賠償責任。雖非財產上之損害，被害人亦得請求賠償相當之金額（第1項）。前項侵害，被害人並得請求表示著作人之姓名或名稱、更正內容或爲其他回復名譽之適當處分（第2項）。」著作權法第85條之請求權，除財產上之損害賠償請求權外，解釋上與民法第195條相同。即非財產之損害賠償，或請求表示著作人之姓名或名稱、更正內容或爲其他回復名譽之適當處分，均不得讓與或繼承，但非財產上之損害賠償，如果轉變爲以金額賠償之請求權並已依契約承諾，或已起訴者外，原則上得讓與或繼承。

三、有關著作權法第88條部分

　　著作權法第88條規定：「因故意或過失不法侵害他人之著作財產權或製版權者，負損害賠償責任。數人共同不法侵害者，連帶負賠償責任（第1項）。前項損害賠償，被害人得依下列規定擇一請求：一、依民法第216條之規定請求。但被害人不能證明其損害時，得以其行使權利依通常情形可得預期之利益，減除被侵害後行使同一權利所得利益之差額，爲其所受損害。二、請求侵害人因侵害行爲所得之利益。但侵害人不能證明其成本或必要費用時，以其侵害行爲所得之全部收入，爲其所得利益（第2項）。依前項規定，如被害人不易證明其實際損害額，得請求法院依侵害情節，在新臺幣一萬元以上一百萬元以下酌定賠償額。如損害行爲屬故意且情節重大者，賠償額得增至新臺幣五百萬元（第3項）。」上述規定，均屬財產上之損害賠償。財產上之損害賠償請求權，原則上得加以轉讓，然而此限於已發生之侵害著作權之損害賠償請求權而言，未發生之侵害著作權之損害賠償，因不知債務人爲何人，解釋上不得讓與[5]。

　　消費者保護法第50條規定：「消費者保護團體對於同一之原因事件，致使眾多消費者受害時，得受讓二十人以上消費者損害賠償請求權後，以自己名義，提起訴訟。消費者得於言詞辯論終結前，終止讓與損害賠償請求權，並通

5　參見史尚寬，前揭書，頁675。

知法院（第1項）。前項訴訟，因部分消費者終止讓與損害賠償請求權，致人數不足二十人者，不影響其實施訴訟之權能（第2項）。第一項讓與之損害賠償請求權，包括民法第一百九十四條、第一百九十五條第一項非財產上之損害（第3項）。前項關於消費者損害賠償請求權之時效利益，應依讓與之消費者單獨個別計算（第4項）。消費者保護團體受讓第3項所定請求權後，應將訴訟結果所得之賠償，扣除訴訟及依前條第二項規定支付予律師之必要費用後，交付該讓與請求權之消費者（第5項）。」上述消費者保護法第50條之規定，附帶可作為本件解釋之參考。

參、參考資料

裁判字號：88年台上字第1447號
裁判案由：請求返還房屋等
裁判日期：民國88年7月2日
裁判要旨：依債權之性質，不得讓與者，債權人不得將債權讓與第三人，民法第294條第1項第1款定有明文。租賃關係之成立，係以出租人與承租人間之信賴為其基礎，承租人租賃權性質上不得讓與，除當事人間有得自由轉讓之特約，或經出租人之同意外，承租人固不得將租賃權讓與第三人。惟此係就「租賃權讓與契約」本身，屬債權讓與契約，即學說上所謂「準物權行為」之處分行為而言，與「租賃權讓與契約之原因關係」，即之所以為租賃權讓與之原因，屬債權契約有別，前者為後者之履行；倘在無得自由轉讓特約下，承租人與第三人訂定契約，約定將其租賃權讓與第三人，承租人對第三人（受讓人）負有取得出租人同意轉讓而使第三人取得租賃權之義務，承租人就「租賃權讓與契約」如不能取得出租人之同意，無法為租賃權之移轉時，其與第三人間之債權契約雖屬給付不能（事後不能），對第三人固應負債務不履行之責任，然承租人與第三人間之債權契約並非無效，第三人因承租人履行其債務而交付使用之租賃物，非無法律上之原因，難謂為不當得利。次按民法第242條規定之代位權，其債權人得以自己名義代位行使者，為債務人之權利而非自己之權利，若債務人並無該項權利，債權人自無代位行使之可言。準此，第一審共同被告朱○玉對被上訴人王鄭○鳳並無不當

得利請求權，上訴人即無可代位行使。又債權人因保全債權，遞次
上溯代位行使債務人之權利時，須其遞次上溯代位之各人，均得行
使權利，且皆怠於行使時始可。若其遞次上溯代位之人中，有一人
不得行使權利時，自不得行使代位權。

裁判字號：95年台上字第2263號
裁判案由：請求給付工程款
裁判日期：民國95年10月13日
裁判要旨：將來債權之讓與，僅係所讓與之債權即讓與標的，附有條件或期
　　　　　限，債權受讓人於原定之條件成就或期限屆至時始得行使權利。故
　　　　　除有民法第294條第1項所定情形外，將來債權之讓與，尚非法所不
　　　　　許，且於債權讓與契約生效時，發生債權移轉之效力。

裁判字號：88年台上字第1135號
裁判案由：請求給付工程款
裁判日期：民國88年5月28日
裁判要旨：民法第305條固規定就他人之財產或營業，概括承受其資產及負債
　　　　　者，因對於債權人為承受之通知或公告，而生承擔債務之效力。惟
　　　　　此僅就財產或營業承受時之債務承擔為規定。若與此結合有債權移
　　　　　轉時，應依民法第294條至第299條之規定，亦須經讓與人或受讓人
　　　　　通知債務人始生效力。而此之通知，不過為觀念通知，為通知概括
　　　　　承受事實之行為，得任以言詞或文書為之，不需何等之方式。倘承
　　　　　受人對於債之相對人主張受讓事實行使債權時，足使知有概括承受
　　　　　之事實，自應認為兼有通知之效力。

（回覆於2013年9月）

問題21：集管團體解散後清算完前得否對利用人提民刑訴訟？

 **相關條文**

> 著作權集管團體條例第12條第2項（集管團體會員之退會）、第31條第1項（會員退會時管理契約之終止）、同條第2項（利用人於會員退會前已與集管團體簽訂授權契約之效力）、第39條（集管團體之訴訟上及訴訟外行為）、第48條第2項（管理契約於命令集管團體解散之處分確定後終止）

壹、問題

　　鑒於本局民國（以下同）105年2月24日依法廢止「社團法人台灣音樂著作權人聯合總會」（MCAT）後，本局陸續接獲許多利用人關切MCAT會員有無大量退會？後續如何取得授權？未經授權而利用是否有侵權疑慮？等問題，謹就「廢止處分生效後，集管團體無法為會員行使權利，會員如未退會，其權益如何保障？利用人未經授權而利用是否有侵權疑慮？」諮詢各位之意見。

貳、回答

一、著作權集管團體於解散後清算完畢前，與會員間有無授權關係？

　　集體管理團體條例（下稱集管團體條例）第43條規定：「集管團體有下列情事之一者，著作權專責機關應廢止其許可：一、未於第九條第一項所定期限內辦理法人登記。二、完成法人登記後滿一年未開始執行集管業務。三、不能有效執行集管業務。」

　　同條例第45條規定：「集管團體有下列情形之一，且情節重大者，著作權專責機關應廢止其許可：一、經依第四十二條第二項規定處分而未予撤換或停止職務。二、經依第四十四條第二項規定處分仍未改正。」

同條例第48條規定：「集管團體經許可設立後，經著作權專責機關撤銷或廢止其許可者，除第四十三條第一款規定情形外，著作權專責機關應同時命其解散，並應以書面載明理由通知該管地方法院、該集管團體，及於著作權專責機關之網站公布。集管團體經命令解散者，於命令解散之處分確定時，管理契約終止。」

本件MCAT，係於105年2月24日被智慧局廢止，25日送達。廢止後，依集管團體條例即應同時命其解散，進行清算程序。而依行政程序法第110條第1項及第3項規定，「書面之行政處分自送達相對人起……，對其發生效力」、「行政處分未經撤銷、廢止，或未因其他事由而失效者，其效力繼續存在」。由於廢止處分已於105年2月25日送達MCAT，故行政處分已於送達時生效，MCAT未來如因不服廢止處分，向經濟部提起訴願等行政救濟，仍不影響廢止處分之效力[6]。

集管團體於被廢止進行解散清算程序，即不得再行為集管業務，會員固得申請退會（集管團體條例第12條第2項）。如果會員退會，集管團體應即終止管理契約，停止管理該會員之著作財產權，亦即會員與集管團體間，再無授權關係。然而同條例第31條第2項規定：「利用人於會員退會前已與集管團體訂定授權契約者，於契約期限屆滿前，得繼續利用該退會會員之著作，不須另行支付使用報酬予該退會會員。但授權契約另有約定不得繼續利用者，從其約定。」第3項規定：「無前項但書情形者，退會會員得向原集管團體請求分配使用報酬。但該退會會員加入另一集管團體，而就前項利用人之利用於該新加入之集管團體。得受分配者，不得請求分配。」蓋集管團體於被廢止前，既已與利用人簽約，而契約期間超過被廢止之時間，解釋上此授權行為，亦屬廢止前之業務。在集管團體被廢止後，仍然有效。應適用集管團體條例第31條第2項及第3項規定。

於此情形，退會之會員對於先前與集管團體簽約之利用人，如果依集管團體條例第31條第2項及第3項規定，利用人在契約期間內，仍得利用該著作，則利用人在契約期間之利用，並無侵權行為，退會會員對利用人自不得提起民刑訴訟。

---

6 參見經濟部智慧財產局網站，MCAT被廢止許可及解散後之相關問題釋疑：http://www.tipo.gov.tw/ct.asp?xItem=583096&ctNode=7127&mp=1（最後瀏覽日期：2016/4/17）。

當然，退會會員對於與被廢止團體未簽授權契約之利用人，在退會後所發生的侵害行為，退會會員得以一般著作財產權身分，提起侵害著作權的民刑訴訟，但依著作權法第37條第6項規定：「有下列情形之一者，不適用第七章規定。但屬於著作權集體管理團體管理之著作，不在此限：一、音樂著作經授權重製於電腦伴唱機者，利用人利用該電腦伴唱機公開演出該著作。二、將原播送之著作再公開播送。三、以擴音器或其他器材，將原播送之聲音或影像向公眾傳達。四、著作經授權重製於廣告後，由廣告播送人就該廣告為公開播送或同步公開傳輸，向公眾傳達。」依第37條第6項之四種利用態樣，僅集管團體得為刑事訴訟，非集管團體之一般著作財產權人，不得為刑事訴訟，但得提民事訴訟。

　　有疑義者，如果集管團體在廢止後，會員未退會，集管團體與會員間有無授權關係？

　　依民法第550條規定：「委任關係，因當事人一方死亡、破產或喪失行為能力而消滅。但契約另有訂定，或因委任事務之性質，不能消滅者，不在此限。」集管團體條例第13條規定：「會員有下列情事之一者，視為退會：一、死亡、破產或解散。二、喪失會員資格。」其中對集管團體解散後清算完畢前時被命令解散確定前，原委任收取報酬之契約，是否繼續有效，並無明文規定。

　　然而依上述民法第550條及集管團體條例第13條之立法精神，集管團體解散，會員縱未退會，在解散後集管與會員間，授權契約應當然消滅。然而如果集管團體之解散如係基於主管機關之命令，由於集管團體有權利為行政救濟，故依集管團體條例第48條第2項規定：「集管團體經命令解散者，於命令解散之處分確定時，管理契約終止。」亦即在主管集關命令解散之處分後，處分未確定前，除非會員退會，否則管理契約，仍然存續。易言之，授權契約之消滅，以是否解散之處分確定為準，而非以是否清算完畢為準。

二、集管團體於解散後利用人所發生之侵權行為，集管團體得否提起民刑訴訟？

　　集管團體於解散後利用人所為之侵權行為，如果會員已退會，集管團體已無著作財產權之被專屬授權之權利存在，自然無從以權利人之身分提起民刑訴訟，已如前述。然而如果會員未退會，且在集管團體解散之命令未確定前，管

理契約仍然有效。

依民法第40條規定：「清算人之職務如左：一、了結現務。二、收取債權，清償債務。三、移交賸餘財產於應得者（第1項）。法人至清算終結止，在清算之必要範圍內，視為存續（第2項）。」如果會員未退會，集管團體在解散後所發生利用人的侵害行為，集管團體是否得對利用人提出告訴或自訴？有肯定說和否定說兩說：

1. 肯定說：既然集管團體法人人格尚存續，所有解散前或解散後所發生的侵權行為請求權，均係了結現務之範圍，且既然法人仍然是被害人，法人之告訴權及自訴權，自然存在，因被專屬授權關係之存在而告訴或自訴權自動存在。在民事訴訟亦然。既然原利用契約存在，則利用人之侵害行為所產生之請求權，亦屬了結現務，集管團體得提民事訴訟。

2. 否定說：民法第40條之了結現務，係指了結解散前發生之現務，既然集管團體已經因解散不得執行集管業務，自不得對利用人在集管團體被解散後產生之侵權行為，提起民刑訴訟。

在實務上，最高法院有下列二判決：

（一）最高法院70年上字第5070號刑事判決：「查解散之公司，於清算範圍內，視為尚未解散，又公司之清算，以董事為清算人，而清算人執行清算職務，有代表公司為訴訟上或訴訟外一切行為之權，本件上訴人士心企業有限公司於清算範圍既視為尚未解散，其法人之人格即非因解散而不存在，當有提起自訴之能力，原審未就此查明上訴人公司是否得為自訴當事人，遽為不受理之判決，自嫌未合。」

（二）最高法院96年台上字4465號刑事判決謂：「公司法人之權利能力，始於主管機關為設立登記並發給執照之時，除其因合併、分割或破產而解散者外，終於解散清算完了時。公司因解散，其權利能力即受限制，而縮小在清算範圍內。解散之公司在清算時期，得為了結現務及便利清算之目的，暫時經營業務外，喪失其營業活動能力，但其法人人格並非即告消滅，必須經清算程序，俟清算完結後，始喪失其人格，此觀公司法第24條、第25條、第26條之規定自明。公司解散後，固應進入清算程序（因合併、分割或破產而解散者除外），但與解散前之公司仍屬於同一，公司於超出清算範圍以外所為之營業活動，僅該個案法律行為有無權利能力而得否為權利義務之主體而已。公司法人人格是否消滅，應視其已否完成合法清算為定，不因清算人怠於進行清算程序，或公司於超出清算範圍外仍為營業活動而有異。原判決認：保佳音公司雖

於民國84年3月18日爲公司解散之登記，然並未辦理清算程序，且仍繼續從事該公司原有雷射唱片等出版發行買賣業務，該項業務並非了結解散當時未了結之現務，亦非收取債權、清償債務、分派盈餘或虧損、分派賸餘財產等事務，且非爲便利清算之終結，暫時經營業務，並不合乎『在清算範圍內，視爲尚未解散』之情形，其所爲超出清算範圍之外，法人人格應解爲於解散時，即歸於消滅，進而謂保佳音公司於民國90年6月19日所爲對被告侵害著作權之告訴，即非合法等由，所持法律上之見解，尚有未洽。又依原判決所引告訴代理人邱文浩陳稱：保佳音公司尚未辦理清算完畢等語。如若屬實，則該公司清算程序已進行至何程度，亦有命其陳報以查明之必要。原審未爲調查審認，難謂適法。」

上述實務二例均傾向肯定說。在法理上，本人亦贊成肯定說。然而限於會員未退會，且集管團體被命令解散處分確定前利用人所爲之侵害行爲，集管團體方有訴訟權利。蓋此時集管團體尚在被會員專屬授權之狀態，自然有民事請求權及刑事告訴及自訴權。如果在被解散之命令處分確定後，集管團體與會員間之利用契約不存在，則著作財產權之被專屬授權之關係亦不存在，縱然集管團體尚在清算完畢前，集管團體仍不得提民刑訴訟。

（回覆於2016年4月）

問題22：著作權法第84條能否解決境外侵權網站問題？

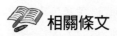 **相關條文**

> 著作權法第84條（權利侵害之排除及防止請求權）

壹、問題

有鑒於鄭運鵬立委於民國（以下同）106年9月30日提案增訂著作權法第84條之1，給予著作權人部分訴訟上之權宜措施，使權利人得向法院聲請封鎖境外侵權網站。

因而，北科大智財所江雅綺教授表示封鎖網站不需要修改著作權法，著作權人自得依著作權法第84條及民事訴訟法第538條之規定，向法院聲請定暫時狀態之處分。

因此，想進一步請教顧問，上述江教授對於著作權法第84條用以阻絕境外重大侵權網站是否可行？經本局初步分析，著作權人如主張ISP（網路服務提供者）提供之連線服務侵害其權利或有妨害之虞者，由於該條不以ISP業者對於所涉侵權行為有故意或過失為前提，著作權人基於該條規定之排除侵害請求權，可否依該條請求ISP排除或防止其用戶連線至侵權網站；另權利人如為防止發生重大之損害或避免急迫之危險或有其他相類之情形而有必要之事實，依民事訴訟法第538條或智慧財產案件審理法第22條規定似得聲請定暫時狀態之處分，請求ISP先為一定之排除或防止之作為，至於後續之民事訴訟程序之進行，均涉及訴訟實務。上述意見是否可行？

貳、回答

一、著作權法第84條規定：「著作權人或製版權人對於侵害其權利者，得請求排除之，有侵害之虞者，得請求防止之。」著作權人如果引著作權法第84條規定，請求ISP排除或防止其用戶連線至侵權網站；另著作權人如為防止發生重大之損害或避免急迫之危險或有其他相類之情形而有必要之事實，依民事訴訟法第538條或智慧財產案件審理法第22條規定聲請定暫時狀態之處分，請

求ISP先為一定之排除或防止之作為，上述意見是否可行，其前提是對侵權網站的連線，連線服務提供者，是否為「無故意過失的侵權行為人」？蓋假處分最後應回到本訴，而本訴亦以著作權法第84條之不作為請求權為依據。而著作權法第84條之被告，必須為著作權或製版權的侵權行為人，故如連線服務提供者不被認定係「侵權行為人」，則依第84條為請求之依據則不可行。

二、著作權法第90條之4規定：「符合下列規定之網路服務提供者，適用第九十條之五至第九十條之八之規定：一、以契約、電子傳輸、自動偵測系統或其他方式，告知使用者其著作權或製版權保護措施，並確實履行該保護措施。二、以契約、電子傳輸、自動偵測系統或其他方式，告知使用者若有三次涉有侵權情事，應終止全部或部分服務。三、公告接收通知文件之聯繫窗口資訊。四、執行第三項之通用辨識或保護技術措施（第1項）。連線服務提供者於接獲著作權人或製版權人就其使用者所為涉有侵權行為之通知後，將該通知以電子郵件轉送該使用者，視為符合前項第一款規定。著作權人或製版權人已提供為保護著作權或製版權之通用辨識或保護技術措施，經主管機關核可者，網路服務提供者應配合執行之（第2項）。」

著作權法第90條之5規定：「有下列情形者，連線服務提供者對其使用者侵害他人著作權或製版權之行為，不負賠償責任：一、所傳輸資訊，係由使用者所發動或請求。二、資訊傳輸、發送、連結或儲存，係經由自動化技術予以執行，且連線服務提供者未就傳輸之資訊為任何篩選或修改。」

由上述規定可知，連線服務提供者，如果一切都是依上述著作權法第90條之4及之5規定自動化進行，則無損害賠償責任可言。然而此無賠償責任，究竟解釋為「有侵害行為，因無故意過失，而不負賠償責任」，抑或認為「一切都是自動化，而無侵權行為人」，意義不明。

三、依著作權法第90條之6規定：「有下列情形者，快速存取服務提供者對其使用者侵害他人著作權或製版權之行為，不負賠償責任：……三、經著作權人或製版權人通知其使用者涉有侵權行為後，立即移除或使他人無法進入該涉有侵權之內容或相關資訊。」另在第90條之7及第90條之8亦對資訊儲存服務提供者及搜尋服務提供者有類似的規定。易言之，連線服務提供者，並無「經著作權人或製版權人通知其使用者涉有侵權行為後，立即移除或使他人無法進入該涉有侵權之內容或相關資訊」之規定，亦無要求連線服務提供者經通知而應斷絕對侵害網站連線，或阻絕、斷訊的規定。

依此種立法政策，如果認定連線服務提供者對侵權網站連線即屬認定係侵

害行為，只是不認為有意過失而已，是否立法失衡，而對連線服務提供者的要求超過其他網路服務提供者？而連線服務提供者，對所有的資訊都無選擇接收或傳訊，一切都是自動化進行，並無任何人工的選擇、汰選，因此連線服務提供者，是否應認為係無過失之侵權行為人，實在商榷餘地。如果認為連線服務提供者，針對侵權網站的連線，亦屬侵權，只是無故意過失而已，那麼是否可以解釋為經著作權人向連線服務提供者通知，連線服務提供者，即因被通知而知情，因而有侵權行為的故意或過失？如果是這樣解釋，那麼著作權法第90條之5有關不負賠償規定，豈非成為具文？蓋既然認定連線服務提供者，亦可能為侵權行為人，則經通知變成知情，豈可不依民法第88條負損害賠償責任？由著作權法第90條之4及之5之立法精神來看，應解釋為連線服務提供者，不宜成為著作權法第84條之著作權的侵害人較為合理。

　　四、著作權人如果依著作權法第84條有關不作為請求權規定，要求對連線服務提供者封網，法院是否會允許，本人持較否定看法。再者，侵權網站多數不是全部侵權，而是僅部分侵權，此部分侵權，要求將全部網站封鎖，恐怕不符著作權法84條規定。另外，如果境外網站得依著作權法第84條以連線服務提供者為被告而要求封網，國內網站將更得循此途徑而要求封網，如此一來，所有網路侵害訴訟，主張著作權法第84條之不作為請求權者，恐怕都得同時以連線服務者為被告，而要求對侵權網站斷訊，使著作權法第90條之4以下之ISP法案形成一個缺口，使連線服務提供者形成一個最不利的地位。

　　五、綜上所述，本人較傾向以特別法或其他途徑解決此一問題。

（回覆於2017年10月）

問題23：有關伴唱機適用第37條第6項第1款免刑責之問題

 **相關條文**

著作權法第37條第6項第1款（已取得音樂重製授權所製作之電腦伴唱機公開演出音樂之免刑責）

壹、問題

按著作權法第37第6項第1款就電腦伴唱機公開演出免除刑事責任設有相關規定：「音樂著作經授權重製於電腦伴唱機者，利用人利用該電腦伴唱機公開演出該著作。」而近來本局接獲KTV業者函詢，就大V伴唱點歌系統是否屬著作權法第37條第6項第1款所稱之「電腦伴唱機」，進而得主張適用公開演出免除刑事責任之規定提出疑問。

依KTV業者所述，大V伴唱系統與小V伴唱機均係以電腦伴唱機提供消費者點唱歌曲之營業型態，差別僅係主機與存放歌曲檔案之硬碟擺放位置不同：

一、大V伴唱系統係大型KTV業者為大宗所設置之「單主機對多包廂」的VOD（video on demand）隨選視訊點歌系統，所有伴唱VOD歌曲檔案均儲存系統主機硬碟中，利用內部網路進行封閉式傳輸，提供多個包廂端消費者演唱。消費者透過包廂內電腦伴唱機點選歌曲，點選指令傳輸至中央控制機房後，由機房系統主機硬碟中提供歌曲檔案，再傳輸至包廂中之電腦伴唱機播放。

二、小V伴唱機則是「單主機對單包廂」的營業模式，KTV業者於包廂內直接置放一台電腦伴唱機，該電腦伴唱機內含主機及存放伴唱VOD歌曲檔案之硬碟，由消費者直接點選包廂內的電腦伴唱機，再由該台電腦伴唱機直接提供歌曲檔案播放。

目前著作權法並未對「電腦伴唱機」一詞予以定義，惟公平交易法就伴唱產品與市場之相關行政決定與司法判決，曾有提及大V小V等語：

一、經濟部智慧財產法院100年度行公訴字第2號判決，法院表示「單機MIDI（俗稱MIDI）與包廂VOD（俗稱大V）、單機VOD（俗稱小V）伴唱產品為不同之電腦音樂編碼格式，授權金差異甚大……」、「按伴唱機乃伴唱產

品之載體，伴唱機製造業者製造伴唱機時必然隨機附有伴唱歌曲，以達消費者得以『伴唱』之功能；伴唱產品，包含大V小V、MIDI等音樂編碼格式，乃係伴唱產品代理商另發行之伴唱歌曲，供使用者（多數為營業用）另行灌入之產品。」

二、行政院公平交易委員會於錢櫃與好樂迪合併案之公結字第098002號決定書，其中理由二、（一）、2表示該案「產品市場所屬事業應指『以提供視聽伴唱設備及場所為主要服務』之事業，包括KTV及卡拉OK店等。至該等業者所使用之伴唱設備型態究竟為何，不論為大V或小V，在所不問，只要其係以提供視聽伴唱設備及場所為主要服務，即屬同一市場。」

隨著科技進步與網路普及，大V伴唱系統已成為KTV市場的主要點唱設備，KTV業者乃訴求大V伴唱系統亦屬著作權法第37條第6項第1款所稱之「電腦伴唱機」，而得適用該款規定，以免少數未參加集管團體之音樂著作財產權人，動輒以侵害「公開演出權」提出刑事告訴，影響KTV業者營業權益。

經查民國90年11月12日著作權法增訂電腦伴唱機公開演出免除刑事責任之規定時，其立法理由係考量為維持社會秩序安定，並避免少數業者濫用權利，故將利用伴唱機所涉及之公開演出授權，除屬於集管團體所管理之著作外，僅賦予個別權利人提出民事責任之救濟。由於立法當時，VOD點歌系統尚在發展之初，此等大V點歌系統似非立法者所考量之情況，則KTV業者之訴求，在我國現行著作權法制下是否可行？謹請顧問們不吝提供寶貴意見，謝謝。

貳、回答

一、著作權法第37條第1項第6款之立法原意

（一）著作權法第37條第6項第1款規定：「有下列情形之一者，不適用第七章規定。但屬於著作權集體管理團體管理之著作，不在此限：一、音樂著作經授權重製於電腦伴唱機者，利用人利用該電腦伴唱機公開演出該著作。」此規定原係民國90年修正時所新增。

（二）依民國90年著作權法第37條第6項規定：「音樂著作經授權重製於電腦伴唱機者，利用人利用該電腦伴唱機公開演出該著作，不適用第七章規定。但屬於著作權仲介團體管理之音樂著作，不在此限。」此規定之立理由為：

「1. 業者於電腦伴唱機內錄製上千首歌曲之行為，通常均向著作權仲介團體或個別之著作財產權人取得授權。惟利用人後續利用該電腦伴唱機，取得公開演出音樂著作之授權，除向仲介團體洽取授權外，針對少數未加入仲介團體而又濫用權利之『權利人』，欲取得授權，實屬不易。

　　2. 電腦伴唱機成為時下流行的設施後，利之所在，形成業者相互競爭，部分業者以音樂著作之。著作財產權為武器，以競爭業者的客戶為施壓對象，提出告（自）訴，企圖嚇阻購買其他品牌之使用人，以擴大本身市場占有率。更有少數業者，利用上述方法，以刑逼民，使對方和解，索取高額賠償金，作為主要營業收入。上述情形，帶給利用人無端訟累，形成民怨，亦造成司法機關之負荷，司法資源之濫用，有待解決。

　　3. 為維持社會秩序安定，並避免少數業者濫用權利，爰增訂本項，規定將利用伴唱機所涉及之公開演出爭議僅屬民事問題，不生第七章著作權侵害之刑事責任問題。另為避免對著作權仲介團體運作，造成負面影響，對屬於其管理範圍之著作，爰予排除其適用。

　　4. 受我國保護之外國人之音樂著作，多已加入外國著作權仲介團體，並透過與國內之仲介團體相互合作，以保障彼此權益，是本條對外國人著作之保護，應不致產生影響，併予說明[7]。」

　　二、現行著作權法第37條第6項第1款之適用，不因KTV之伴唱機使用型態為分散式或集中式而有差別。

　　（一）現行著作權法第37條第6項第1款所以作此規定，係因實務上，伴唱機製作業者製作伴唱機，一般僅得音樂原權利人重製的授權，而未得公開演出之授權。蓋伴唱機業者，並未有實際上之公開演出行為。KTV業者就伴唱機之供客人演唱，KTV業者，需獨立取得音樂著作財產權人公開演出之授權。

　　（二）然而，音樂著作財產權人之公開演出之權利，大部分授權著作權集管團體管理，少部分由非集管團體之個人或業者所有。KTV取得音樂的集管團體公開演出的授權，尚屬容易，個別取得各零散、未加入集體管團的音樂著作財產權人的授權，有實際的困難。

　　有業者專門取得未授權集管團體之音樂著作財產權人之公開演出之專屬權利，而特地以刑事手段對KTV進行訴訟，造成司法極大的負擔，且對KTV要

---

[7]　參見歷年著作權法規彙編專輯，頁298-299，經濟部智慧財產局，2010年5月。

求高額之賠償金，在實務上造成極大的窒礙難行的現象。因此有著作權法第37條第1項第6款之訂定。此規定之訂定，在立法目的上觀察，解釋上不應因KTV之伴唱機型態，係採集中式或分散式而有不同。

三、本題將KTV伴唱機分大V伴唱系統及小V伴唱機系統。前者大型KTV業者為大宗所設置之「單主機對多包廂」的VOD隨選視訊點歌系統（即集中式），所有伴唱VOD歌曲檔案均儲存系統主機硬碟中，利用內部網路進行封閉式傳輸，提供多個包廂端消費者演唱。消費者透過包廂內電腦伴唱機點選歌曲，點選指令傳輸至中央控制機房後，由機房系統主機硬碟中提供歌曲檔案，再傳輸至包廂中之電腦伴唱機播放。後者小V伴唱機則是「單主機對單包廂」（即分散式）的營業模式，KTV業者於包廂內直接置放一台電腦伴唱機，該電腦伴唱機內含主機及存放伴唱VOD歌曲檔案之硬碟，由消費者直接點選包廂內的電腦伴唱機，再由該台電腦伴唱機直接提供歌曲檔案播放。

本人認為，就法條的文義解釋及立法目的解釋，著作權法第37條第6項第1款之「伴唱機」，應包含此兩種伴唱機型態在內。

（回覆於2016年3月）

問題24：販賣含有鏈結侵權網站的媒體盒的責任

 **相關條文**

> 著作權法第87條第1項第7款（對公眾提供可公開傳輸他人著作之程式或技術）、第92條（侵害公開傳輸權之刑事責任）

壹、問題

本局日前曾召開會議與高檢署、地檢署等檢察官及專家學者進行有關利用媒體盒產生之著作權侵權問題法律適用討論，簡述如下：

一、本組認為透過媒體盒觀賞影音著作，並未導致利用人藉由網路將他人著作予以「公開傳輸」或「重製」，恐未構成著作權法第87條第1項第7款之要件；惟與會檢察官表示，個案上媒體盒仍不排除有重製之可能，目前臺中地方法院檢察署已有相關案件進行偵查，因而司法實務見解有待觀察。

二、依著作權法第92條成立侵害公開傳輸權之共同正犯或幫助犯部分，本組認為提供媒體業盒者如明知該影音著作係盜版侵害著作權者，仍以內建影音檔案軟體或APP程式透過連結之方式提供給公眾，其業者有可能與提供侵權著作者成立侵害公開傳輸權之共同正犯或幫助犯；惟與會檢察官表示，實務上難以證明提供媒體盒業者與上傳侵權著作至相關網站之行為人間具有犯意聯絡，或主觀上有幫助上傳侵權著作，且參照目前地方法院及智慧財產法院見解，提供媒體盒者欲成立侵害公開傳輸權之共同正犯或幫助犯，實屬不易。

三、鑒於現行法規及司法見解恐無法有效遏止，部分與會檢察官建議本局參照著作權法第87條第1項第7款，針對利用媒體盒產生之著作權侵權問題，評估訂定條文規範之可能性。

請教對於媒體盒適用著作權法之疑義，其行為是否構成著作權法第87條第1項第7款所定之要件，或可否依著作權法第92條成立侵害公開傳輸權之共同正犯或幫助犯？

另針對檢察官建議本局評估訂定條文規範提供媒體盒部分，是否有當？

貳、回答

一、媒體盒中有內建鏈結侵權網站之程式，製作販賣者是否構成著作權法第87條第1項第7款之罪？

（一）著作權法第87條第1項第7款規定：「有下列情形之一者，除本法另有規定外，視為侵害著作權或製版權：七、未經著作財產權人同意或授權，意圖供公眾透過網路公開傳輸或重製他人著作，侵害著作財產權，對公眾提供可公開傳輸或重製著作之電腦程式或其他技術，而受有利益者。」第2項規定：「前項第七款之行為人，採取廣告或其他積極措施，教唆、誘使、煽惑、說服公眾利用電腦程式或其他技術侵害著作財產權者，為具備該款之意圖。」上開規定，以「意圖供公眾透過網路公開傳輸或重製他人著作，侵害著作財產權」為前提。設若A提供媒體盒給消費者B，A欲成立第87條第1項第7款，必須以B「透過網路公開傳輸或重製他人著作，侵害著作財產權」為前提要件。

（二）本題B僅係透過A所提供的媒體盒之程式鏈結到侵權網站而觀看影視節目，B本身並未有公開傳輸之行為。而B之觀賞影片，雖屬著作權法第3條第1項第5款之暫時性重製，但B僅係透過串流觀賞侵權影片，尚未落入著作權法第22條著作人之重製權之範圍，即B並未侵害著作人著作財產權之重製權[8]。更遑論B即使落入侵害著作財產權人之重製權之範圍，亦可能係著作權法第51條之合理使用。易言之，在法律上，B並非侵害著作人之著作權，因此A不可能構成著作權法第87條第1項第7款之「視為侵害著作權」。

二、媒體盒中有內建鏈結侵權網站之程式，製作販賣者是否構成著作權法第92條之幫助公開傳輸他人著作罪？

（一）著作權法第92條規定：「擅自以公開口述、公開播送、公開上映、公開演出、公開傳輸、公開展示、改作、編輯、出租之方法侵害他人之著作財產權者，處三年以下有期徒刑、拘役，或科或併科新臺幣七十五萬元以下罰金。」擅自以公開傳輸之方法侵害他人之公開傳輸權，構成著作權法第92條之犯罪。

---

[8] 參見蕭雄淋著，著作權法實務問題研析（一），第111頁以下，五南圖書，2013年7月。

（二）有關提供鏈結而使他人透過鏈結而到侵權網站觀覽影片，有可能構成侵害公開傳輸權的共犯或幫助犯，經濟部智慧財產局有下列函釋：

1. 經濟部智慧財產局民國94年9月2日電子郵件940902號函釋：「僅係將他人網站之網址轉貼於貴公司網頁上，藉由網站連結之方式，使其他人可透過您的網站進入其他網站之行為，因未涉及重製利用他人著作，原則上不致於造成對他人重製權之侵害。不過仍請注意篩選連結的網站，如果明知他人網站內的著作是盜版作品或有侵害著作權之情事，而仍然透過鏈結的方式，提供予公眾，則有可能成為侵害公開傳輸權之共犯或幫助犯，將會有侵害著作權之危險，請特別注意。」

2. 經濟部智慧財產局民國95年2月16日電子郵件950216a號函釋：「欲將公司網站平台，以超連結方式，另開視窗連結其他公司網站，供會員利用一節，此種『在網站上設置超連結連上其他網站內頁』的情況，如僅係將他人網站之網址轉貼於貴公司網頁上，藉由網站連結之方式，使其他人可透過貴公司網站進入其他公司網站之行為，因未涉及重製利用他人著作，原則上不致於造成對他人重製權之侵害。不過仍請注意篩選連結的網站，如果明知他人網站內的著作是盜版作品或有侵害著作權之情事，而仍然透過連結的方式，提供予公眾，則有可能成為侵害公開傳輸權之共犯或幫助犯，將會有侵害著作權之危險，請特別注意。」

3. 經濟部智慧財產局民國95年3月7日電子郵件950307號函釋：「網友將連結網路之路徑告訴其他網友，就其告知連結之行為，是否違反本法之規定，經查，如果僅是單純告知網站網址，則因未涉及利用他人著作，尚無違反本法之規定。另如果您是於『在網站上放上超連結連上其他網站的內頁』情況，係將他人網站之網址轉貼於自己的網頁中，藉由網站間連結之方式，使一般人得透過您的網站以進入其他網站之行為，因未涉及利用他人著作，如未取得授權，仍並不會造成對他人著作財產權之侵害。不過仍請注意篩選連結的網站，如果明知他人網站內的著作是盜版作品或有侵害著作權之情事，而仍然透過鏈結的方式，提供予公眾，則有可能成為侵害公開傳輸權之共犯或幫助犯，將會有侵害著作權之危險，請特別注意。」

4. 經濟部智慧財產局民國98年5月25日智著字第09800043320號函：「按

於網頁上提供連結，藉由網站連結之方式，使其他網友可透過此網頁進入他人網站收聽、瀏覽，因未涉及『重製』他人著作內容之行為，不會構成重製權之侵害，惟如明知所轉貼網址之網站係公開傳輸盜版作品，而仍提供網站連結，使公眾得經由該網頁連結至盜版網站者，則可能成立該盜版網站非法公開傳輸之幫助犯，而須負擔民、刑事責任。至實際個案仍應由司法機關本於職權認定之。」

5. 經濟部智慧財產局民國102年9月5日智著字第10200073070號函：「如果您是單純在自己部落格上提供Youtube網站之影片網址，藉由網站連結之方式，使其他網友可透過自己部落格上的聯絡網址，進入Youtube網站瀏覽影片，而未將影片內容重製成自己部落格網頁內容之一部分時，則不涉及侵害重製權之行為，也不會構成公開傳輸。惟如您雖僅係單純提供影片連結，但如知悉該影片屬於未經著作財產權人同意上傳Youtube網站者，您仍可能構成他人侵害公開傳輸權之共犯或幫助犯。由於著作權之刑事處罰限於故意犯，並不處罰過失犯，檢察官於受理此類案件時，亦會考量行為人是否有犯罪的故意（侵權的故意）、侵權之情形或數量、是否因此獲利等情形，且按您所述情節，本案屬於告訴乃論之罪，如果告訴人撤回告訴，檢察官依法須為不起訴處分。」

（三）上開函釋之意旨見解，在法院獲得一致支持，然而是否真的構成侵害公開傳輸權的共犯或幫助犯，仍須個案認定。可參考下列判決：

1. 臺灣高等法院96年上易字第2332號判決（有罪，成立共犯或幫助犯，但正犯為不特定網友，未起訴）：「按著作權法上所稱『公開傳輸』者，係指以有線電、無線電之網路或其他通訊方法，藉聲音或影像向公眾提供或傳達著作內容，包括使公眾得於其各自選定之時間或地點，以上述方法接收著作內容者而言，該法第3條第1項第10款定有明文。而該等行為以具互動性之電腦或網際網路傳輸型態為其特色，與公開口述、公開播送、公開演出等傳統單向傳達著作內容之方式有別，且該條文中所稱『向公眾提供』之要件，並不以利用人確有實際傳輸或接收之舉為必要，只要處於可得傳輸或接收之狀態即為已足（參見92年7月9日修正公布之著作權法第3條立法說明）。經查，本件『被侵權曲目』欄內所示之歌曲或樂曲，性質上屬於音樂著作及以此為內容之錄音著作，而被告在其網站上，提

供上開歌曲音樂檔案供人線上聆聽，無論係以音樂播放器方式或是以超連結方式，均係將上開歌曲透過網路公開傳輸至各該使用者電腦上播放，被告對此流程自知之甚詳，否則不會在上開網站提供此項功能，是其於各該使用者點擊該項功能時，所為即屬公開傳輸上開音樂著作或錄音著作之行為，此不因被告係因使用者點擊而被動傳輸，或係因使用者進入該網頁被告即預設主動傳輸播放音樂而有差異，是被告此部分所為顯然已構成著作權法所規範之公開傳輸行為。」

2. 智慧財產法院104年度刑智上易字第4號刑事判決（無罪，理由：欠缺故意）：「另按單純提供網站網址的連結而未將他人網站內容當成自己網站內容之一部分，因未涉及重製行為，不會構成對重製權之侵害。但若提供連結時如已知悉該連結所提供的著作係屬於未經著作財產權人授權而上傳之檔案，卻仍公布該超連結，即可能成為他人侵害公開傳輸權之共犯或幫助犯（經濟部智慧財產局電子郵件字第1011204號函釋參照），依前開函釋意旨可知，倘被告提供『華康字型』字體連結時，已知悉該連結所提供的著作係屬於未經著作財產權人授權而上傳的檔案，卻仍公布該超連結，即有構成侵害他人公開傳輸權共犯或幫助犯之可能，故原判決僅以『被告於其登錄使用之痞客幫帳號內，僅係提供告訴人著作之網路連結網址，其帳號內並非直接公開該著作，或相關著作內容，揆諸前揭說明，被告之行為與著作權法第92條『公開傳輸』之要件有間』，而未論究被告是否成立著作權法第92條公開傳輸罪之幫助犯或共犯，是有不當，惟被告主觀上並無侵害他人著作財產權之犯意，已如前述，公訴人復未能提出其他證據證明被告於張貼本案『華康字型』字體連結時，即已知悉該連結所提供之著作係屬未經著作財產權人授權而上傳之檔案，自不得以著作權法第92條公開傳輸罪之幫助犯或共犯相繩，故上訴意旨以被告在其部落格網誌上張貼『華康字型』字體連結供人下載，係以網路通訊之方法，藉由點選超連結下載之方式，向公眾提供或傳達『華康字型』字體著作內容，已符合『公開傳輸』、『向公眾提供之要件』，而認原審認事用法顯有錯誤之部分，亦不足採。」

3. 智慧財產法院103年度刑智上易字第93號刑事判決（無罪，理由：

正犯不知何人、是否受我國刑法所處罰對象均不明）：「惟查著作權法第92條並非最輕本刑為三年以上有期徒刑之罪；再者究係何人將系爭著作置放於Youtube網站上，致不特定人得以使用，該提供者是否屬於本國人民，其是否於我國領域內置放，依卷附證據，均屬不明，且檢察官就此亦未舉證證明。是本案之正犯是否屬於我國刑罰權之處罰對象，正犯係何人，亦皆有疑義，且檢察官亦未證明被告究與何人有何行為分擔或犯意聯絡情形，自難認被告應成立共同正犯罪責，又本於幫助犯從屬性原則，被告亦無由另行成立幫助犯。」（同旨尚有智慧財產法院98年度刑智上易字第17號、智慧財產法院99年度刑智上訴字第61號、智慧財產法院102年度刑智上易字第86號刑事判決）

4. 智慧財產法院104年度刑智上易字第20號刑事判決（無罪，理由：不能逕認連結網站為盜版網站）：「本件檢察官無法證明大陸地區『快播網』播放之影片，均係未經授權之視聽著作，及被告明知該網站提供之系爭視聽著作均未經授權，仍然提供數位機上盒予承租客戶，使客戶得透過數位機上盒連結至『快播網』觀看侵權影片，再者，究係何人將系爭視聽著作公開傳輸至大陸地區『快播網』，亦屬不明，自無從認定被告曹皓雯與該不詳之人間，有何犯意之聯絡及行為分擔，即無成立共同正犯可言，又基於幫助犯之從屬性原則，正犯既無由成立，被告亦無成立侵害著作財產權之幫助犯之餘地。」

（四）上述判決，均肯認提供侵權網站的鏈結供人觀賞影片，有可能成立著作權法第92條侵害公開傳輸權罪之共同正犯或幫助犯，但多數法院判決被告無罪，其理由有係來自被告非共犯，而幫助犯有從屬性，正犯在國外，無從審究是否犯罪，因而不能判決被告有罪。有係來因不能證明被告有幫助的犯意，因而判決無罪。

（五）因此，本件媒體盒中有內建鏈結侵權網站之程式，製作販賣者是否構成著作權法第92條之幫助公開傳輸他人著作罪？結論應屬可能構成著作權法第92條侵害公開傳輸權之幫助犯，但應個案認定其幫助之犯意。

三、政府是否須修正著作權法訂定新規定，以規範此種形態之犯罪？

　　本件係新科技產生之犯罪型態，本人認為不宜再訂定類似著作權法第87條第1項第7款之新條文。蓋：

　　（一）著作權法第87條第1項第7款規定，係違背刑法及著作權法原理之法律，此種法律不宜濫訂。目前有關提供媒體盒之業者被判無罪，有極大的原因是個案檢察官舉證不足，而非法律不足，不能因個案原因而另行訂定違反刑事歸責原理之法律。

　　（二）建議權利人除提起刑事訴訟外，亦宜以民事訴訟尋求救濟之道。蓋刑事程序往往審酌被告之犯意，民事程序只要被告有過失，即應負責，且在當事人主義下，權利人得全程掌控程序，不致有檢察官舉證不足之憾。

　　（三）建議由貴局舉辦學者與實務界之座談會或研討會，或瞭解外國實務運作狀況，以目前的法律體系，解決實務上的困難問題。

（回覆於2015年10月）

問題25：販售出租版影音光碟是否侵害散布權？

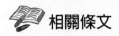 相關條文

著作權法第28條之1（散布權）、第59條之1（針對散布權之用盡原則）、第91條之1第1項（侵害散布權之刑事責任）

壹、問題

本局接獲民眾電子郵件詢問表示，甲影視公司提供已取得國外片商授權之某批影音光碟供乙錄影帶出租店出租，並約定六個月內甲仍擁有所有權，六個月後所有權則轉讓予乙，且甲於影音光碟之外殼包裝上，清楚載明該等影片「非經授權不得出租……」字樣。惟乙未遵守約定六個月之期限，於到期前即將影音光碟販售予丙錄影帶出租業者，且丙亦將其出租予消費者觀賞。

請教各位：上述乙轉售DVD之行為，除違反雙方契約約定須負損害賠償責任之外，是否亦涉及違反著作權法第91條之1規定——擅自以移轉所有權之方法散布著作原件或其重製物罪？

貳、回答

一、著作權法第28條之1規定：「著作人除本法另有規定外，專有以移轉所有權之方式，散布其著作之權利（第1項）。表演人就其經重製於錄音著作之表演，專有以移轉所有權之方式散布之權利（第2項）。」

第29條規定：「著作人除本法另有規定外，專有出租其著作之權利（第1項）。表演人就其經重製於錄音著作之表演，專有出租之權利（第2項）。」

著作權法第28條之1及第29條規定，係分屬於著作人獨立不同的權利。得第29條出租之授權，不等於擁有第28條之1以移轉所有權方法銷售之權利。

本件乙僅得甲出租之授權，未得甲以移轉所有權之方法加以散布之授權。乙欲將該影音光碟銷售丙，須另有著作財產權例外之規定（俗稱合理使用），方得免責。

二、著作權法第59條之1規定：「在中華民國管轄區域內取得著作原件或

其合法重製物所有權之人，得以移轉所有權之方式散布之。」本件乙欲以第59條之1的「第一次銷售理論」豁免責任，應以乙獲得該影音光碟的所有權為前提。然而本題乙在未取得所有權之六個月內將影音光碟販售丙，乙自然不得主張著作權法第59條之1規定來免責。

三、著作權法第91條之1規定：「擅自以移轉所有權之方法散布著作原件或其重製物而侵害他人之著作財產權者，處三年以下有期徒刑、拘役，或科或併科新臺幣五十萬元以下罰金（第1項）。明知係侵害著作財產權之重製物而散布或意圖散布而公開陳列或持有者，處三年以下有期徒刑，得併科新臺幣七萬元以上七十五萬元以下罰金（第2項）。犯前項之罪，其重製物為光碟者，處六月以上三年以下有期徒刑，得併科新臺幣二十萬元以上二百萬元以下罰金。但違反第87條第4款規定輸入之光碟，不在此限（第3項）。」因著作權法第91條之1第3項之罪限於盜版品，不含正版品。而乙所持有之影音光碟為出租正版品，故乙僅構成著作權法第91條之1第1項之散布著作原件或重製物罪。

四、臺灣臺北地方法院96年度簡字第1398號刑事簡易判決謂：「核被告甲○○所為，係犯著作權法第91條之1第1項之擅自以移轉所有權之方法散布著作重製物而侵害他人著作財產權罪。爰審酌被告明知其所持有他人享有著作財產之重製物屬於出租專用，不得任意移轉其所有權，竟仍予販售，對於他人智慧結晶之著作財產權毫不尊重，惟犯後坦承犯行、態度良好，及其生活狀況與智識程度等一切情狀，量處如主文所示之刑，並諭知易科罰金之折算標準。」上開判決，可供參考。

（回覆於2016年4月）

第八章　其他問題

問題26：外國之集管團體得否在我國執行集管業務？

 **相關條文**

> 著作權集管團體條例第10條第1項（未依法設立之集管團體不得執行集管業務）、同條第2項（違反第1項規定之效果）

壹、問題

　　數位科技的發展，網路服務超越國界，例如線上音樂提供商的服務範圍是全球的，這些線上音樂業者希望能一次在當地取得全球授權，較爲便利，引發著作財產權人或集管團體能否實行「跨境授權」（multi-territorial）之服務，於當地一併授權海外各地之利用，包括完整的利用權利（公開傳輸及重製權）。此一問題涉及集體管理團體條例（下稱集管團體條例）之規範，且爲因應國際間探討跨境授權的趨勢，以下問題請顧問惠賜卓見：

　　依著作權集管團體條例第3條第1項規定，集管業務係指「爲多數著作財產權人管理著作財產權，訂定統一之使用報酬率及使用報酬分配方法，據以收取及分配使用報酬，並以管理人之名義與利用人訂定授權契約之業務」，而同法第10條第1項規定：「未依本條例組織及許可設立爲集管團體者，不得執行集管業務或以集管團體名義爲其他法律行爲」；同條第2項則規定：「違反前項規定者，其所訂定之個別授權契約或概括授權契約無效……」。

　　一、所謂「跨境授權」之服務，如其授權形式，爲境外集管團體或權利代理人直接在國外授權我國人民利用，因該等境外集管團體並未經向我國主管機關申請許可設立，且未受我國集管團體條例之規範（包括專責機關之監督），惟其利用之行爲人或行爲地均在台灣，是否會涉及在我國執行集管業務，而涉及違反集管團體條例第10條第1項規定，從而所簽訂之個別授權契約或概括授

權契約有同條第2項規定而有無效之問題？

　　二、上述問題，如果外國集管團體在我國設立據點或分支機構進行授權，答案是否會有所不同？

　　三、如果上述的答案是不涉我國集管團體條例的規定，由於外國集管團體並不受我國集管團體條例之規範，例如：向主管機關申請設立許可及執行業務之監督輔導，國人逕向外國集管團體取得授權可能會面臨資訊不對稱之風險，當發生著作權爭議時，我國利用人的權益可能受損（例如告訴無門），我國是否應對跨境授權進行規範以保障國民權益？

貳、回答

一、外國之集管團體跨境授權之效力

（一）集管團體條例第3條第2款規定：「著作權集管團體：指由著作財產權人組成，依本條例許可設立，辦理集管業務，並以團體之名義，行使權利、履行義務之社團法人。」同條第1款規定：「著作權集體管理業務（以下簡稱集管業務）：指為多數著作財產權人管理著作財產權，訂定統一之使用報酬率及使用報酬分配方法，據以收取及分配使用報酬，並以管理人之名義與利用人訂定授權契約之業務。」集管團體必須係屬於辦理集團業務之團體，而辦理集管業務，必須訂定統一之使用報酬率及使用報酬分配方法。因此，如果係外國行使民法上行紀業務之經紀公司，以自己之名義，為外國權利人行使權利，而對利用人收取使用費，然後將該使用費交付給外國之權利人。此公司由於並非行使集管業務，不受集管團體條例的拘束。因此，外國著作財產權之經紀公司，為外國著作財產權之權利人對我國利用人收取費用，扣除報酬，然後交付給著作財產權人，此乃雙方私法行為，與集管團體條例無關，不在此處討論範圍。

（二）集管團體條例第10條第1項規定：「未依本條例組織及許可設立為集管團體者，不得執行集管業務或以集管團體名義為其他法律行為。」同條第2項規定：「違反前項規定者，其所訂定之個別授權契約或概括授權契約無效；因而致他人受損害者，行為人應負賠償責任；行為人有二人以上者，連帶負責。」外國之集管團體跨境授權之服務，其效力如何，

應視該服務之性質，是否有受到集管團體條例拘束而定。易言之，我國集管團體條例，適用於中華民國管轄區域內。如果該跨境授權之服務，涉及在中華民國管轄區域內行使集管業務，則應適用我國集管團體條例規定。反之，如果該跨境授權之服務，不涉及在中華民國管轄區域內行使集管業務，則不應適用我國集管團體條例規定。

（三）所謂「跨境授權」之服務，如其授權形式，為境外集管團體或權利代理人直接在國外授權我國人民利用。此等境外集管團體並未經向我國主管機關申請許可設立，且未受我國集管團體條例之規範，惟其利用之行為人或行為地均不限在台灣，解釋上是否仍是涉及在我國執行集管業務？個人認為，如果利用之行為地有涉及台灣之部分，該集管業務即應受我國集管團體條例的拘束。易言之，外國集管團體在國外授權台灣人民在台灣利用著作，行使集管業務，其授權契約，無論係概括授權契約或個別授權契約，均為無效。

（四）如果認定外國集管團體上述涉及利用行為地在台灣之行為為有效，不受集管團體條例之拘束，則可能產生下列問題：

1. 外國集管團體之使用報酬費率不受我國主管機關審議，台灣利用人所可能利用的著作，通常為先國家之著作，其費率較我國相同著作為高，如此一來，則相同著作（例如均為音樂著作或錄音著作），使用報酬率內外有別，易使國內權利人心生不平。

2. 外國集管團體既可跨境服務，不受國內集管團體條例拘束，則外國集管團體因費率不受國內著作權主管機關審議，可以收取比較高的費用，與國內集管團體合作之意願將降低。國內集管團體將失去在台灣收取利用人利用外國人著作之使用報酬之機會，無形之中，國內之集管團體將收入減少，平均收費成本增加，無形之中，將減少國內權利人之使用報酬之分配額。

3. 既然外國集管團體可以透過跨境授權而在台灣授權，而且可以收到比較高的使用報酬，因此台灣的權利人可能不在台灣加入集管團體，而逕行加入國外集管團體，因此使台灣的集管團體相對萎縮，因而功能不彰。而利用人利用國人著作，未來不僅必須與台灣權利人簽概括授權契約，亦必須與國外集管團體簽定概括授權契約，不僅使國內的利用人增加負擔，而且因簽約對象多，而不勝其擾。

4. 如果國外集管團體跨境授權承認其有效，則將使集管團體條例費率

審議功能及受主管機關監督的功能喪失。國內集管團體可能在國外成立，然後內銷化，主要做台灣的集管業務，我國集管團體條例之法律，將成具文。

二、特殊情況

依集管團體條例第10條第1項規定：「未依本條例組織及許可設立為集管團體者，不得執行集管業務或以集管團體名義為其他法律行為。」如果外國集管團體在我國設立據點或分支機構進行授權，由於該外國集管團體未在台灣依據集管團體條例成立集管團體，而分支機構本身並非集管團體，因此答案並無不同。易言之，該據點或分支機構所為之概括授權或個別授權契約，仍然無效。

目前歐盟針對特定情形（例如若干特定情形之網路音樂授權）此種情形在亞洲國家尚未普及。為因應未來數位化網路科技利用著作的趨勢，我國應密切注意太平洋地區國家的立法趨勢，研究在特定利用情形（例如我國集管團體所不做，而外國集管團體有做的業務，如日本人音樂的重製等），且經主管機關申請許可，得特定外國集管團體在我國做跨境服務。

（回覆於2017年11月）

問題27：有關集管團體擅自調整審議費率問題

 **相關條文**

> 著作權集管團體條例第23條第2項（集管團體依所定管理費之費率收取管理費）、第25條第1項（集管團體使用報酬率之申請審議）、同條第5項（申請未補正或無理由時之駁回）、同條第6項（申請有理由時之決定使用報酬率）、同條第7項（經決定之使用報酬率之效力）、第42條（集管團體違反法令或章程時之處置）

壹、問題

一、本案係源於MCAT欲調高其電腦伴唱機公演證費用一事，按MCAT「供演唱之場所」（如KTV、卡拉OK、俱樂部、小吃店、提供投幣式點唱機之活動中心等）概括授權公開演出費率包括下列兩項：依包廂數計算、電腦伴唱機設備。其中「電腦伴唱機設備」之費率前經本局民國（以下同）101年9月27日智著字第10116004572號函審定在案，除有重大情事變更外，依著作權集管團體條例（下稱本條例）第25條第7項之規定，自實施日起三年內不得變更；今MCAT考量其102年度會員數及管理曲目之增加（5,166首），且其中不乏若干熱門曲目，將提高客戶消費意願，故認有屬重大情事變更，爰決定調高費率，並已經該會董事會決議通過，後續將依法辦理公告。

二、茲有疑義者，係依本條例第25條第7項規定：「前項經決定之使用報酬率，自實施日起三年內，集管團體不得變更，利用人亦不得就審議決定之事項在申請審議。但有重大情事變更者，不在此限。」其中本局就「有重大情事變更」之認定時點為何？有兩個方向：

（一）集管團體將該項費率報請本局受理備查時，本局即應主動加以認定並為准駁之處分；

（二）俟費率公告後，待利用人就該項費率向本局申請異議時，方由本局就是否「有重大情事變更」進行認定，若利用人無異議，本局即不介入。

請惠示以何說為當？

貳、回答

一、依集管團體條例第23條規定：「集管團體應依法令、章程及會員大會之決議，為會員執行集管業務（第1項）。集管團體依前項規定執行集管業務時，應依所定管理費之費率或金額收取管理費（第2項）。」足見依集管團體條例規定，集管團體有依所定管理費率收取管理費用之義務。

二、依集管團體條例第25條第1項及第5至7項規定：「利用人對於集管團體訂定之使用報酬率有異議時，得向著作權專責機關申請審議；申請時，並應備具書面理由及相關資料（第1項）。第一項之申請，有應補正事項而未於著作權專責機關指定之期限內補正，或無理由者，著作權專責機關得予駁回（第5項）。第一項之申請有理由者，著作權專責機關應決定該使用報酬率，並自申請審議日生效。但於該使用報酬率實施前申請審議者，自實施日生效（第6項）。前項經決定之使用報酬率，自實施日起三年內，集管團體不得變更，利用人亦不得就經審議決定之事項再申請審議。但有重大情事變更者，不在此限（第7項）。」足見經利用人申請審議，且經著作權專責機關審議決定之費率，具有公定力，三年內利用人不得申請審議，集管團體亦不得變更。其中集管團體條例第25條第7項之立法理由為：「由於審議過程需耗費相當之時間及成本，包括行政機關進行審議、集管團體及利用人雙方參與審議程序及提供相關資料所投入之成本等，為免集管團體或利用人因不服審議結果而動輒再啟動審議之程序，爰參考澳洲著作權法，於一定期間內，限制利用人再申請審議之規定，於第7項明定經審議通過之使用報酬率，除有重大情事變更外（如市場利用情形之變化、或集管團體市場占有率之變化達重大程度時），自實施日起三年內，集管團體不得變更，利用人亦不得再申請審議。惟本項規定並不影響雙方就使用報酬率審議之行政處分提出訴願或行政訴訟之權利。」

三、本題MCAT考量其102年度會員數及管理曲目之增加（5,166首），且其中不乏若干熱門曲目，將提高客戶消費意願，故認有屬重大情事變更，爰決定調高費率，並已經該會董事會決議通過，後續將依法辦理公告。MCAT之提高費率，即使依集管團體條例第24條5項規定為公告，利用人依集管團體條例第25條第7項本文規定，在前審議過前費率之三年內得僅依前費率給付費用，無依未審議之新費率給付費用之義務。除非新費率依集管團體條例第24條第5項報請著作權專責機關備查時，著作權專責機關亦肯認此為「重大情事變更」，則新費率方能成為集管團體條例第23條第2項之費率，而由集管團體向利用人收

取使用費之依據。然而如果利用人對新費率是否為集管團體條例第25條第7項但書之「有重大情事變更」有異議，仍得依集管團體條例第25條第1項申請審議。如果利用人依第25條第1項申請審議，此時著作權專責機關及著作權審議調解委員會應先就新費率是否為集管團體條例第25條第7項但書之「有重大情事變更」先行審議認定，如果認定係集管團體條例第25條第7項但書之「有重大情事變更」，再就新費率是否適當作審議決定。集管團體或利用人有不服者，得以訴願程序加以救濟。為避免著作權專責機關就是否為「重大情事變更」，先加以肯認，後經用人申請審議，著作權專責機關之先前認定與著作權審議調委員會之結論有所不同，建議著作權專責機關作新費率備查時，先以一般的諮詢案諮詢著作權審議調解委員會之意見（著作權法第82條第1項第4款）。

　　四、當MCAT就新調整之費率，依集管團體條例第24條第5項申請著作權專責機關備查時，如果著作權專責機關認為此種情形並非屬於集管團體條例第25條第7項但書之「有重大情事變更」，則著作權專責機關得依著作權法第42條第1項限期令MCAT改正，如果未改正得依集管團體條例第42條第2項規定為處理，即「著作權專責機關得令集管團體撤換執行該違法行為之董事、監察人、申訴委員或工作人員，或停止其職務。」如果MCAT有對著作權專責機關之處分有不服，得另行以訴願等為行政救濟。

　　五、本件MCAT考量其102年度會員數及管理曲目之增加（5,166首），且其中不乏若干熱門曲目，此是否為集管團體條例第25條第7項但書之「有重大情事變更」？依集管團體條例第25條第7項但書之立法說明，所謂「有重大情事變更」，例如市場利用情形之變化、或集管團體市場占有率之變化達重大程度等。而102年度會員數及管理曲目之增加（5,166首），且其中不乏若干熱門曲目，此是否為「集管團體市場占有率之變化達重大程度」，本人持保留或否定態度。蓋目前費率之審議過程需耗費相當之時間及成本，包括行政機關進行審議、集管團體及利用人雙方參與審議程序及提供相關資料所投入之成本等，為免集管團體或利用人因不服審議結果而動輒再啟動審議之程序，集管團體條例第25條第7項但書之「有重大之情事變更」之認定，宜採取非常嚴格認定之方式。而由於音樂創作環境，創作者本來即不斷創作，創作者新人本來即不斷產生，集管團體新增會員數和曲目數，為集管團體運作之常態，而KTV等之利用著作，因一天只二十四小時之利用時間不變，除非增加包廂數或台數，否則不當然因集管團體新增會員數和曲目數而增加收入。如果因集管團體新增會員數和曲目數即構成集管團體條例第25條第7項但書之「有重大之情事變

更」，則集管團體條例第25條第7項本文之「自實施日起三年內，集管團體不得變更，利用人亦不得就經審議決定之事項再申請審議」之規定，即將成為具文，反而集管團體條例第25條第7項但書之「有重大之情事變更」成為常態，殊非立法本意。

六、上述所詢問題之二說，本人認為採前說（第一說）為當，即「集管團體將該項費率報請本局受理備查時，智慧局即應主動加以認定並為准駁之處分。」

參、參考資料

發布日期：民國100年11月14日
令函案號：智著字第10000108440號
令函要旨：有關貴會請求訂定「利用人對於集管團體訂定之使用報酬率提出異議之期限」一案，復如說明，請查照。
說明：
一、復貴會100年11月7日（100）台樂權忠字第1000211號函。
二、有關是否訂定利用人就集管團體之使用報酬率提出異議之期限一節，於著作權集體管理團體條例（下稱本條例）修正時即已作充分考量：
　　（一）本條例第25條第7項規定，經審議之使用報酬率，除有重大情事變更者外，自實施日起三年內，集管團體不得變更，利用人亦不得就經審議決定之事項再申請審議。即係考量維持使用報酬率之穩定性，故利用人並非隨時可提出異議及申請審議。
　　（二）至未經審議之使用報酬率，則未限制利用人申請審議之時間。由於使用報酬率係通案適用於該項目之所有利用人，但集管團體於訂定使用報酬率後事實上無法一一通知所有相關之利用人及潛在之利用人，故本條例規定集管團體於公告使用報酬率一段時間後（至少三十天）即得生效，並未課予集管團體需通知所有利用人之義務，故亦不宜使利用人於一段時間未提出異議即產生失權之效果。
三、有關貴會所提之修法建議，如各界確有此需求，將於下階段修法時研議處理。

（回覆於2013年8月）

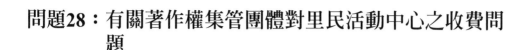

問題28：有關著作權集管團體對里民活動中心之收費問題

 **相關條文**

> 著作權集管團體條例第23條第2項（集管團體依所定管理費之費率收取管理費）、第24條第1項（集管團體訂定使用報酬率、應審酌因素）、同條第5項（集管團體之使用報酬率之公告及備查）、第42條（集管團體違反法令或章程時之處置）、著作權法第55條（非營利目的之公開口述、播送、上映或演出他人著作）

壹、問題

　　本案係源於社團法人中華音樂著作權協會（下稱MUST）於民國（以下同）102年4月12日主動發文給全國各民政局或民政處，通知其轄下里民活動中心等場如有利用電腦伴唱機公開演出之情事，即應辦理電腦伴唱機之公開演出（公益性）授權。由於MUST尚未依法訂定並公告費率，僅提供「授權方案」給利用人適用，惟此舉是否有違集管團體訂定費率之義務？或得藉以規避利用人就相關費率提起異議？仲團條例時期之法理解釋是否仍可援用？不無疑義。謹就下列有關集管團體業務執行方式之疑義，請教各位顧問們之意見：

一、背景說明

　　（一）由於101年4月份曾發生各縣市里民活動中心利用電腦伴唱機供民眾使用之公開演出授權爭議，且當時國內三家音樂著作集管團體（MUST、MCAT及TMCS（社團法人台灣音樂著作權協會，現已廢止））均未針對電腦伴唱機之公益性利用訂定費率，本局為免相關爭議層出不窮，遂於101年7月23日邀集三家集管團體共同召開「研商各里民活動中心使用電腦伴唱機之合理授權方式」會議，討論各里民活動中心使用電腦伴唱機之授權問題，於會中達成：「同意里民活動中心於協商授權期間能繼續使用電腦伴唱機」、「同意於協商授權期間暫不行使刑事追訴權，亦不進行側錄或蒐證」、「將提供公平合理之通案授權方式供各縣市取得授權」、「對屬於可公開資訊之授權內容，不

設定保密條件」等四項共識，本局會加速進行非營利電腦伴唱機費率之審議。

（二）查目前MUST迄未訂定並公告公益性電腦伴唱機公開演出費率，僅以前經本局審定之營利性電腦伴唱機費率5,250元（含稅），提供「新臺幣3,360元（含稅）並優惠授權二年」之方案（即每年1,680元，約32折），給公益性之利用人適用。又查目前僅新北市政府、台中市政府依前述授權方案向MUST取得授權。

二、智慧財產局（下稱本局）以往解釋及疑義

（一）舊法時期（著作權仲介團體條例）

依民國99年2月10日新法施行前之《著作權仲介團體條例》，仲介團體應將使用報酬率提交著審會審議，意即仲介團體之費率須經本局審議通過後，始發生效力，費率係採「事前審議」制度。依仲介條例第23條第2項、第3項，「……仲介團體應依使用報酬率……，編造使用報酬收費表並供公眾查閱。……為文化、教育或其他公益性之目的而利用著作者……，並應將酌減或酌收之標準明定於使用報酬收費表」，及同法第24條「仲介團體應依……使用報酬收費表，……與利用人訂立個別授權契約或概括授權契約，並收受使用報酬」等規定，是仲介團體如未訂定費率或該費率未經審議通過，即無法編造使用報酬收費表並供公眾查閱，如仍全面向相關利用人主張收費，顯已違反前揭規定。

又本局曾就前揭相關爭議問題，作過相關函示，如下述：

1. 本局97年1月14日智著字第09600116770號函

「……有關醫療院所部分，貴會提及：『……在尚未審核通過前，本會仍有權收費，而收費標準參照送審中之費率，待實際審核通過後，視費率通過之情形於下年度與利用人進行多退少補……』一節，查本局於96年11月28日智著字第09600089161號函中所謂在著作權仲介團體之費率未經本局審議通過前，著作權仲介團體得依著作權法第37條規定與利用人洽取授權事宜，係指個案情形，並非謂著作權仲介團體可以任意自訂費率，全面向相關利用人主張收費，貴會如係就未經審核通過之費率為統一之標準，向所有利用人收取使用報酬，自與本局第09600089161號函旨未符……。」

2. 本局96年11月28日智著字第09600089161號函

「……貴會尚未訂定旅賓館及醫療院所之相關費率，報請本局審議，即以

自訂之費率向各該利用人洽收使用報酬，已違反本條例第23、24條之規定，該項收費之行為，應即停止。查本局95年4月17日第950417號電子郵件所稱在費率未通過前，向仲介團體取得授權之情形，係指利用人如有利用之需要，自得在費率審議未通過前，依著作權法第37條規定與仲介團體洽取授權，並依市場機制自由磋商議定使用報酬，並非謂仲介團體可以任意違反本條例第23、24條之規定，自訂費率，全面向相關利用人主張收費。貴會於費率未經審議前，即以自訂之費率，向旅賓館及醫療院所，片面主張收取使用報酬，顯屬違法。」

（二）現行法（**集管團體條例**）

依現行之集管團體條例已無前述著作權仲介條例第23條第2、3項之「編造、明定於……使用報酬收費表」規定。而依集管團體條例第24條規定：「集管團體就其管理之著作財產權之利用型態，應訂定使用報酬率及其實施日期（第1項）。第一項之使用報酬率，應公告供公眾查閱，並報請著作權專責機關備查，其公告未滿三十日者，不得實施；使用報酬率變更時，亦同（第2項）。」利用人如對前述經訂定並公告之費率有異議者，即得依第25條第1項規定向本局申請審議，現行新法顯係採「事後審議」制。又集管團體如遲未訂定公益性使用報酬時，利用人尚可依集管團體條例第24條第7項規定以書面請求訂定，而得免除刑事責任。

另依集管團體條例第24條第3項規定：「第一項之使用報酬率，就利用人為文化、教育或其他公益性之目的而利用著作者，集管團體應酌減其使用報酬；其利用無營利行為者，集管團體應再酌減其使用報酬。」惟集管團體如已就營利性之利用行為訂定使用報酬後，針對公益性之利用行為是否僅需酌減、再酌減其使用報酬即可？抑或仍須對公益性之利用行為另行訂定使用報酬率？本局前於101年12月19日以智著字第10100096840號函認此種情形，為使公益性利用人廣泛知曉集管團體之授權標準，以提供公平合理之授權條件，故集管團體仍應依該條第1項規定訂定公益性之使用報酬率，供外界洽商授權。

貳、回答

一、里民活動中心對利用電腦伴唱機公開演出，有無支付費用義務？

（一）依集管團體條例第17條第1項規定：「董事會執行業務，應依法令、章程及會員大會之決議。」第23條第1項規定：「集管團體應依法令、章

程及會員大會之決議，為會員執行集管業務。」集管團體之收費，應依法令規定。如果利用著作行為，係依著作權法第44條至第63條符合法定例外規定者，集管團體不得收取費用，利用人亦無支付義務費用，此乃法律之當然解釋。例如機關因立法或行政目的所需，而將他人著作列為內部參考資料時，原則上集管團體不得收費。

（二）同理，依著作權法第55條規定：「非以營利為目的，未對觀眾或聽眾直接或間接收取任何費用，且未對表演人支付報酬者，得於活動中公開口述、公開播送、公開上映或公開演出他人已公開發表之著作。」如果里民活動中心對利用電腦伴唱機公開演出他人音樂，被解釋為符合著作權法第55條規定，則集管團體亦不得對里民活動中心收費。

（三）上開著作權法第55條有關「活動中」之解釋，近年來智慧局之函釋均認為係屬於「非經常性、非常態性之活動」。惟此一解釋，本人不贊成，亦與日本著作權法第38條之學說通說不符。蓋此解釋如果可以成立，則未來集管團體亦得對教堂牧師每星期常態性之唱聖詩（聖詩音樂尚非公共財產），或社區老人每天早上在公園隨音樂跳舞而收取使用費，此將違反社會通念，亦造成智慧財產局對集管團體所提出對公園晨舞之收費或教堂牧師唱聖詩等訂定使用費率，是否應加以審議，而形成困擾，似非妥當。

二、集管團體未公告費率，僅提供「授權方案」給權利人利用，是否違法？

（一）依集管團體條例第23條規定：「集管團體應依法令、章程及會員大會之決議，為會員執行集管業務（第1項）。集管團體依前項規定執行集管業務時，應依所定管理費之費率或金額收取管理費（第2項）。」上開規定，已經明定，集管團體應依所定管理費之費率收取費用。

再者，集管團體第24條第1項前段規定：「集管團體就其管理之著作財產權之利用型態，應訂定使用報酬率及其實施日期。」第5項規定：「第一項之使用報酬率，應公告供公眾查閱，並報請著作權專責機關備查，其公告未滿三十日者，不得實施；使用報酬率變更時，亦同。」足見，集管團體之收費，應依公告之費率收取。未依公告費率收取，非屬集管團體依法之執行業務行為。故僅依「授權方案」給利用人適用，係逾越集管團體條例規定之行為，貴局得依集管團體條例第42條第1項規定：「集管團體有違反法令或章程之行

為，著作權專責機關得限期令其改正。」函請集管團體改正，如果未改正，得依集管團體條例第42條第2項或第44條第2項第2款處理。

（二）貴局之下列函釋：

1. 民國97年1月14日智著字第09600116770號函：「……有關醫療院所部分，貴會提及：『……在尚未審核通過前，本會仍有權收費，而收費標準參照送審中之費率，待實際審核通過後，視費率通過之情形於下年度與利用人進行多退少補……』一節，查本局於96年11月28日智著字第09600089161號函中所謂在著作權仲介團體之費率未經本局審議通過前，著作權仲介團體得依著作權法第37條規定與利用人洽取授權事宜，係指個案情形，並非謂著作權仲介團體可以任意自訂費率，全面向相關利用人主張收費，貴會如係就未經審核通過之費率為統一之標準，向所有利用人收取使用報酬，自與本局第09600089161號函旨未符……。」

2. 民國96年11月28日智著字第09600089161號函：「……貴會尚未訂定旅賓館及醫療院所之相關費率，報請本局審議，即以自訂之費率向各該利用人洽收使用報酬，已違反本條例第23、24條之規定，該項收費之行為，應即停止。查本局民國95年4月17日第950417號電子郵件所稱在費率未通過前，向仲介團體取得授權之情形，係指利用人如有利用之需要，自得在費率審議未通過前，依著作權法第37條規定與仲介團體洽取授權，並依市場機制自由磋商議定使用報酬，並非謂仲介團體可以任意違反本條例第23、24條之規定，自訂費率，全面向相關利用人主張收費。貴會於費率未經審議前，即以自訂之費率，向旅賓館及醫療院所，片面主張收取使用報酬，顯屬違法。」

其中謂：「著作權仲介團體得依著作權法第37條規定與利用人洽取授權事宜，係指個案情形，並非謂著作權仲介團體可以任意自訂費率」，對於舊法時期未依條例規定審議而收費，認為係屬個案情形，予以寬容允許。此係因舊法對於集管團體訂定費率，係採事先審議制，而審議耗時，利用人須利用著作，亦不待審議，故允許個案通融。然而現行集管團體條例之使用費率，係採事後審議制，與舊法不同。如果容許個案不依公告使用費率收費方式而便宜行事，將使集管團體條例第24條第7項：「集管團體就特定之利用型態未依第一項規定訂定使用報酬率者，利用人得以書面請求集管團體訂定之；於訂定前，就其請求訂定使用報酬率之利用行為，不適用著作權法第七章規定。」此一規定之立法意旨落空。亦將使集管團體有規避集管團體條例之公開費率及審議費率的法律空間。故舊法時期上開二函釋，似不宜再沿用，宜逕認為集管團體之收

費，均應依公告之費率辦理，非依公告之費率收費，係屬違反集管團體條例之規定，主管機關得限期令其改正。

三、集管團體對公益性使用報酬率，有無義務獨立訂定？

（一）集管團體條例第24條第1項前段規定：「集管團體就其管理之著作財產權之利用型態，應訂定使用報酬率及其實施日期。」第3項規定：「第一項之使用報酬率，就利用人為文化、教育或其他公益性之目的而利用著作者，集管團體應酌減其使用報酬；其利用無營利行為者，集管團體應再酌減其使用報酬。」上開集管團體條例第24條第3項之立法意旨為：「將現行條文第二十三條第三項規定，為文化、教育或其他公益性目的利用著作時，應酌減或酌收其費用，亦為訂定使用報酬率時應遵循之事項，移列至第三項。另為使現行條文所定『酌減』及『酌收』之意義更為明確，爰酌作文字修正。」依此立法意旨，現行集管團體條例第24條第3項係為第1項訂定使用報酬率之原則，而非本身無須訂定，僅依第24條第1項之一般使用報酬率，由集管團體加以酌減。

（二）在舊法時期，有關為文化、教育或其他公益性目的利用著作時，並非無訂定使用報酬率之例，如果現行法第24條第3項之酌減，解釋上係屬實務的操作原則，而非訂定使用報酬率之原則，則舊法時期，即無就為文化、教育或其他公益性目的利用著作時，另外訂定使用報酬率之必要。

（三）如果解釋為集管團體條例第24條第3項無須另外訂定，而係由集管團體就第1項之營利使用報酬率在實務操作上自由酌減，此酌減度由集管團體自由心證，對為文化、教育或其他公益性目的利用著作者，並不公平。蓋酌減1%或50%，相差甚大，此亦應透過使用報酬率之審議機制來解決使用報酬率較為妥當。故集管團體條例第24條第3項應解為仍須由集管團體訂定為文化、教育或其他公益性目的利用著作時之使用報酬率，並加以公告為妥。

（四）貴局101年12月19日以智著字第10100096840號函謂：「至有關訂定『公益性』電腦伴唱設備使用報酬率一節：（一）查本條例第二十四條第三項之立法理由：『將現行條文（著作權仲介團體條例）第二十三條第三項規定，為文化、教育或其他公益性目的利用著作時，應酌減或酌收其費用，亦為訂定使用報酬率時應遵循之事項，移列至第三項。』觀其立法意旨，如為文化、教育或其他公益性目的利用著作時，集管團體除可酌減或再酌減其使用報酬外，

另為使公益性利用人能廣泛知曉集管團體之授權標準,以提供公平合理之授權條件,故集管團體仍應依該條第1項規定訂定公益性之使用報酬率,供外界洽商授權」,亦同此見解。

(回覆於2013年6月)

問題29：使用VPN服務而下載台灣地區無法下載的APP之責任

 **相關條文**

> 著作權法第3條第1項第18款（防盜拷措施之定義）、第80條之2第1項（防盜拷措施不得規避）、同條第2項（規避防盜拷措施之設備、器材、技術不得提供）、同條第3項（前二項規定之例外）

壹、問題

茲接獲民眾來信詢問有關某公司擬於自有平台上提供免費VPN服務（虛擬私人網路），讓使用者可以透過該VPN下載海外台灣地區無法下載之APP（惟使用者仍需付費給著作權人），此行為人是否有違反著作權法規避他人防盜拷措施或其他侵害行為？

若著作權人（APP開發商）透過下載平台（App Store或Google Play）所設定的IP過濾機制，限制特定區域使用者方得以特定條件（例如不同區域不同費用）接觸並下載APP，該IP過濾機制是否為防盜拷措施（科技保護措施）？

若廠商於不特定人可接觸之平台上提供VPN服務以利台灣地區使用者偽裝其IP為當地IP去接觸及下載使用該APP，是否構成違反著作權法第80條之2第2項？

又如著作權人擬主張權利，適用法律應為使用者或該公司所在地法，亦或為VPN主機所在地法律？

貳、回答

一、著作權人（APP開發商）透過下載平台所設定的IP過濾機制是否為防盜拷措施？

（一）若著作權人（APP開發商）透過下載平台所設定的IP過濾機制，限制特定區域使用者方得以特定條件（例如不同區域不同費用）接觸並下載

APP，該IP過濾機制是否為防盜拷措施（科技保護措施）？

（二）著作權法第3條第1項第18款規定：「防盜拷措施：指著作權人所採取有效禁止或限制他人擅自進入或利用著作之設備、器材、零件、技術或其他科技方法。」防盜拷措施，包含禁止進入或限制進入之設備、器材、零件、技術或其他科技方法，也包含禁止利用著作或限制利用著作之設備、器材、零件、技術或其他科技方法。而著作權人（APP開發商）透過下載平台（App Store或Google Play）所設定的IP過濾機制，限制特定區域使用者方得以特定條件（例如不同區域不同費用）接觸並下載APP，就要件上，應解為係限制進入或利用著作之設備、器材、零件、技術或其他科技方法，應屬於著作權法意義上的防盜拷措施。其目的係在區隔市場，使各市場有不同的價格、行銷手段、授權機制、代理商等。在制度設計上，類似禁止真品平行輸入或專屬輸入權制度。

二、廠商於不特定人可接觸之平台上提供VPN服務，是否違反著作權法第80條第2項規定？

（一）著作權法第80條之2第2及3項規定：「破解、破壞或規避防盜拷措施之設備、器材、零件、技術或資訊，未經合法授權不得製造、輸入、提供公眾使用或為公眾提供服務（第2項）。前二項規定，於下列情形不適用之：一、為維護國家安全者。二、中央或地方機關所為者。三、檔案保存機構、教育機構或供公眾使用之圖書館，為評估是否取得資料所為者。四、為保護未成年人者。五、為保護個人資料者。六、為電腦或網路進行安全測試者。七、為進行加密研究者。八、為進行還原工程者。九、為依第四十四條至第六十三條及第六十五條規定利用他人著作者。十、其他經主管機關所定情形（第3項）。」違反第80條之2第2項者，依第90條之3規定，有民事責任；依96條之1第2款規定，有刑事責任。

（二）若廠商於不特定人可接觸之平台上提供VPN服務以利台灣地區使用者偽裝其IP為當地IP去接觸及下載使用該APP，是否構成違反著作權法第80條之2第2項？應依個案決定之。尤其因違反著作權法第80條之2第2項規定有刑事責任，故應審酌廠商有無犯意。如果VPN服務軟體，係在下載平台（App Store或Google Play）所設定的IP過濾機制之前即已存在，本身係一中立技術，而免費提供並非為下載特定APP而設，亦無宣稱為破解或規避某一特定防盜拷措施

而提供，則不應認為違反著作權法80條之2第2項規定。然而如果廠商於不特定人可接觸之平台上提供VPN服務以利台灣地區使用者偽裝其IP為當地IP去接觸及下載使用某APP，且特別宣稱對下載某特定APP有防盜拷措施的功能，則除有著作權法第80條之2第3項之情形足資援引外，可能違反著作權法第80條之2第2項規定，應斟酌犯意而檢視應負何種民刑事責任。而所謂「著作權法第80條之2第3項之情形足資援引」，例如提供該VPN服務，係專為個人非營利使用，且對APP之著作權人付費之情形，可解為有著作權法第82條之2第3項第9款之情形。

三、使用者透過該VPN下載海外台灣地區無法下載之APP，有無違反著作權法第80條之2第1項規定？

（一）著作權法第80條第1項第1款規定：「著作權人所採取禁止或限制他人擅自進入著作之防盜拷措施，未經合法授權不得予以破解、破壞或以其他方法規避之。」違反者，依著作權法第90條之3規定，有民事責任。

（二）著作權人（APP開發商）透過下載平台（App Store 或Google Play）所設定的IP過濾機制，限制特定區域使用者方得以特定條件（例如不同區域不同費用）接觸並下載APP，第三人透過VPN下載海外台灣地區無法下載之APP（惟使用者仍需付費給著作權人），此種情形應係該第三人規避權利人限制進入之防盜拷措施，除有著作權法第80條之2第3項之情形外，應負著作權法第90條之3之民事責任。而由於著作權法第80條之3之情形頗多，如果該第三人係個人為非營利目的，且已對權利人付費，宜解為屬於著作權法第51條、第65條之情形，而因構成著作權法第80條之2第3項第9款規定而不違反著作權法第80條之2第1項之規定。

四、有關違反防盜拷之準據法

有關法律衝突之準據法，應視係針對提供VPN或規避防盜拷措施的使用者所在不同而異其情形，其詳如本人於「日本機關之報告書在我國是否受保護？」[1]中所述。

（回覆於2014年4月）

---

[1] 參見http://blog.ylib.com/nsgrotius/Archives/2013/12/04/22382。

問題30：私下協助朋友規避防盜拷措施並收取報酬有無責任？

 **相關條文**

> 著作權法第80條之2第1項（防盜拷措施不得規避）、同條第2項（規避防盜拷措施之設備、器材、技術不得提供）、同條第3項（前二項規定之例外）

壹、問題

如私下協助朋友規避access control防盜拷措施並收取報酬，係違反著作權法第80條之2第1項或構成第2項提供公眾之服務？

貳、回答

著作權法第80條之2規定：「著作權人所採取禁止或限制他人擅自進入著作之防盜拷措施，未經合法授權不得予以破解、破壞或以其他方法規避之（第1項）。破解、破壞或規避防盜拷措施之設備、器材、零件、技術或資訊，未經合法授權不得製造、輸入、提供公眾使用或為公眾提供服務（第2項）。前二項規定，於下列情形不適用之：一、為維護國家安全者。二、中央或地方機關所為者。三、檔案保存機構、教育機構或供公眾使用之圖書館，為評估是否取得資料所為者。四、為保護未成年人者。五、為保護個人資料者。六、為電腦或網路進行安全測試者。七、為進行加密研究者。八、為進行還原工程者。九、為依第四十四條至第六十三條及第六十五條規定利用他人著作者。十、其他經主管機關所定情形（第3項）。」

第80條第2項之行為，係「製造、輸入、提供公眾使用或為公眾提供服務」，如果「私下協助朋友規避access control防盜拷措施」，其協助行為，並無「破解、破壞或規避防盜拷措施之設備、器材、零件、技術或資訊」之「製造或輸入行為」，因係僅私下協助朋友，並無「提供公眾使用或為公眾提供服務」，故無構成著作權法第80條之2第2項之問題。

　　反之，如果「私下協助朋友規避access control防盜拷措施」，其協助行為，有「破解、破壞或規避防盜拷措施之設備、器材、零件、技術或資訊」之「製造或輸入行為」，則獨立構成著作權法第80條之2第2項之行為。而既然獨立構成著作權法第80條之2第2項之行為，其有無依著作權法第80條之2第3項第9款規定，加以豁免，應獨立判斷，不因朋友之使用，係構成著作權法第51條、第65條規定者，而受影響。

　　至於如果「如私下協助朋友規避access control防盜拷措施並收取報酬」，並不構成著作權法第80條之2第2項之行為，是否構成著作權法第80條之2第1項之幫助行為？則有可能。但有從屬性，如果規避或破解者，因著作權法第80條第3項第9款而豁免，則協助者因係幫助者，不能獨立構成著作權法第80條之2第1項之行為。縱然本身收受報酬，亦然。

（回覆於2016年1月）

附　錄
106年著作權法修正草案總說明及條文對照表

收文編號：1060009579

議案編號：1061102070100200

立法院議案關係文書

（中華民國41年9月起編號）

中華民國106年11月8日印發

院總第553號　　政府提案第16161號

案由：行政院函請審議「著作權法修正草案」案。

行政院函

受文者：立法院

發文日期：中華民國106年11月2日

發文字號：院台經字第1060193149號

速別：最速件

密等及解密條件或保密期限：

附件：如文

主旨：函送「著作權法」修正草案，請查照審議。

說明：

　一、本案經提106年10月26日本院第3573次會議決議：通過，函請立法院審議。

　二、檢送「著作權法」修正草案條文對照表（含總說明）1份。

正本：立法院

副本：經濟部（含附件）

著作權法修正草案總說明

著作權法（以下簡稱本法）自十七年五月十四日公布施行，歷經十八次修正，最近一次修正公布日期為一百零五年十一月三十日，因與民眾日常生活各種層面息息相關，雖曾於八十七年為全案修正，歷次修正均係以原有架構為基礎，未作大幅更張，若干不合時宜之處，相繼突顯，對於數位時代所產生之各項議題，亦尚未及作適當之調整，例如：數位匯流之發展導致利用型態與權利範圍界線模糊，產生爭議。另依據實務經驗，亦有不合時宜之處，例如：著作權利規範不盡明確、著作流通常遇到阻礙、著作權人權利保護不夠完善，以及著作權侵權行為未獲有效遏止等問題，有進一步釐清與調整之必要。

著作權專責機關從九十七年起針對歷年來各界反映之本法修法議題進行蒐集，及委託專家學者進行專案研究，並於九十九年間邀集學者專家就著作權整體法制檢討及修法方向舉行會議，獲得共識，認為必須全盤研修始足因應。有鑑於此，針對我國產業之發展及實務所產生之著作權問題，參酌各國著作權法制，爰擬具「著作權法」修正草案，其修正要點如下：

一、因應科技發展需要，整併及修正著作財產權之無形權能規定

著作權制度之發展，向來伴隨著資訊科技之應用而產生新衝突與妥協，近來網路、數位匯流、雲端技術、電子書及網路電視IPTV等新興科技之應用不斷推陳出新，使得無形利用權能逐漸成為著作權法制之核心，本法須因應科技發展之技術層面，加以調整修正，方能適應實務需求。爰就數位匯流發展導致利用型態與權利範圍界線模糊之問題，修正公開播送及公開傳輸之定義；針對網路及傳播設備之發展，增訂再公開傳達權；就公開演出及公開口述不易區分之問題，將現行公開口述納入公開演出；並修正公開演出之定義及簡化公開上映之定義，俾利理解。（修正條文第三條）

二、檢討著作人歸屬規定之合理性

依現行本法規定，職務著作及出資聘人完成著作，如未約定著作人，其著作人分別歸屬於受雇人及受聘人，在此種情形下，著作財產權僅得以契約約定全部由受雇人或雇用人及受聘人或出資人享有，缺乏彈性，亦不符社會需要，爰修正使雇用人與受雇人或受聘人與出資人之約定更有彈性（如雙方各享有一部分之著作財產權，或約定著作財產權由第三人享有等），以符合契約自由原則。另鑑於實務上視聽著作及錄音著作多為出資聘人完成之著作，且參與創作者眾多，如未約定著作人及著作財產權之歸屬，即係以受聘人為著作人，著作財產權亦歸受聘人享有，致衍生出資完成之視聽或錄音作品難以利用及流通之問題，爰將錄音及視聽著作之著作權利歸屬，另增訂條文規範之。（修正條文第十三條至第十五條及第三十七條）

三、促進著作流通利用，修正著作人格權規定

　　依現行本法規定，法人消滅後其著作人格權雖視同存續，惟受侵害並無法主張救濟，與自然人可由遺族或遺囑指定之人主張之情形不同，爰參照國際公約及外國立法例，刪除法人消滅後，其著作人格權之保護視同存續之規定。另為加強著作人格權之保護，將以侵害著作人名譽之方法利用其著作明定屬侵害人格權，而非僅以現行條文第八十七條第一項第一款之視為侵權作為規範。此外，為促進著作之流通利用，增訂著作人死亡後符合一定要件可公開發表著作人生前未公開之著作，以及公務員為職務著作之著作人時，不享有著作人格權，並排除表演人之公開發表權，以促進著作流通利用。（修正條文第十七條、第十九條、第二十條及第二十四條）

四、促進市場和諧，釐清散布權及出租權相關規定

　　在著作有形利用方面，現行本法對於散布、輸入與權利耗盡原則之規定不盡明確，例如：散布是否限於著作原件或重製物之現實交付、權利耗盡與禁止平行輸入之關係等未釐清，市場易生紛亂，爰定明散布之客體為著作原件或重製物，著作人專有以移轉所有權或出租之方式散布之權利，亦即散布僅指現實交付之行為，不包含公開陳列及持有非法重製物之行為。另鑑於釐清國際上權利耗盡原則之意義係指著作財產權人以移轉所有權之方式散布著作原件或重製物後，對該著作原件或重製物即不得再行主張散布權及出租權，爰整併修正以移轉所有權及出租等方式散布權之權利耗盡規定，同時保留禁止真品平行輸入規定，賦予著作權人市場區隔之權利。（修正條文第三十三條、第三十四條、第七十三條、第九十七條及第一百二十二條）

五、調整表演人及錄音著作保護

　　錄音著作究應以著作權或鄰接權加以保護，各國立法不一，有以著作權加以保護者，例如：美國；亦有以鄰接權加以保護者，例如：德、日，惟就保護程度而言，以著作權保護，其保護標準較高，本法自三十三年修正後即以著作權保護錄音著作迄今，相關產業運作已形成一定秩序，故仍維持以著作權保護之標準，惟現行本法有關表演人及錄音著作保護規定分散，爰將表演人及錄音著作之權利另以獨立條文規範，以資明確。另現行法表演人僅就其未固著之表演或已固著於錄音著作之表演享有專有權利，因應世界智慧財產權組織（WIPO）於一百零一年六月通過視聽表演北京條約（BTAP），依該條約規定，本次增訂表演人就其錄製於視聽物上之表演享有專有權利。（修正條文第三十五條及第三十六條）

六、將著作財產權限制規定，作更為合理之修正

　　本法固以保障著作人著作權益為目的，惟為兼顧調和社會公共利益，促進國家文化之整體發展，於必要時，亦須予以限制。現行本法合理使用之項目，已不足因應網路及數位時代需求，爰針對立法或行政目的、司法及行政程序、教育目的、公法人著作、引用、

非營利目的、社區共同天線、電腦程式備檔及時事問題轉載等規定進行修正，並參考國外立法例，增訂遠距教學及國家圖書館數位典藏等合理使用規定。另為使著作財產權限制規定更加明確，俾利遵循，修正現行條文第四十四條至第六十三條等著作財產權限制規定之適用要件，並刪除相關條文所定在合理範圍內之要件（除現行條文第五十一條規定外），使其不須再依現行條文第六十五條合理使用概括條款之判斷基準再行檢視，只要符合各該規定，即可利用。（修正條文第五十三條至第五十九條、第六十一條至第六十三條、第六十五條至第六十九條、第七十二條至第七十四條及第七十六條至第七十八條）

七、增訂著作財產權人不明之強制授權及著作財產權之設質登記規定

　　文化創意產業發展法第二十四條規定著作財產權人不明之強制授權制度，惟限於文化創意產業始有適用，為促進著作流通利用，有必要使利用人於盡相當努力仍因著作財產權人不明或其所在不明而無法取得授權之情形下，亦有利用孤兒著作之管道，爰於本法增訂著作財產權人不明時之強制授權規定。另為兼顧著作財產權人不明時之著作利用時效性及促進著作權專責機關審查效率，參考日本著作權法第六十七條之二規定，增訂於著作權專責機關審查期間，允許利用人提存保證金後，得先行利用之規定。另文化創意產業發展法第二十三條已有著作財產權設質登記規定，惟其適用範圍限於文化創意產業，不符社會發展需要，爰於本法增訂著作財產權設質登記規定。（修正條文第八十條及第八十三條）

八、修正法定賠償規定

　　現行法定賠償實務，被害人須先依現行條文第八十八條第二項證明其實際損害額，惟著作權係無體財產，被害人實際受損害之情形，往往難以計算或證明，爰明定被害人得選擇依授權所得收取之權利金為損害計算，或得選擇請求法院依侵害情節，在新臺幣一萬元以上一百萬元以下酌定賠償額之規定，解決損害賠償不易舉證之問題，並提升被害人以民事賠償取代刑事訴訟之意願。（修正條文第九十九條）

九、修正邊境管制措施

　　現行本法邊境管制措施規定，海關依申請所為查扣，著重於著作權人或製版權人行使侵害防止請求權之急迫性，惟查扣物是否為侵害物，尚待司法機關認定，爰參酌民事訴訟法允許債務人提供擔保後撤銷假扣押或假處分之精神，增訂被查扣人亦得提供二倍之保證金或相當之擔保，向海關請求廢止查扣。此外，為調查侵權事實或提起訴訟之必要，參考商標法第七十六條第二項及第三項規定，增訂允許海關依權利人之申請，提供權利人侵權貨物相關資訊之規定，並限制相關資訊之用途；另對於侵權認定困難，權利人有向海關調借貨樣進行侵權認定之必要，爰明定允許權利人提供保證金向海關申請調借貨樣進行侵權認定之規定，期能周全保護著作權人或製版權人之權益。（修正條文第一百零四條至第一百十條）

十、檢討修正不合時宜之刑事責任規定

　　現行部分著作權之刑事責任訂有六個月法定刑下限，實務執行呈現情輕法重之失衡問題，致罪責不相符，有違刑法謙抑原則，爰予刪除。另針對擅自以移轉所有權之方式散布著作原件或其重製物之行為，現行條文分別針對正版品及盜版品訂有處罰規定，惟規範要件及刑度差異不大，不符合社會情感，爰刪除散布正版品之刑事處罰規定，而循民事救濟途徑，以與散布盜版品之歸責性加以區隔。至於意圖散布而公開陳列或持有之侵害態樣則另訂處罰規定。此外，由於違反禁止真品平行輸入之規定僅有民事責任，為求衡平，爰將違反禁止真品平行輸入規定之後續散布行為予以除罪化。（修正條文第一百二十一條至第一百二十五條）

著作權法修正草案條文對照表

修正條文	現行條文	說明
第一章　總則	第一章　總則	章名未修正。
第一條 為保障著作人著作權益，調和社會公共利益，促進國家文化發展，特制定本法。	**第一條** 為保障著作人著作權益，調和社會公共利益，促進國家文化發展，特制定本法。本法未規定者，適用其他法律之規定。	現行條文所定「本法未規定者，適用其他法律之規定」之用語，係屬當然之理，無待規定，爰予刪除。
第二條 本法主管機關為經濟部。著作權業務，由經濟部指定專責機關辦理。	**第二條** 本法主管機關為經濟部。著作權業務，由經濟部指定專責機關辦理。	本條未修正。
第三條 本法用詞，定義如下： 一、著作：指屬於文學、科學、藝術或其他學術範圍之創作。 二、著作人：指創作著作之人。 三、著作權：指因著作完成所生之著作人格權及著作財產權。 四、公眾：指不特定人或特定之多數人；不包括家庭及其正常社交之多數人。 五、重製：指以印刷、複印、錄音、錄影、攝影、筆錄或其他方法直接、間接、永久或暫時之重複製作。於劇本、音樂著作或其他類似著作演出或播送時予以錄音或錄影，或依建築設計圖或建築模型建造建築物者，亦屬之。	**第三條** 本法用詞，定義如下： 一、著作：指屬於文學、科學、藝術或其他學術範圍之創作。 二、著作人：指創作著作之人。 三、著作權：指因著作完成所生之著作人格權及著作財產權。 四、公眾：指不特定人或特定之多數人。但家庭及其正常社交之多數人，不在此限。 五、重製：指以印刷、複印、錄音、錄影、攝影、筆錄或其他方法直接、間接、永久或暫時之重複製作。於劇本、音樂著作或其他類似著作演出或播送時予以錄音或錄影；或依建築設計圖或建築模型建造建築物者，亦屬之。	一、現行第一項修正，列為本條文，說明如下： （一）現行第一款至第三款、第十一款至第十七款及第十九款未修正；第四款及第五款酌作文字修正。 （二）將現行第六款及第九款前段合併後修正移列為第八款，爰刪除現行第六款。現行語文著作之著作財產權人同時享有公開口述及公開演出權，然而實務上如相聲、詩詞吟詠、朗讀等行為究屬語文著作之公開口述或屬具有演技之公開演出，實難區分；另將演講等語文著作錄製後，以播放設備播

修正條文	現行條文	說明
六、公開播送：指基於公眾同時直接收聽或收視為目的，以有線、無線之廣播或其他類似之方法，向公眾傳達著作內容。由原播送人以外之人，以上述方法將原播送之著作內容同時向公眾傳達者，亦屬之。 七、公開上映：指以視聽機或其他放映影像之方法向公眾傳達著作內容。但屬再公開傳達行為者，不適用之。 八、公開演出：指以演技、舞蹈、歌唱、彈奏樂器、演講、朗誦或其他方法向現場之公眾傳達著作內容。將上述演出之內容，以螢幕、擴音器或其他機械設備同時向現場以外之公眾傳達，或以錄音物或視聽物向公眾再現者，亦屬之。 九、公開傳輸：指以有線、無線或其他通訊方法，向公眾傳達著作內容，使公眾得於其各自選定之時間及地點接收著作內容。 十、再公開傳達：指將公開播送或公開傳輸之著作內容，同時以螢幕、擴音器或其他機械設備再向公眾傳達。 十一、改作：指以翻譯、編曲、改寫、拍攝	六、公開口述：指以言詞或其他方法向公眾傳達著作內容。 七、公開播送：指基於公眾直接收聽或收視為目的，以有線電、無線電或其他器材之廣播系統傳送訊息之方法，藉聲音或影像，向公眾傳達著作內容。由原播送人以外之人，以有線電、無線電或其他器材之廣播系統傳送訊息之方法，將原播送之聲音或影像向公眾傳達者，亦屬之。 八、公開上映：指以單一或多數視聽機或其他傳送影像之方法於同一時間向現場或現場以外一定場所之公眾傳達著作內容。 九、公開演出：指以演技、舞蹈、歌唱、彈奏樂器或其他方法向現場之公眾傳達著作內容。以擴音器或其他器材，將原播送之聲音或影像向公眾傳達者，亦屬之。 十、公開傳輸：指以有線電、無線電之網路或其他通訊方法，藉聲音或影像向公眾提供或傳達著作內容，包括使公眾得於其各自選定之時間或地點，以上述方法接收著作內容。 十一、改作：指以翻譯、編曲、改寫、拍攝	出者，又屬以錄音物或視聽物再現著作內容之公開演出行為，而非公開口述行為。為簡化上述著作利用行為之分類及適用，爰將現行條文之公開口述納入公開演出之定義，不作區分。亦即，著作財產權人就利用人以演講、朗誦等以言詞方式向公眾傳達其語文著作內容之行為，未來得主張公開演出權，以資明確。 （三）現行第七款修正後移列為第六款，說明如下： 1.為因應未來科技之發展，除就現行規定所例示有線、無線等傳統之廣播方法（維持國際條約及各國立法例通用之廣播broadcast用語）外，增列其他類似之方法，就未來可能產生新的廣播方法（亦可達到公開播送之結果者），預留彈性。如目前實務上之網路廣播，即屬其他類似廣播方法之適例。此外，參考保護文學及藝術著作之伯恩公約（Berne Convention for the Protection of

修正條文	現行條文	說明
影片或其他方法就原著作另為創作。	影片或其他方法就原著作另為創作。	Literary and Artistic Works）第十一條之二、世界智慧財產權組織表演及錄音物條約（WIPO Performancesand Phonograms Treaty, WPPT）第二條第f項、視聽表演北京條約（Beijing Treaty on Audiovisual Performances, BTAP）第二條第c項等國際立法之廣播定義多係指以無線（wireless）或有線（wire）方式之播送，且在科技中立之立法模式下，播送方式也不再侷限電波、電纜或其他形式，爰將現行「有線電、無線電」之「電」字刪除，以應科技發展需要。另為因應數位廣播技術之進步，廣播可傳遞之內容亦不再侷限於傳統的聲音或影像，其他如文字、電腦程式等得數位化之多元內容，亦得為廣播之內容，爰刪除現行「藉聲音或影像」之文字，向公眾傳達之方式可包含任何形式之廣播內容。
十二、散布：指不問有償或無償，將著作之原件或重製物提供公眾交易或流通。	十二、散布：指不問有償或無償，將著作之原件或重製物提供公眾交易或流通。	
十三、公開展示：指向公眾展示著作內容。	十三、公開展示：指向公眾展示著作內容。	
十四、發行：指權利人散布能滿足公眾合理需要之重製物。	十四、發行：指權利人散布能滿足公眾合理需要之重製物。	
十五、公開發表：指權利人以發行、播送、上映、口述、演出、展示或其他方法向公眾公開提示著作內容。	十五、公開發表：指權利人以發行、播送、上映、口述、演出、展示或其他方法向公眾公開提示著作內容。	
十六、原件：指著作首次附著之物。	十六、原件：指著作首次附著之物。	
十七、權利管理電子資訊：指於著作原件或其重製物，或於著作向公眾傳達時，所表示足以確認著作、著作名稱、著作人、著作財產權人或其授權之人及利用期間或條件之相關電子資訊；以數字、符號表示此類資訊者，亦屬之。	十七、權利管理電子資訊：指於著作原件或其重製物，或於著作向公眾傳達時，所表示足以確認著作、著作名稱、著作人、著作財產權人或其授權之人及利用期間或條件之相關電子資訊；以數字、符號表示此類資訊者，亦屬之。	
十八、科技保護措施：指著作權人所採取，得以有效禁止或限制他人擅自接觸或利用著作之設備、器材、零件、技術或其他科技方法。	十八、防盜拷措施：指著作權人所採取有效禁止或限制他人擅自進入或利用著作之設備、器材、零件、技術或其他科技方法。	
十九、網路服務提供者，指提供下列服務者：	十九、網路服務提供者，指提供下列服務者：	2.為強調公開播送係指即時、線性節目之播放行為，參考

修正條文	現行條文	說明
（一）連線服務提供者：透過所控制或營運之系統或網路，以有線或無線方式，提供資訊傳輸、發送、接收，或於前開過程中之中介及短暫儲存之服務者。 （二）快速存取服務提供者：應使用者之要求傳輸資訊後，透過所控制或營運之系統或網路，將該資訊為中介及暫時儲存，以供其後要求傳輸該資訊之使用者加速進入該資訊之服務者。 （三）資訊儲存服務提供者：透過所控制或營運之系統或網路，應使用者之要求提供資訊儲存之服務者。 （四）搜尋服務提供者：提供使用者有關網路資訊之索引、參考或連結之搜尋或連結之服務者。	（一）連線服務提供者：透過所控制或營運之系統或網路，以有線或無線方式，提供資訊傳輸、發送、接收，或於前開過程中之中介及短暫儲存之服務者。 （二）快速存取服務提供者：應使用者之要求傳輸資訊後，透過所控制或營運之系統或網路，將該資訊為中介及暫時儲存，以供其後要求傳輸該資訊之使用者加速進入該資訊之服務者。 （三）資訊儲存服務提供者：透過所控制或營運之系統或網路，應使用者之要求提供資訊儲存之服務者。 （四）搜尋服務提供者：提供使用者有關網路資訊之索引、參考或連結之搜尋或連結之服務者。 前項第八款所稱之現場或現場以外一定場所，包含電影院、俱樂部、錄影帶或碟影片播映場所、旅館房間、供公眾使用之交通工具或其他供不特定人進出之場所。	日本立法例，增加「同時」二字。另本款後段參照伯恩公約第十一條之二第一項第二款規定再播送之定義，將文字修正為「以上述方法」，又配合前段原播送已刪除藉聲音或影像之用語，爰將「藉聲音或影像」修正為「著作內容」，以為明確。 （四）現行第八款修正後移列為第七款，說明如下： 1.公開上映是指透過視聽機或其他類似之傳送影像設備（例如：投影機等），將影像予以放映出來之行為。不問究係以單一或多數之視聽機進行放映，爰刪除現行「單一或多數」之文字，並將「傳送」修正為「放映」，避免與有線廣播之利用行為相混淆，另公開上映性質即是同一時間向公眾傳達著作內容，現行「同一時間」之文字，並無規定之必要，爰刪除之。 2.由於公開上映與修正條文第十款新增之再公開傳達之利用型態有部分重疊情形，例如：商店

修正條文	現行條文	說明
		或賣場透過電視螢幕播放所接收之廣播電視節目予店內公眾收看，係屬再公開傳達定義中將公開播送之著作內容同時以螢幕再向公眾傳達，亦屬公開上映定義中之以其他放映之方法將著作內容向公眾傳達，爰增訂但書明文排除屬再公開傳達之情形，方為公開上映，以資明確。 3.現行「現場或現場以外一定場所」之規定，係因七十四年本法未就公眾加以定義，爰於七十九年修正公開上映定義時增訂，以使公開場所之範疇較為明確。嗣本法於八十一年修正增訂第三條第一項第四款有關公眾之定義，即一律以是否向公眾提供，作為是否係屬公開利用之判斷標準，而不論是否在公開場所所為；且現場或現場以外一定場所之用語未盡明確，就空間或場所之概念而言，不是現場就是現場以外，故無須對現場或現場以外一定場所之範圍予以例示說明或規

修正條文	現行條文	說明
		定，如不規定，亦無礙是否屬於公開利用著作行為之判斷，爰予刪除。 （五）將現行第六款及第九款前段合併後修正移列為第八款，說明如下： 　1.配合現行第六款公開口述定義納入公開演出，爰增列「演講、朗誦」為例示之演出方法。 　2.按伯恩公約第十一條規定戲劇、歌劇及音樂著作之著作人專有公開演出其著作之權利，而此項權利，包含(1)現場演出、演奏之情形；(2)將現場演出再以其他技術設備向表演現場以外另一場所之公眾傳達；(3)藉由錄製品再現著作之內容（即所謂機械性之再現）等三種情形。而現行公開演出之定義，包含上述(1)之情形固無疑義，至於(2)、(3)之情形，僅以「其他方法」涵括，未盡明確，爰參考日本著作權法第二條第七項、德國著作權法第十九條第三項及第二十一條規定，增列後段規定，以資明確。爰修正後之公開演出

修正條文	現行條文	說明
		態樣如下： (1)現場演出、演奏或演講等，包含於現場使用擴音設備以加強或輔助現場演出效果之情形在內。 (2)將現場演出再以螢幕、擴音器或以其他類似螢幕、擴音器之機械設備同時傳播至演出地點以外之空間。例如：將國家音樂廳之現場演奏會，同時在兩廳院廣場以大螢幕播放提供其他在廣場未入場之觀眾欣賞。 (3)將錄音物、視聽物再向觀眾傳達之情形。至於錄音物或視聽物錄製之地點則不限於在公開場所或非公開之錄音室。例如：將雲門舞集之舞蹈表演錄製後再向公眾放映，該舞蹈著作之權利人亦享有公開演出權；或例如將歌手於錄音室錄製之CD向公眾播放等情形均屬之。 3.依現行條文第二十五條規定，公開上映權限於視聽著作始得主張，而視聽著

修正條文	現行條文	說明
		作公開上映時，附隨其上之其他類別著作，因本次修正納入藉由視聽物再現著作之內容，亦屬公開演出，得各自依其相應之權利主張，故現行解釋公開上映視聽著作時，被該視聽著作利用之音樂等著作之著作財產權人尚不得另行主張公開演出權之見解，則不再適用。例如：電影上映時，其上之語文、音樂、戲劇或舞蹈得主張享有公開演出權。惟其上之素材如為美術、圖形、建築著作者，因此類著作類別之著作並無相應之公開演出等無形利用權利，故於視聽著作公開上映時，上述著作類別之著作不能主張該等公開無形利用之著作財產權，併予敘明。 4.又現行第九款後段以擴音器或其他器材，將原播送之聲音或影像向公眾傳達者，亦屬之，係八十七年一月二十一日修法時為符合伯恩公約第十一條之二第一項第三款所增列。依伯恩公約，此項權

修正條文	現行條文	說明
		利利用對象為已公開播送之著作，且適用於所有之著作財產權，而非僅適用於語文、音樂、戲劇舞蹈及錄音著作之公開演出利用行為，另參考日本著作權法第二十三條第二項及德國著作權法第二十二條規定，均將此一利用行為列為獨立之著作財產權利用行為，且來源不限於廣播，亦包括網路上之互動式節目，爰將此種利用行為移列至修正條文第十款之再公開傳達獨立規範，以資明確。 （六）現行第十款修正後移列為第九款，說明如下： 1.按公開傳輸係本法於九十二年七月九日修正時參照世界智慧財產權組織著作權條約（WCT）第八條及世界智慧財產權組織表演及錄音物公約（WPPT）第十條、第十四條及歐盟二○○一年資訊社會著作權與相關權利調和指令第二條、第三條第一項、第二項規定所增訂，此項權利以具互動性之電腦或網際網

修正條文	現行條文	說明
		路傳輸之形態為特色。按世界智慧財產權組織著作權條約（WCT）第八條規定之向公眾傳播之權利（Right of communication to thePublic），該條前段係為完善伯恩公約原有向公眾傳播之規定，將適用範圍擴張及於各類型之著作，且及於各種傳播方法（包含且不限於無線、有線之方法）；至於同條後段則係為因應數位傳輸所新增之公開傳播型態，亦即將公開傳播之概念擴張及於向公眾提供權（Right of making available to the public），此一概念不問提供著作所使用之技術為何，只要公眾得依其個人選擇之時間及地點獲得著作內容之情形，即屬之。本次修正業於第六款定明以廣播方法同步地向公眾傳達著作內容者，均屬公開播送行為；至於互動式之網路或其他通訊方法向公眾傳達著作內容者，則屬世界智慧財產權組織著作權條約（WCT）第八條後段規定之公開傳輸

修正條文	現行條文	說明
		行為，爰參考世界智慧財產權組織著作權條約（WCT）第八條後段規定，將現行使公眾得於其各自選定之時間或地點，修正為時間及地點，強調須同時滿足時間及地點二要件之互動式傳輸，始為公開傳輸。 2.參考國際立法例，將現行「有線電、無線電」之「電」字刪除，以因應科技發展需要。另因應數位科技之進步，網路傳輸內容已不限於聲音或影像，亦可包括文字、電腦程式等得數位化之多元內容，爰將現行「藉聲音或影像」予以刪除。 3.修正後之公開傳輸專指互動式之傳輸，如係透過網際網路單向、即時地播放廣播、電視節目，收聽或收視之公眾無法依其選擇之時間及地點收聽、收視其所選擇之著作內容，則屬公開播送行為，非屬本款規定之公開傳輸行為。 4.又如依照收件人名單發送電子郵件，直接提供著作，亦屬世界智慧財產權

修正條文	現行條文	說明
		組織著作權條約（WCT）第八條後段所定向公眾提供，因收到郵件之公眾成員，是在其個人選定之時間及地點獲得著作；且無論是用戶先發出請求提供著作或是著作逕行被發送到用戶信箱，二者並無不同，用戶都可以選擇獲得著作之時間及地點，因此以電子郵件傳送電子報之利用行為應為本款之公開傳輸所包含，併予敘明。 （七）現行第九款後段之公開演出（以擴音器或其他器材，將原播送之聲音或影像向公眾傳達）修正後移列為第十款，說明如下： 1.再公開傳達係指將公開播送、公開傳輸之著作內容，於公眾場所同時再以螢幕、擴音器或其他機械設備向公眾傳達。例如：營業場所擺放一台電視機，打開電視機將無線、衛星電視電台正在播放之節目（包括以機上盒接收數位電視節目之情形）予以播出，或透過電腦將網路傳輸之著作內容同

修正條文	現行條文	說明
		時予以播出，均屬再公開傳達行為。 2.至於著作權專責機關歷來解釋認為於各種營業場所以一般家用接收設備接收廣播或電視，未再另外以擴音器材或拉線方式擴大播送之效果者，係屬單純開機，不涉及著作之利用行為之見解，將不再適用，併為敘明。 （八）現行第十八款文字酌作修正，說明如下： 1.我國著作權法所稱之防盜拷措施，國際公約均稱之為科技保護措施（Technological Protection Measures, TPMs），其意涵包括控制重製（copy control）及控制接觸（access control）二種。而現行條文防盜拷措施之用語，易生僅限於控制重製措施之誤解，爰將「防盜拷措施」修正為「科技保護措施」，俾與國際公約之用語相當。 2.現行條文擅自進入或利用著作，其中進入一詞並不精確，接觸一詞較能體現控制接觸措施（access control measure）在限制他

修正條文	現行條文	說明
		人使用、收聽、收看或閱覽著作之目的功能，爰將「進入」修正為「接觸」，以符實際。 二、現行第二項刪除。配合現行條文第一項第八款之「現場或現場以外一定場所」已予刪除，故本項已無規範必要，爰予刪除。
第四條 外國人之著作合於下列情形之一，得依本法享有著作權。但條約或協定另有約定者，從其約定： 一、於中華民國管轄區域內首次發行，或於中華民國管轄區域外首次發行後三十日內在中華民國管轄區域內發行者。但以該外國人之本國，對中華民國之著作，在相同之情形下，亦予保護且經查證屬實者為限。 二、依條約、協定或其本國法令、慣例，中華民國人之著作得在該國享有著作權者。	**第四條** 外國人之著作合於下列情形之一者，得依本法享有著作權。但條約或協定另有約定，經立法院議決通過者，從其約定： 一、於中華民國管轄區域內首次發行，或於中華民國管轄區域外首次發行後三十日內在中華民國管轄區域內發行者。但以該外國人之本國，對中華民國之著作，在相同之情形下，亦予保護且經查證屬實者為限。 二、依條約、協定或其本國法令、慣例，中華民國人之著作得在該國享有著作權者。	條約或協定是否應經立法院議決通過，應依條約締結法規定辦理，爰刪除序文所定「經立法院議決通過者」之文字。
第二章　著作	第二章　著作	章名未修正。
第五條 本法所稱著作，例示如下： 一、語文著作。 二、音樂著作。 三、戲劇、舞蹈著作。 四、美術著作。 五、攝影著作。	**第五條** 本法所稱著作，例示如下： 一、語文著作。 二、音樂著作。 三、戲劇、舞蹈著作。 四、美術著作。 五、攝影著作。	第一項未修正，第二項酌作文字修正。

修正條文	現行條文	說明
六、圖形著作。 七、視聽著作。 八、錄音著作。 九、建築著作。 十、電腦程式著作。 前項各款著作例示內容，由主管機關定之。	六、圖形著作。 七、視聽著作。 八、錄音著作。 九、建築著作。 十、電腦程式著作。 前項各款著作例示內容，由主管機關訂定之。	
第六條 就原著作改作之創作為衍生著作，以獨立之著作保護之。 衍生著作之保護，對原著作之著作權不生影響。	**第六條** 就原著作改作之創作為衍生著作，以獨立之著作保護之。 衍生著作之保護，對原著作之著作權不生影響。	本條未修正。
第七條 就資料之選擇或編排具有創作性者為編輯著作，以獨立之著作保護之。 編輯著作之保護，對其所收編著作之著作權不生影響。	**第七條** 就資料之選擇及編排具有創作性者為編輯著作，以獨立之著作保護之。 編輯著作之保護，對其所收編著作之著作權不生影響。	一、第一項酌作修正。現行條文所定就資料之選擇及編排具有創作性者為編輯著作，原係參照伯恩公約第二條而訂定。惟查嗣後經議定之世界智慧財產權組織著作權條約（WCT）第五條規定，只要就資料之選擇或編排具有創作性者，即可為編輯著作而受保護，此外，美國著作權法第一百零一條、日本著作權法第十二條等規定亦為相同之規範，爰參照修正之。 二、第二項未修正。
第八條 表演人對既有著作或民俗創作之表演，以獨立之著作保護之。 表演之保護，對原著作之著作權不生影響。	**第七條之一** 表演人對既有著作或民俗創作之表演，以獨立之著作保護之。 表演之保護，對原著作之著作權不生影響。	條次變更，內容未修正。
第九條 二人以上共同完成之著	**第八條** 二人以上共同完成之著	條次變更，內容未修正。

修正條文	現行條文	說明
作，其各人之創作，不能分離利用者，為共同著作。	作，其各人之創作，不能分離利用者，為共同著作。	
第十條 下列各款不得為著作權之標的： 一、憲法、法律、命令或公文。 二、中央或地方機關就前款著作作成之翻譯物或編輯物。 三、標語及通用之符號、名詞、公式、數表、表格、簿冊或時曆。 四、單純為傳達事實之新聞報導所作成之語文著作。 五、依法令舉行之各類考試試題及其備用試題。 前項第一款所定公文，包括公務員於職務上草擬之文告、講稿、新聞稿及其他文書。	**第九條** 下列各款不得為著作權之標的： 一、憲法、法律、命令或公文。 二、中央或地方機關就前款著作作成之翻譯物或編輯物。 三、標語及通用之符號、名詞、公式、數表、表格、簿冊或時曆。 四、單純為傳達事實之新聞報導所作成之語文著作。 五、依法令舉行之各類考試試題及其備用試題。 前項第一款所稱公文，包括公務員於職務上草擬之文告、講稿、新聞稿及其他文書。	一、條次變更。 二、第一項未修正。 三、第二項依法制體例酌作文字修正。
第三章　著作人及著作權	第三章　著作人及著作權	章名未修正。
第一節　通則	第一節　通則	節名未修正。
第十一條 著作人於著作完成時享有著作權。但本法另有規定者，從其規定。	**第十條** 著作人於著作完成時享有著作權。但本法另有規定者，從其規定。	條次變更，內容未修正。
第十二條 依本法取得之著作權，其保護僅及於該著作之表達，而不及於其所表達之思想、程序、製程、系統、操作方法、概念、原理、發現。	**第十條之一** 依本法取得之著作權，其保護僅及於該著作之表達，而不及於其所表達之思想、程序、製程、系統、操作方法、概念、原理、發現。	條次變更，內容未修正。
第二節　著作人	第二節　著作人	節名未修正。

修正條文	現行條文	說明
第十三條 受雇人於職務上完成之著作，以該受雇人為著作人。但契約約定以雇用人為著作人者，從其約定。 依前項規定，以受雇人為著作人者，其著作財產權歸雇用人享有。但契約另有約定者，從其約定。 前二項所定受雇人，包括公務員。	**第十一條** 受雇人於職務上完成之著作，以該受雇人為著作人。但契約約定以雇用人為著作人者，從其約定。 依前項規定，以受雇人為著作人者，其著作財產權歸雇用人享有。但契約約定其著作財產權歸受雇人享有者，從其約定。 前二項所稱受雇人，包括公務員。	一、條次變更。 二、第一項未修正。 三、第二項但書酌作修正。依現行條文規定，受雇人於職務上完成著作之著作財產權僅能全部歸雇用人或受雇人享有，無第三種約定之選擇。為符合契約自由原則，讓雇用人與受雇人之約定更有彈性（如雙方各享有一部之著作財產權，或約定著作財產權由第三人享有），爰予修正，使雇用人與受雇人得以契約約定著作財產權歸屬之對象。 四、第三項依法制體例酌作文字修正。
第十四條 出資聘請他人完成之著作，以該受聘人為著作人。但契約約定以出資人為著作人者，從其約定。 依前項規定，以受聘人為著作人者，除本法另有規定外，其著作財產權之歸屬，依契約之約定；未約定著作財產權之歸屬者，其著作財產權歸受聘人享有。 依前項規定著作財產權歸受聘人享有者，出資人得利用該著作。	**第十二條** 出資聘請他人完成之著作，除前條情形外，以該受聘人為著作人。但契約約定以出資人為著作人者，從其約定。 依前項規定，以受聘人為著作人者，其著作財產權依契約約定歸受聘人或出資人享有。未約定著作財產權之歸屬者，其著作財產權歸受聘人享有。 依前項規定著作財產權歸受聘人享有者，出資人得利用該著作。	一、條次變更。 二、第一項酌作修正。依現行條文第十一條第一項及著作權專責機關函釋說明，出資聘請他人完成著作者，究應如何適用以決定其著作人及其著作財產權之歸屬，須視受聘人為自然人或法人而定，說明如下： （一）受聘人如為自然人：除契約另有約定以出資人為著作人者外，原則上以受聘人為著作人。 （二）受聘人如為法人：即表示受聘完成之著作並非由法人實際創作而係該法人

修正條文	現行條文	說明
		之受雇員工所創作完成，屬現行條文第一項規定所指除前條情形外，故須先適用現行條文第十一條規定，視該法人與其受雇員工之僱傭關係成立時就著作人或著作財產權有無特別約定，如無特別約定，該員工就其職務上完成之著作為著作人，其著作財產權歸該受聘之法人（雇用人）享有，在此情形下，出資人僅得透過現行條文第三十六條或第三十七條之規定，經由享有著作財產權之受聘法人或依契約約定由員工享有之員工轉讓或授權，方得利用。惟實務上，法人與法人間逕行約定著作人歸屬之情形實屬常態，現行規定與商業運作之慣例不符，且造成出資聘請他人完成之著作，其著作歸屬之認定會因受聘人為自然人或法人而有所差異之現象，爰刪除現行「除前條情形外」之文字，以簡化法律關係，使受聘人無論為自然人或法人，出資人均

修正條文	現行條文	說明
		得依但書約定成為著作人，無須再行檢視有無現行條文第十一條規定之情形。 三、第二項酌作修正。現行以受聘人為著作人者，其著作財產權僅得以契約約定全部由受聘人或出資人享有，為符合契約自由原則，讓出資人與受聘人之約定更有彈性（如雙方各享有一部之著作財產權，或約定著作財產權由第三人享有等），爰予修正，使出資人與受聘人得以契約約定著作財產權歸屬之對象及方式。另配合修正條文第十五條及第三十七條等出資聘請他人完成著作之著作財產權歸屬之特別規定，爰增訂「除本法另有規定外」文字，以資明確。 四、第三項未修正。
第十五條 視聽或錄音著作依前條第一項規定以受聘人為著作人者，其著作財產權歸出資人享有。但契約另有約定者，從其約定。		一、本條新增。 二、鑑於實務上視聽著作通常係由出資人出資聘請多人參與並完成創作，亦即視聽著作具有多人參與創作之特性，依修正條文第十四條第一項及第二項規定，出資聘請他人完成視聽著作，出資人固得與受聘人約定以出資人為著作

修正條文	現行條文	說明
		人，並享有著作財產權，然而一旦未完整地與全部創作人就完成之著作權利歸屬進行約定，將造成該視聽著作之後續利用產生困難。例如：某公司委託他人拍攝影片，因編劇、導演、副導、助導、燈光師、攝影師等工作人員眾多，如受託人漏與其中數名工作人員約定著作權利之歸屬，將導致影片無法重製為播放帶或DVD等在戲院、電視、網路等播放。 三、國際上多數立法例為解決上述問題均針對視聽著作予以特別規定，將視聽著作之著作財產權集中予一人享有或行使，以促進視聽著作之流通與利用。例如：日本著作權法第二十九條規定，將電影著作之著作財產權歸屬該電影著作之製作人享有；韓國著作權法第一百零一條規定，電影著作製作人享有對電影著作之必要使用權。另國際立法就電影著作之著作財產權多明定歸屬於出資之電影製作人享有，乃因電影製作人係電影著作之製作主體，即投入資金成本製作電影並負擔責任及風險之

修正條文	現行條文	說明
		人，此相應於國內，即屬實際出資之電影製片（作）公司（即出資人），為避免與實務上擔任電影企劃與執行製作之「製作人」相混淆，爰明定將著作財產權歸出資人享有，而非執行製作之製作人享有。 四、為簡化視聽著作之權利關係、降低交易成本，讓視聽著作之流通更為便利，爰針對出資聘請他人完成之標的如係視聽著作，明定縱使受聘人為著作人，該視聽著作之著作財產權仍歸屬於視聽著作之出資人享有。 五、錄音著作同樣具有多人參與創作之特性（如混音師、錄音師），如未約定著作權利之歸屬，依現行條文第八條規定，錄音著作係為共同著作，須全體著作財產權人之同意始得行使權利，致增加錄音著作流通之困難，且易產生錄音著作之著作權利歸屬不明之爭議，國內實務上即出現將著作權歸屬於錄音師之判決。惟國際公約及各國著作權法對於錄音保護之主體，多為規劃投資並承擔責任及風險之人，如世界智慧財產

修正條文	現行條文	說明
		權組織表演及錄音物公約（WPPT）第二條第d項、韓國著作權法第二條第一項第六款及英國著作權法第九條第二項第aa款等，為與國際立法例接軌，並讓錄音著作之流通更為便利，爰明定錄音著作之著作財產權，由出資人享有。 六、因表演係以獨立之著作保護，表演人並非錄音著作或視聽著作之共同著作人，依本條規定法定移轉予出資人享有者，僅錄音或視聽著作之著作財產權，尚與表演無關；另修正條文第三十七條則為表演固著於視聽著作中，其表演之權利依該條規定法定移轉予出資人享有，併予敘明。
第十六條 在著作之原件或其已發行之重製物上，或將著作公開發表時，以通常之方法表示著作人之本名或眾所周知之別名者，推定為該著作之著作人。 前項規定，於著作發行日期、地點及著作財產權人之推定，準用之。	**第十三條** 在著作之原件或其已發行之重製物上，或將著作公開發表時，以通常之方法表示著作人之本名或眾所周知之別名者，推定為該著作之著作人。 前項規定，於著作發行日期、地點及著作財產權人之推定，準用之。	條次變更，內容未修正。
	第十四條 （刪除）	一、本條刪除。 二、本次為全案修正，爰刪除原保留之條次。
第三節　著作人格權	第三節　著作人格權	節名未修正。

修正條文	現行條文	說明
第十七條 著作人就其未公開發表之著作享有公開發表之權利。但表演人就其表演，不適用之。 有下列情形之一，推定著作人同意公開發表其著作： 一、著作人將其尚未公開發表著作之著作財產權讓與他人或授權他人利用時，因著作財產權之行使或利用而公開發表。 二、著作人將其尚未公開發表之美術著作或攝影著作之著作原件或其重製物讓與他人，受讓人以其著作原件或其重製物公開展示者。 有下列情形之一，視為著作人同意公開發表其著作： 一、依第十三條第二項、第十四條第二項或第十五條規定，取得尚未公開發表著作之著作財產權者，因其著作財產權之讓與、行使或利用而公開發表者。 二、依第十四條第三項規定利用該著作者。	**第十五條** 著作人就其著作享有公開發表之權利。但公務員，依第十一條及第十二條規定為著作人，而著作財產權歸該公務員隸屬之法人享有者，不適用之。 有下列情形之一者，推定著作人同意公開發表其著作： 一、著作人將其尚未公開發表著作之著作財產權讓與他人或授權他人利用時，因著作財產權之行使或利用而公開發表者。 二、著作人將其尚未公開發表之美術著作或攝影著作之著作原件或其重製物讓與他人，受讓人以其著作原件或其重製物公開展示者。 三、依學位授予法撰寫之碩士、博士論文，著作人已取得學位者。 依第十一條第二項及第十二條第二項規定，由雇用人或出資人自始取得尚未公開發表著作之著作財產權者，因其著作財產權之讓與、行使或利用而公開發表者，視為著作人同意公開發表其著作。 前項規定，於第十二條第三項準用之。	一、條次變更。 二、第一項酌作修正，說明如下： （一）由於公開發表權之行使僅限於未經公開發表之著作，著作一旦經著作人公開發表後，著作人就不能再主張公開發表權，爰修正本文，以資明確。 （二）按表演通常係在表演人同意公開發表之前提下進行，並無公開發表與否之問題，參照國際公約及日本、韓國及德國之立法例，增訂但書，排除表演人之公開發表權。 （三）配合修正條文第二十四條已規定公務員為著作人，不適用著作人格權之規定，爰刪除現行但書規定。 三、現行第二項序文酌作文字修正；另參酌各國著作權法並無碩、博士論文推定公開發表之規定，且有關碩、博士論文經送國家圖書館後是否公開提供公眾之問題，應回歸「學位授予法」規範，爰刪除同項第三款規定。 四、第三項酌作修正，說明如下： （一）現行第三項移列為第一款，並酌作文字修正。現行條文

修正條文	現行條文	說明
		第十一條及第十二條配合條次變更調整條次，並新增修正條文第十五條為本款適用範圍。為達便利視聽著作流通之目的，避免雇用人或出資人在取得著作財產權後，仍因著作人行使著作人格權而無法利用視聽或錄音著作，乃參考伯恩公約第十四條之二第二項、日本著作權法第十八條第二項第三款等規定，明定視聽著作或錄音著作之雇用人或出資人，在取得視聽或錄音著作之著作財產權後，於公開發表該視聽或錄音著作時，視為該視聽或錄音著作之著作人同意其公開發表。 （二）現行第四項修正後移列為第二款。
第十八條 著作人於著作之原件或其重製物上或於著作公開發表時，有表示其本名、別名或不具名之權利。著作人就其著作所生之衍生著作，亦有相同之權利。 利用著作之人，得使用自己之封面設計，並加冠設計人或主編之姓名或名稱。但著作人有特別表示或違反社會使用慣例者，	**第十六條** 著作人於著作之原件或其重製物上或於著作公開發表時，有表示其本名、別名或不具名之權利。著作人就其著作所生之衍生著作，亦有相同之權利。 前條第一項但書規定，於前項準用之。 利用著作之人，得使用自己之封面設計，並加冠設計人或主編之姓名或名	一、條次變更。 二、第一項未修正。 三、現行第二項規範內容已納入修正條文第二十四規定，爰予刪除。 四、現行第三項移列為第二項，內容未修正。 五、現行第四項移列為第三項，內容未修正。

修正條文	現行條文	說明
不在此限。 依著作利用之目的及方法，於著作人之利益無損害之虞，且不違反社會使用慣例者，得省略著作人之姓名或名稱。	稱。但著作人有特別表示或違反社會使用慣例者，不在此限。 依著作利用之目的及方法，於著作人之利益無損害之虞，且不違反社會使用慣例者，得省略著作人之姓名或名稱。	
第十九條 著作人享有禁止他人以歪曲、割裂、竄改或其他方法改變其著作之內容或以其他方式利用其著作<u>，致損害其名譽之權利。</u>	**第十七條** 著作人享有禁止他人以歪曲、割裂、竄改或其他方法改變其著作之內容、形式或名目致損害其名譽之權利。 第八十七條第一項第一款　有下列情形之一者，除本法另有規定外，視為侵害著作權或製版權： 一、以侵害著作人名譽之方法利用其著作者。	一、本條由現行條文第十七條及第八十七條第一項第一款合併修正。 二、現行條文第八十七條第一項第一款所定以侵害著作人名譽之方法利用其著作，係伯恩公約第六條之二第一項後段涵攝之內容，其本質應屬著作人格權之內涵，而非屬擬制侵害之範圍，爰移列至本條規範之。另現行條文第十七條所定其他方法改變其著作之形式或名目，已為以其他方式利用其著作所包含，爰刪除「形式或名目」等文字。
第二十條 著作人死亡者，關於其著作人格權之保護，視同生存，任何人不得侵害。但依利用行為之性質及程度、社會之變動或其他情事可認為不違反該著作人之意思者，不構成侵害。 前項規定，於第十七條之保護，除著作人已為不予公開之表示，或依前項但書所定情事可認為違反著	**第十八條** 著作人死亡或消滅者，關於其著作人格權之保護，視同生存或存續，任何人不得侵害。但依利用行為之性質及程度、社會之變動或其他情事可認為不違反該著作人之意思者，不構成侵害。	一、條次變更。 二、現行條文修正後移列為第一項。就法人消滅後之著作人格權保護，現行條文雖規定視同存續，惟法人消滅後，其著作人格權受侵害並無法主張救濟，與自然人可由遺族或遺囑指定之人主張之情形不同，爰參照國際公約及外國立

修正條文	現行條文	說明
作人意思之情形外，公開發表著作人生前未公開之著作者，不構成侵害。		法例，刪除有關著作人消滅者，其著作人格權之保護視同存續之相關規定。 三、增訂第二項。依第一項規定，著作人死亡者，關於其著作人格權之保護，視同生存，任何人不得侵害。惟有鑑於公開發表與著作之利用關係較為密切，涉及公益程度較高，就著作人死亡後之公開發表權保護應有所限制，爰增訂除著作人已為不予公開之表示，或依第一項但書所定情事可認為違反著作人意思之情形外（例如：書信、日記等私密文書等，依社會通念，公開發表應可認為違反著作人之意思，則仍不得公開發表），原則上公開發表著作人生前未公開之著作，不構成侵害，以限制著作人死亡後之公開發表權之行使，俾促進著作之流通及國家文化發展。
第二十一條 共同著作之著作人格權，非經著作人全體同意，不得行使之。各著作人無正當理由者，不得拒絕同意。 共同著作之著作人，得於著作人中選定代表人行使著作人格權。	**第十九條** 共同著作之著作人格權，非經著作人全體同意，不得行使之。各著作人無正當理由者，不得拒絕同意。 共同著作之著作人，得於著作人中選定代表人行使著作人格權。	條次變更，內容未修正。

修正條文	現行條文	說明
對於前項代表人之代表權所加限制，不得對抗善意第三人。	對於前項代表人之代表權所加限制，不得對抗善意第三人。	
第二十二條 未公開發表之著作原件及其著作財產權，除作為買賣之標的或經本人允諾者外，不得作為強制執行之標的。	**第二十條** 未公開發表之著作原件及其著作財產權，除作為買賣之標的或經本人允諾者外，不得作為強制執行之標的。	條次變更，內容未修正。
第二十三條 著作人格權專屬於著作人本身，不得讓與或繼承。	**第二十一條** 著作人格權專屬於著作人本身，不得讓與或繼承。	條次變更，內容未修正。
第二十四條 本節有關著作人格權之規定，於依第十三條及第十四條規定以公務員為著作人，而著作財產權歸該公務員隸屬之法人享有者，不適用之。		一、本條新增。 二、按公務員職務上之著作，其著作財產權歸屬於隸屬之法人享有，而以公務員為著作人之情形下，公務員依現行條文第十五條第一項但書及第十六條第二項規定不得主張公開發表權及姓名表示權，至於禁止不當修改權雖仍可依現行條文第十七條規定主張，惟依公務員之性質，其職務上之著作已歸屬於隸屬之法人，如公務員仍享有著作人格權得以行使禁止不當修改權，將造成隸屬之法人權利行使之限制，不利國家公務之推動，爰明定公務員依修正條文第十三條及第十四條為著作人，其著作財產權歸屬隸屬之法人享有者，不適用著作人格權之規

修正條文	現行條文	說明
		定。 三、另本法所定公務員之範圍雖為最廣義定義，指依法令從事於公務之人員（國家賠償法第二條參照），惟其須依修正條文第十三條及第十四條為著作人者，始有本法相關規定之適用，併予敘明。
第四節　著作財產權	第四節　著作財產權	節名未修正。
第一款　著作財產權之種類	第一款　著作財產權之種類	款名未修正。
第二十五條 著作人除本法另有規定外，專有重製其著作之權利。 前項規定，於專為網路中繼性傳輸，或合法使用著作，屬技術操作過程中必要之過渡性、附帶性而不具獨立經濟意義之暫時性重製，不適用之。但電腦程式著作不在此限。 前項暫時性重製情形，包括網路瀏覽、快速存取或其他為達成傳輸功能之電腦或機械本身技術上所不可避免之現象。	**第二十二條** 著作人除本法另有規定外，專有重製其著作之權利。 <u>表演人專有以錄音、錄影或攝影重製其表演之權利。</u> 前二項規定，於專為網路合法中繼性傳輸，或合法使用著作，屬技術操作過程中必要之過渡性、附帶性而不具獨立經濟意義之暫時性重製，不適用之。但電腦程式著作不在此限。 前項網路合法中繼性傳輸之暫時性重製情形，包括網路瀏覽、快速存取或其他為達成傳輸功能之電腦或機械本身技術上所不可避免之現象。	一、條次變更。 二、第一項未修正。按現行條文所定「除本法另有規定外」，係指表演人之相關規定，本次修正已另於修正條文第三十五條及第三十六條規範表演人及錄音著作人之權利，爰本項所定「除本法另有規定外」係指上述條文規定。 三、現行第二項刪除。配合本次修正將表演人之權利獨立規範，本項已移列修正條文第三十六條第一項第一款規定，爰予刪除。 四、現行第三項修正後移列為第二項。因網路中繼性傳輸無法判斷合法與否，爰參考歐盟二○○一年資訊社會著作權與相關權利調和指令第五條第一項規定修正，將現行

修正條文	現行條文	說明
		所定網路合法中繼性傳輸之「合法」二字刪除。 五、現行第四項修正後移列為第三項。現行條文所定網路瀏覽、快速存取或其他為達成傳輸功能之電腦或機械本身技術上所不可避免之現象應不限僅適用於網路中繼性傳輸，尚包括合法使用著作之情形，爰參考歐盟二○○一年資訊社會著作權與相關權利調和指令之前言第三十三點說明，將現行「網路合法中繼性傳輸」之文字予以刪除。
	第二十三條 著作人專有公開口述其語文著作之權利。	一、本條刪除。 二、配合現行條文第三條第六款公開口述之定義納入公開演出，本條規定已無必要，爰予刪除。
第二十六條 著作人除本法另有規定外，專有公開播送其著作之權利。	**第二十四條** 著作人除本法另有規定外，專有公開播送其著作之權利。 表演人就其經重製或公開播送後之表演，再公開播送者，不適用前項規定。	一、條次變更。 二、現行第一項未修正，列為本條文。 三、現行第二項刪除。配合本次修正將表演人之權利獨立規範，本項已移列修正條文第三十六條第一項第二款規定，爰予刪除。
第二十七條 著作人專有公開上映其視聽著作之權利。	**第二十五條** 著作人專有公開上映其視聽著作之權利。	條次變更，內容未修正。
第二十八條 著作人除本法另有規定	**第二十六條** 著作人除本法另有規定	一、條次變更。 二、現行第一項未修正，

修正條文	現行條文	說明
外，專有公開演出其語文、音樂或戲劇、舞蹈著作之權利。	外，專有公開演出其語文、音樂或戲劇、舞蹈著作之權利。 表演人專有以擴音器或其他器材公開演出其表演之權利。但將表演經重製後或公開播送後再以擴音器或其他器材公開演出者，不在此限。 錄音著作經公開演出者，著作人得請求公開演出之人支付使用報酬。	列為本條文。 三、現行第二項刪除。配合本次修正將表演人之權利獨立規範，本項已移列修正條文第三十六條第一項第三款規定，爰予刪除。 四、現行第三項刪除。配合本次修正將錄音著作之著作人其專有權利獨立規範，本項已移列修正條文第三十五條第二項規定，爰予刪除。
第二十九條 著作人除本法另有規定外，專有公開傳輸其著作之權利。	**第二十六條之一** 著作人除本法另有規定外，專有公開傳輸其著作之權利。 表演人就其經重製於錄音著作之表演，專有公開傳輸之權利。	一、條次變更。 二、現行第一項未修正，列為本條文。 三、現行第二項刪除。配合本次修正將表演人之權利獨立規範，本項已移列修正條文第三十六條第二項第四款規定，爰予刪除。
第三十條 著作人除本法另有規定外，專有再公開傳達其著作之權利。		一、本條新增。 二、配合修正條文第三條第十款再公開傳達之定義規定，爰於本條新增相應之專有權利，理由同修正條文第三條說明一、（七）。
第三十一條 著作人專有公開展示其未公開發表之美術著作或攝影著作原件或重製物之權利。	**第二十七條** 著作人專有公開展示其未發行之美術著作或攝影著作之權利。	一、條次變更。 二、依現行規定只要尚未發行之美術或攝影著作，即享有公開展示權，惟實務上常見著作人雖未將美術或攝影著作之實體重製物予以散布（即將著作出版等發行行為），

修正條文	現行條文	說明
		但已自行公開發表著作，例如：已於網路上向公眾公開提示自己之美術、攝影著作內容，讓公眾得以見聞其著作，依現行規定卻仍得主張公開展示權，似已失之過寬。 三、復按伯恩公約並未明文賦予著作權人享有公開展示之權利，而參考各國立法例賦予之公開展示權，亦相當嚴格，多以著作尚未發表為要件，以免阻礙藝術作品之交易，例如：德國著作權法第十八條規定：公開展示權是指公開展出未發表之美術或攝影著作之原件或重製物之權利，爰將公開展示權之行使要件，限於未公開發表之美術或攝影著作。 四、另公開展示係指向公眾展示著作內容，而著作內容除了原件外，亦得以重製物予以展示，故公開展示權之標的本應包括著作之原件及其重製物，爰予增訂，以資明確。
第三十二條 著作人除本法另有規定外，專有將其著作改作成衍生著作之權利。	**第二十八條** 著作人專有將其著作改作成衍生著作或編輯成編輯著作之權利。<u>但表演不適用之。</u>	一、條次變更。 二、配合本次修正已另於修正條文第三十五條規範錄音著作人權利，爰明定「除本法另有規定外」之文

修正條文	現行條文	說明
		字，以資明確。 三、現行所定編輯成編輯著作之用語，係指著作人就其著作，享有整理、增刪、組合或編排產生著作之編輯權。惟編輯他人著作，即同時涉及重製原著作人之著作，著作人得以重製權主張權利，無另行賦予著作人編輯權之實益，另參考德國、日本及南韓等之立法例亦均未有編輯權之規定，爰予刪除。 四、另因表演已於修正條文第三十六條獨立規範，現行但書並無規定之必要，爰予刪除。
第三十三條 著作人除本法另有規定外，專有以移轉所有權之方式散布其著作原件或重製物之權利。	**第二十八條之一** 著作人除本法另有規定外，專有以移轉所有權之方式，散布其著作之權利。 表演人就其經重製於錄音著作之表演，專有以移轉所有權之方式散布之權利。	一、條次變更。 二、現行第一項修正，列為本條文。參照世界智慧財產權組織著作權條約（WCT）第六條、日本著作權法第二十六條之二及德國著作權法第十七條等規定，其以移轉所有權方式之散布權客體均為著作原件或重製物，爰予增訂，以資明確。 三、現行第二項刪除。配合本次修正將表演人之權利獨立規範，本項已移列修正條文第三十六條第二項第二款規定，爰予刪除。
第三十四條	**第二十九條**	一、條次變更。

修正條文	現行條文	說明
著作人除本法另有規定外，專有以出租之方式散布其著作<u>原件或重製物之權利</u>。	著作人除本法另有規定外，專有出租其著作之權利。 表演人就其經重製於錄音著作之表演，專有出租之權利。	二、現行第一項修正，列為本條文。參照世界智慧財產權組織著作權條約（WCT）第六條及日本著作權法第二十六條之三、德國著作權法第二十七條等規定，其以出租方式之散布權客體均為著作原件或重製物，爰予增訂，以資明確。 三、現行第二項刪除。配合本次修正將表演人之權利獨立規範，本項已移列修正條文第三十六條第二項第三款規定，爰予刪除。 四、另依修正條文第三十三條及本條規定，著作人專有以移轉所有權或出租之方式散布其著作原件或重製物之權利，亦即散布僅指現實交付之行為，不包含公開陳列及持有非法重製物之行為，併予說明。
第三十五條 錄音著作人專有以下權利： 一、重製。 二、改作。 三、以移轉所有權之方式散布其著作<u>原件或重製物</u>。 四、以出租之方式散布其<u>著作原件或重製物</u>。 五、公開播送。 六、公開傳輸。 錄音著作經公開演出、再	**第二十二條第一項** 著作人除本法另有規定外，專有<u>重製其著作之權利</u>。 **第二十四條第一項** 著作人除本法另有規定外，專有<u>公開播送其著作之權利</u>。 **第二十六條第三項** <u>錄音著作經公開演出者，著作人得請求公開演出之人支付使用報酬</u>。 **第二十六條之一第一項**	一、配合本次修正將錄音著作之著作權人權利獨立規範，爰將現行條文第二十二第一項、第二十四條第一項、第二十六條之一第一項、第二十八條、第二十八條之一第一項及第二十九條第一項有關錄音著作人之各項專有權利合併修正為第一項，說明如下：

修正條文	現行條文	說明
公開傳達者，著作人得請求支付使用報酬。 第一項第一款、第三款及第四款之權利及前項使用報酬請求權，於已固著於視聽物之錄音著作，不適用之。 第二十五條第二項及第三項規定，於第一項第一款適用之。	著作人除本法另有規定外，專有公開傳輸其著作之權利。 **第二十八條** 著作人專有將其著作改作成衍生著作或編輯成編輯著作之權利。但表演不適用之。 **第二十八條之一第一項** 著作人除本法另有規定外，專有以移轉所有權之方式，散布其著作之權利。 **第二十九條第一項** 著作人除本法另有規定外，專有出租其著作之權利。	（一）按國際公約對錄音物製作人之共通保護範圍，在有形利用方面有：重製權（與貿易有關之智慧財產權協定TRIPS第十四條第二項、世界智慧財產權組織表演及錄音物公約WPPT第十一條）、散布權（世界智慧財產權組織表演及錄音物公約WPPT第十二條）、商用出租權（與貿易有關之智慧財產權協定TRIPS第十四條第四項準用第十一條、世界智慧財產權組織表演及錄音物公約WPPT第十三條第一項）等三項權利；在無形利用方面則有：向公眾提供權（世界智慧財產權組織表演及錄音物公約WPPT第十四條、第十五條第四項）及商用錄音物之廣播或任何公開傳播之報酬請求權（與貿易有關之智慧財產權協定TRIPS第十三條第三項、世界智慧財產權組織表演及錄音物公約WPPT第十五條第一項）等。而各國立法無論就錄音係以鄰接權（例如：日本、德國等）或以著作

修正條文	現行條文	說明
		權加以保護（例如美國），其內國法就錄音物製作人或錄音著作人之保護，均依上述國際公約之基本保護標準加以規範，先予敘明。 （二）本法就錄音係以著作權加以保護，故錄音著作人亦屬現行條文第二十二條第一項、第二十四條第一項、第二十六條之一第一項、第二十八條、第二十八條之一第一項及第二十九條第一項規定之著作人，其享有之著作財產權，除本法另有規定外（現行條文第二十六條第三項），與一般著作人無異，不但已充分符合上述國際公約所規定之各項保護標準，另外還享有公開播送權（現行條文第二十四條第一項）、改作及編輯權（現行條文第二十八條）等各國及國際公約均未賦予之權利，其保護範圍已優於國際公約及各國立法。為使法條適用更為明確，參考國際立法例，將性質、保護範圍等與其他各類著作保護有異之

修正條文	現行條文	說明
		錄音與表演人均予以獨立規範；另修正條文第三十二條已刪除現行條文第二十八條之編輯權，爰第二款未包含編輯權。至無形利用則維持現有保護標準，享有包括公開播送權在內等之專有權。 二、現行條文第二十六條第三項修正後移列為第二項。又錄音著作如係經公開播送後再以螢幕、擴音器或其他機械設備同時再向公眾傳達者，依現行條文因屬公開演出之行為，原即依第二十六條第三項規定享有報酬請求權，惟配合修正條文第三條第十款規定，此種行為已屬「再公開傳達」；另錄音著作經公開傳輸後，再以螢幕、擴音器或其他機械設備同時再向公眾傳達者，亦屬「再公開傳達」，仍相當於世界智慧財產權組織表演及錄音物公約（WPPT）第十四條及第十五條規定之公眾傳播權，爰規定此種利用，錄音著作享有使用報酬請求權。 三、增訂第三項。本法就錄音係以著作權加以保護，故錄音著作人就其「錄音物」享有

修正條文	現行條文	說明
		重製權、以移轉所有權方式散布、出租、公開播送及公開傳輸等權利固無疑義。另如錄音著作被重製於「視聽物」上，仍可就其首次固著利用之情形主張重製權。惟就該視聽物之後續利用，錄音著作人可否主張上述權利，現行法並未明定，致生疑義，依國際公約如與貿易有關之智慧財產權協定（TRIPS）第十四條第二項、第四項、世界智慧財產權組織表演及錄音物公約（WPPT）第十二條第一項及第十三條第一項等規定，就錄音物製作人享有之重製權、散布及出租等權利，均以其「錄音物」為限，並不包含「視聽物」，爰增訂第三項予以排除。另據一般市場利用之常態，有關錄音著作公開播送或公開傳輸之授權，例如：電視頻道透過廣播或網路播放廣告配樂，多係由播送行為人（即電視頻道）向著作權集體管理團體以概括授權之年金方式給付使用報酬而取得公開播送或公開傳輸之授權，爰未予調整。 四、增訂第四項。配合本次修正將錄音著作人

修正條文	現行條文	說明
		之權利獨立規範，爰新增第四項適用修正條文第二十五條第二項及第三項有關暫時性重製規定。
第三十六條 表演人就其未固著之表演，專有以下權利： 一、以錄音、錄影方式重製。 二、公開播送。但公開播送後之表演，再公開播送者，不適用之。 三、公開演出。 表演人就其已固著之表演，專有以下權利： 一、重製。 二、以移轉所有權之方式散布其著作原件或重製物。 三、以出租之方式散布其著作原件或重製物。 四、公開傳輸。 第二十五條第二項及第三項規定，於第一項第一款及前項第一款適用之。	**第二十二條第二項** 表演人專有以錄音、錄影或攝影重製其表演之權利。 **第二十四條第二項** 表演人就其經重製或公開播送之表演，再公開播送者，不適用前項規定。 **第二十六條第二項** 表演人專有以擴音器或其他器材公開演出其表演之權利，但將表演重製後或公開播送後再以擴音器或其他器材公開演出者，不在此限。 **第二十六條之一第二項** 表演人就其經重製於錄音著作之表演，專有公開傳輸之權利。 **第二十八條之一第二項** 表演人就其經重製於錄音著作之表演，專有以移轉所有權之方式散布之權利。 **第二十九條** 表演人就其經重製於錄音著作之表演，專有出租之權利。	一、配合本次修正將表演人之權利獨立規範，爰將現行條文第二十二條第二項、第二十四條第二項、第二十六條第二項、第二十六條之一第二項、第二十八條之一第二項及第二十九條規定，區分為未固著與已固著之表演，於第一項及第二項分別規範其專有權利，茲說明如下： （一）第一項為針對未固著之表演人權利之規定。另因攝影為靜態之拍攝，並無法以攝影之方式重製表演人之動態表演，爰刪除現行條文第二十二條第二項「或攝影」之文字，以資明確。 （二）按世界智慧財產權組織（WIPO）於二〇一二年六月二十四日通過之視聽表演北京條約（BTAP），賦予表演人就視聽物中之表演以下之經濟權利：1.就尚未固著之現場表演享有首次固著權、公開播送權（除非該表

修正條文	現行條文	說明
		演本身已屬廣播表演）。2.就已固著於視聽物之表演，則享有重製權、散布權、商業性出租權、公開傳輸權、公開播送及向公眾傳播等（視聽表演北京條約BTAP第七條至第十條及第十一條等規定）。又有關表演人之商業性出租權及其固著於視聽物之公開播送及向公眾傳播等二項權利，視聽表演北京條約（BTAP）允許各國得免除規定或聲明保留不適用（視聽表演北京條約BTAP第九條第二項、第十一條第二、三項規定）。 (三) 依現行規定表演人就其未固著之表演享有重製權、公開播送權及公開演出權（相當於視聽表演北京條約BTAP第六條規定），以及就其已固著於「錄音著作」之表演亦享有重製權、散布權、出租權及公開傳輸權等；以上之保護標準固符合與貿易有關之智慧財產權協定（TRIPS）及世界智慧財產權組織表演及錄音物公約（WPPT）等

修正條文	現行條文	說明
		國際條約就表演人保護，惟依現行法表演人就其重製於「視聽物」上之表演尚未享有散布權、出租權及公開傳輸權，爰參考視聽表演北京條約（BTAP）第八條、第九條及第十條等規定，於第二項新增表演人就其已固著之表演所享有之權利，以符合上述國際條約之保護標準。 （四）至於表演人就已固著於視聽物之表演所享有之公開播送及向公眾傳播權（相當於本法之公開演出及修正後之再公開傳達權），視聽表演北京條約（BTAP）允許各國聲明得不賦予，爰不予增訂此項權利，避免實務上視聽著作利用時，授權實務更形複雜，反而不利視聽著作之利用與流通。 二、增訂第三項。配合本次修正將表演人之權利獨立規範，爰新增第三項適用修正條文第二十五條第二項及第三項有關暫時性重製規定。
第三十七條 出資聘請表演人完成之表		一、本條新增。 二、按我國著作權法未採

修正條文	現行條文	說明
演，經表演人同意固著於視聽著作者，前條第二項規定之著作財產權，歸出資人享有。但契約另有約定者，從其約定。		取鄰接權制度，表演人之表演係以獨立之著作保護，惟表演人非屬視聽著作之著作人，為避免表演人之權利影響視聽著作後續利用困難，爰參考視聽表演北京條約（BTAP）第十二條規定視聽著作中表演人權利採取法定移轉制，就表演人同意固著於視聽著作之表演其著作財產權歸出資人享有，爰增訂本條規定，以資明確。
第三十八條 依第十三條第二項、第十四條第二項、第十五條或前條規定取得著作財產權之人，依其著作類別專有第二十五條至第三十六條規定之權利。	**第二十九條之一** 依第十一條第二項或第十二條第二項規定取得著作財產權之雇用人或出資人，專有第二十二條至第二十九條規定之權利。	一、條次變更。 二、配合所引條次變更酌作修正，並配合修正條文第十五條及第三十七條新增有關出資聘請他人完成著作之相關權利法定移轉之規定，爰予增列。 三、因本法規定之著作類別及權利態樣種類複雜，且並非所有著作類別之著作財產權人均專有修正條文第二十五條至第三十六條規定之權利，為免適用上之疑義，爰增訂「依其著作類別」之文字。例如：錄音著作之著作財產權人專有修正條文第三十五條之權利；視聽著作之著作財產權人專有修正條文第二十五條至第二十七條、第二十九條、第

修正條文	現行條文	說明
		三十條及第三十二條至第三十四條之權利；表演之著作財產權人原則專有修正條文第三十六條之權利，僅於第三十七條情形時享有第三十六條第二項之權利。
第二款　著作財產權之存續期間	第二款　著作財產權之存續期間	款名未修正。
第三十九條 著作財產權，除本法另有規定外，存續於著作人之生存期間及其死亡後五十年。 著作於著作人死亡後四十年至五十年間首次公開發表者，著作財產權之期間，自公開發表時起存續十年。	**第三十條** 著作財產權，除本法另有規定外，存續於著作人之生存期間及其死亡後五十年。 著作於著作人死亡後四十年至五十年間首次公開發表者，著作財產權之期間，自公開發表時起存續十年。	條次變更，內容未修正。
第四十條 共同著作之著作財產權，存續至最後死亡之著作人死亡後五十年。	**第三十一條** 共同著作之著作財產權，存續至最後死亡之著作人死亡後五十年。	條次變更，內容未修正。
第四十一條 別名著作或不具名著作之著作財產權，存續至著作公開發表後五十年。但可證明其著作人死亡已逾五十年者，其著作財產權消滅。 前項規定，於著作人之別名為眾所周知者，不適用之。	**第三十二條** 別名著作或不具名著作之著作財產權，存續至著作公開發表後五十年。但可證明其著作人死亡已逾五十年者，其著作財產權消滅。 前項規定，於著作人之別名為眾所周知者，不適用之。	條次變更，內容未修正。
第四十二條 法人為著作人之著作，其著作財產權存續至其著作公開發表後五十年。但著作在創作完成時起算五十	**第三十三條** 法人為著作人之著作，其著作財產權存續至其著作公開發表後五十年。但著作在創作完成時起算五十	條次變更，內容未修正。

修正條文	現行條文	說明
年內未公開發表者，其著作財產權存續至創作完成時起五十年。	年內未公開發表者，其著作財產權存續至創作完成時起五十年。	
第四十三條 攝影、視聽、錄音及表演之著作財產權存續至著作公開發表後五十年。 前條但書規定，於前項準用之。	**第三十四條** 攝影、視聽、錄音及表演之著作財產權存續至著作公開發表後五十年。 前條但書規定，於前項準用之。	條次變更，內容未修正。
第四十四條 第三十九條至前條所定存續期間，以該期間屆滿當年之末日為期間之終止。 繼續或逐次公開發表之著作，依公開發表日計算著作財產權存續期間時，如各次公開發表能獨立成一著作者，著作財產權存續期間自各別公開發表日起算。如各次公開發表不能獨立成一著作者，以能獨立成一著作時之公開發表日起算。 前項情形，如繼續部分未於前次公開發表日後三年內公開發表者，其著作財產權存續期間自前次公開發表日起算。	**第三十五條** 第三十條至第三十四條所定存續期間，以該期間屆滿當年之末日為期間之終止。 繼續或逐次公開發表之著作，依公開發表日計算著作財產權存續期間時，如各次公開發表能獨立成一著作者，著作財產權存續期間自各別公開發表日起算。如各次公開發表不能獨立成一著作者，以能獨立成一著作時之公開發表日起算。 前項情形，如繼續部分未於前次公開發表日後三年內公開發表者，其著作財產權存續期間自前次公開發表日起算。	一、條次變更。 二、第一項配合條次變動，酌作文字修正。 三、第二項及第三項未修正。
第三款　著作財產權之讓與、行使及消滅	第三款　著作財產權之讓與、行使及消滅	款名未修正。
第四十五條 著作財產權得全部或部分讓與他人或與他人共有。 著作財產權之受讓人，在其受讓範圍內，取得著作財產權。 著作財產權讓與之範圍依當事人之約定；其約定不明之部分，推定為未讓	**第三十六條** 著作財產權得全部或部分讓與他人或與他人共有。 著作財產權之受讓人，在其受讓範圍內，取得著作財產權。 著作財產權讓與之範圍依當事人之約定；其約定不明之部分，推定為未讓	條次變更，內容未修正。

修正條文	現行條文	說明
與。	與。	
第四十六條 著作財產權人得授權他人利用著作，其授權利用之地域、時間、內容、利用方法或其他事項，依當事人之約定；其約定不明之部分，推定為未授權。 前項授權不因著作財產權人嗣後將其著作財產權讓與或再為授權而受影響。 非專屬授權之被授權人非經著作財產權人同意，不得將其被授與之權利再授權第三人利用。 專屬授權之被授權人在被授權範圍內，得以著作財產權人之地位行使權利，並得以自己名義為訴訟上之行為。著作財產權人在專屬授權範圍內，不得行使權利。 第二項至前項規定，於中華民國九十年十一月十二日本法修正施行前所為之授權，不適用之。 有下列情形之一者，不適用第九章規定。但屬於著作權集體管理團體管理之著作，不在此限： 一、音樂著作經授權重製於電腦伴唱機者，利用人利用該電腦伴唱機公開演出該著作。 二、將原播送之著作再公開播送。 三、將著作再公開傳達。 四、著作經授權重製於廣告後，由廣告播送人就該廣告為公開播送。	**第三十七條** 著作財產權人得授權他人利用著作，其授權利用之地域、時間、內容、利用方法或其他事項，依當事人之約定；其約定不明之部分，推定為未授權。 前項授權不因著作財產權人嗣後將其著作財產權讓與或再為授權而受影響。 非專屬授權之被授權人非經著作財產權人同意，不得將其被授與之權利再授權第三人利用。 專屬授權之被授權人在被授權範圍內，得以著作財產權人之地位行使權利，並得以自己名義為訴訟上之行為。著作財產權人在專屬授權範圍內，不得行使權利。 第二項至前項規定，於中華民國九十年十一月十二日本法修正施行前所為之授權，不適用之。 有下列情形之一者，不適用第七章規定。但屬於著作權集體管理團體管理之著作，不在此限： 一、音樂著作經授權重製於電腦伴唱機者，利用人利用該電腦伴唱機公開演出該著作。 二、將原播送之著作再公開播送。 三、以擴音器或其他器材，將原播送之聲音或影像向公眾傳達。 四、著作經授權重製於廣告後，由廣告播送人	一、條次變更。 二、第一項至第五項未修正。 三、第六項修正，說明如下： （一）序文配合章次變更酌作修正。 （二）第三款酌作修正。配合現行條文第三條第一項第九款後段「以擴音器或其他器材，將原播送之聲音或影像向公眾傳達」之行為已修正屬修正條文第三條第十款之再公開傳達，爰予修正。 （三）第四款酌作修正。配合本次修正後之公開播送定義已包括同步網路傳輸之情形在內，爰將現行「或同步公開傳輸」予以刪除。

修正條文	現行條文	說明
	就該廣告為公開播送或同步公開傳輸，向公眾傳達。	
	第三十八條 （刪除）	一、本條刪除。 二、本次為全案修正，爰刪除原保留之條次。
第四十七條 以著作財產權為質權之標的物者，除設定時另有約定外，著作財產權人得行使其著作財產權。	**第三十九條** 以著作財產權為質權之標的物者，除設定時另有約定外，著作財產權人得行使其著作財產權。	條次變更，內容未修正。
第四十八條 共同著作各著作人之應有部分，依共同著作人間之約定定之；無約定者，依各著作人參與創作之程度定之。各著作人參與創作之程度不明時，推定為均等。 共同著作之著作人拋棄其應有部分者，其應有部分由其他共同著作人依其應有部分之比例分配之。 前項規定，於共同著作之著作人死亡無繼承人或消滅後無承受人者，準用之。	**第四十條** 共同著作各著作人之應有部分，依共同著作人間之約定定之；無約定者，依各著作人參與創作之程度定之。各著作人參與創作之程度不明時，推定為均等。 共同著作之著作人拋棄其應有部分者，其應有部分由其他共同著作人依其應有部分之比例分享之。 前項規定，於共同著作之著作人死亡無繼承人或消滅後無承受人者，準用之。	一、條次變更。 二、第一項及第三項未修正。 三、第二項參照商標法第二十八條第三項規定，酌作文字修正。
第四十九條 共有之著作財產權，非經著作財產權人全體同意，不得行使之；各著作財產權人非經其他共有著作財產權人之同意，不得以其應有部分讓與他人或設定質權。各著作財產權人，無正當理由者，不得拒絕同意。 共有著作財產權人，得於著作財產權人中選定代表人行使著作財產權。對	**第四十條之一** 共有之著作財產權，非經著作財產權人全體同意，不得行使之；各著作財產權人非經其他共有著作財產權人之同意，不得以其應有部分讓與他人或為他人設定質權。各著作財產權人，無正當理由者，不得拒絕同意。 共有著作財產權人，得於著作財產權人中選定代表人行使著作財產權。對	一、條次變更。 二、第一項酌作修正。按各著作財產權人非經其他共有著作財產權人之同意，不得以其應有部分讓與他人或設定質權予他人，現行「為他人」係屬贅字，爰予刪除。 三、第二項及第三項未修正。

修正條文	現行條文	說明
於代表人之代表權所加限制，不得對抗善意第三人。 前條第二項及第三項規定，於共有著作財產權準用之。	於代表人之代表權所加限制，不得對抗善意第三人。 前條第二項及第三項規定，於共有著作財產權準用之。	
第五十條 著作財產權人投稿於新聞紙、雜誌或授權公開播送著作者，除另有約定外，推定僅授與刊載或公開播送一次之權利，對著作財產權人之其他權利不生影響。	**第四十一條** 著作財產權人投稿於新聞紙、雜誌或授權公開播送著作者，除另有約定外，推定僅授與刊載或公開播送一次之權利，對著作財產權人之其他權利不生影響。	條次變更，內容未修正。
第五十一條 著作財產權因存續期間屆滿而消滅。於存續期間內，有下列情形之一者，亦同： 一、著作財產權人死亡，其著作財產權依法應歸屬國庫。 二、著作財產權人為法人，於其消滅後，其著作財產權依法應歸屬於地方自治團體。	**第四十二條** 著作財產權因存續期間屆滿而消滅。於存續期間內，有下列情形之一者，亦同： 一、著作財產權人死亡，其著作財產權依法應歸屬國庫者。 二、著作財產權人為法人，於其消滅後，其著作財產權依法應歸屬於地方自治團體者。	條次變更，並酌作文字修正。
第五十二條 著作財產權消滅之著作，除本法另有規定外，任何人均得自由利用。	**第四十三條** 著作財產權消滅之著作，除本法另有規定外，任何人均得自由利用。	條次變更，內容未修正。
第四款　著作財產權之限制	第四款　著作財產權之限制	款名未修正。
第五十三條 中央或地方機關因立法或行政目的所需，認有必要將他人著作列為內部參考資料時，得利用他人之著作。但違反<u>著作之正常利</u>	**第四十四條** 中央或地方機關，因立法或行政目的所需，認有必要將他人著作列為內部參考資料時，在合理範圍內，得重製他人之著作。	一、條次變更。 二、依現行規定，須符合「在合理範圍」之要件始得主張本條之合理使用，故在判斷上，尚須符合現行條

修正條文	現行條文	說明
用，且依該著作之種類、用途及其重製物之數量、利用方法，<u>不合理損害著作財產權人之利益者</u>，不在此限。	但依該著作之種類、用途及其重製物之數量、方法，有害於著作財產權人之利益者，不在此限。	文第六十五條第二項各款所定要件。考量依但書規定，已得於實際個案中對適用範圍作適當之限制，爰刪除現行「在合理範圍內」之要件。 三、鑒於著作數位化時代，政府機關因行政或立法之目的而利用著作之型態已不僅限於重製他人著作，修正條文第二十五條至第三十六條各種著作財產權之利用均有可能。考量本條係僅限於內部參考資料使用，影響尚屬有限，且又有但書之限制，爰將本條得利用著作之方法不再限於重製，以符合現今政府施政參考需要。 四、現行但書規定業已符合伯恩公約揭示之三步測試（three-step test）原則，為更明確符合該原則，爰參考與貿易有關之智慧財產權協定（TRIPS）第十三條，酌作文字修正。至於但書情形，例如：某機關召開內部會議將某甲教授所著之論文作為書面資料附件，如參加會議人數僅數十人卻重製一百份著作，或該著作有五百頁，僅數十頁與會議相關卻重製整本著作，此時某甲教授之潛在經濟利益

修正條文	現行條文	說明
		自然受影響，此種行為依本條但書仍屬侵害某甲教授之著作財產權。
第五十四條 專為下列各款使用之必要，得利用他人之著作： 一、司法程序。 二、行政救濟程序。 三、請願或陳情程序。 四、專利、商標或藥事之申請程序。 前條但書規定，於前項情形準用之。	**第四十五條** 專為司法程序使用之必要，在合理範圍內，得重製他人之著作。 前條但書規定，於前項情形準用之。	一、條次變更。 二、第一項酌作修正，說明如下： （一）鑑於著作數位化時代，在司法程序及相關之行政程序中，利用著作之型態已不僅限於重製他人著作，修正條文第二十五條至第三十六條各種著作財產權之利用均有可能，且尚有現行條文第二項之限制，爰參考德國著作權法第四十五條規定，將本條得利用著作之方法不再限於重製，以符合司法及相關行政程序進行之需要。 （二）現行規定之司法程序移列為第一款，並酌作修正。除司法程序使用之必要，不論司法機關抑或司法程序參與人，均得就重製他人著作之行為主張合理使用外，在行政救濟程序、請願或陳情程序，或依專利法、商標法、藥事法及藥品查驗登記審查準則之申請程序，不論係行政機關抑或係此類

修正條文	現行條文	說明
		行政程序之參與人，亦有利用他人著作之必要，爰參考日本著作權法第四十二條規定，增訂第二款至第四款之行政程序，亦得主張本條之合理使用。 （三）刪除現行「在合理範圍內」之要件，理由同修正條文第五十三條說明二。 三、第二項未修正。
第五十五條 依法設立之各級學校及其擔任教學之人，為學校授課目的之必要範圍內，得重製、改作、散布、公開演出、公開上映及再公開傳達他人已公開發表之著作。 前項情形，經採取合理技術措施防止未有學校學籍或未經選課之人接收者，得公開播送或公開傳輸他人已公開發表之著作。 第五十三條但書規定，於前二項情形準用之。	**第四十六條** 依法設立之各級學校及其擔任教學之人，為學校授課需要，在合理範圍內，得重製他人已公開發表之著作。 第四十四條但書規定，於前項情形準用之。	一、條次變更。 二、第一項酌作修正，說明如下： （一）現行條文所規範之現場課堂教學活動，為知識傳遞之主要管道，具有重大公益性質，對文化發展具有重大意義，惟現行規定之利用方法僅限於重製，已無法因應目前課堂教學素材多元化發展之需要，並考量本條僅限於依法設立之各級學校及其擔任教學之人適用，爰將利用態樣範圍擴及公開演出、公開上映及再公開傳達，另將現行條文第六十三條第二項及第三項所定本條之改作及散布納入。 （二）將現行「合理範圍」修正為「為授

修正條文	現行條文	說明
		課目的必要之範圍」，使適用範圍明確，並避免過度擴張而損害權利人之權益。 三、隨科技發展，運用科技進行之遠距教學以擴大教學效果，為各國教育政策之趨勢。又針對依法設立各級學校正式註冊課程學生之網路教學，因有學期及上課時間等限制，利用他人著作時間較短暫，且其傳輸範圍較易控制（上課對象有限），與現場課堂教學性質相似，公益性高且對著作權人權益影響較小，爰增訂第二項，明定可包含依法設立各級學校課堂教學之同步及非同步遠距教學之情形，但應採取技術措施防止正式註冊該課程以外之人接收該課程，避免損害著作財產權人之權益。至於非上述情形之遠距教學，除符合修正條文第五十六條之情形外，仍應取得授權，始得為之。 四、現行第二項移列為第三項，並配合條次變動酌作文字修正。按現場課堂教學活動之遠距教學，為現場課堂教學之延伸，具有重大公益性質，對知識傳播具有重大意

修正條文	現行條文	說明
		義，但遠距教學若違反著作之正常利用，且依該著作之種類、用途及其重製物之數量、利用方法，如不合理損害著作財產權人之利益者，例如：主要供教學使用而製作、出版或銷售之著作（例如教科書），仍應排除其適用，併予敘明。
第五十六條 依法設立之各級學校或教育機構及其擔任教學之人，為教育目的之必要範圍內，得公開播送或公開傳輸他人已公開發表之著作。但有營利行為者，不適用之。 前項情形，除符合前條第二項規定外，利用人應將利用情形通知著作財產權人並支付適當之使用報酬。	**第四十七條第三項** 依法設立之各級學校或教育機構，為教育目的之必要，在合理範圍內，得公開播送他人已公開發表之著作。	一、現行條文第四十七條第三項修正後移列為第一項。隨科技發展，傳統利用廣播提供進修教育之空中大學及各級進修學校，得以利用網路進行遠距教學，擴大受教學習之管道，此為各國教育政策之趨勢，為因應數位時代教育政策之需求，爰參考韓國著作權法第二十五條第一項至第四項規定，於本項新增遠距教學之規範，其行為態樣由廣播擴及於廣播之同步傳輸及網路上之互動式傳輸。惟適用主體雖可包括依法設立之各級學校或教育機構，但仍應限於非營利性之遠距教學。至營利性之公司行號及任何以遠距教學進行營利之行為者，均不適用，爰予增訂但書排除之。 二、增訂第二項。參考美

修正條文	現行條文	說明
		國著作權法第一百十條第一項、日本著作權法第三十五條第二項等規定，明定非營利開放式網路教學須支付使用報酬，惟該使用報酬不由主管機關訂定，而係由雙方協商適當之使用報酬。以一般民眾均可自由參與之磨課師課程（大規模線上開放式課程，MOOCs）為例，非營利性之磨課師課程平臺（如eDX）可主張法定授權，支付使用報酬即可利用他人著作於課程內容；如為營利性之磨課師課程平臺（如Coursera及Udacity）則不適用本條規定，須取得授權才能將他人著作置於課程內容。另因本條適用主體與前條第二項規定有重疊之情形，符合前條規定者即得公開播送或公開傳輸，無須適用本條規定支付使用報酬，為避免產生適用疑義，爰明文排除前條第二項之適用。
第五十七條 為編製依法規應經審定或編定之教科用書，得重製或改作他人已公開發表之著作。 前項規定之教科用書，得由編製者散布或公開傳輸。	**第四十七條** 為編製依法令應經教育行政機關審定之教科用書，或教育行政機關編製教科用書者，在合理範圍內，得重製、改作或編輯他人已公開發表之著作。 前項規定，於編製附隨於	一、條次變更。 二、第一項酌作修正，說明如下： （一）現行條文教科用書之合理使用係指依國民教育法及高級中等教育法等規定，經審定或編定

修正條文	現行條文	說明
第一項重製或改作及前項散布規定，於該教科用書編製者編製附隨於該教科用書且專供教學之人教學用之輔助用品，準用之。 前三項情形，利用人應將利用情形通知著作財產權人並支付使用報酬；其使用報酬率，由主管機關定之。	該教科用書且專供教學之人教學用之輔助用品，準用之。但以由該教科用書編製者編製為限。 依法設立之各級學校或教育機構，為教育目的之必要，在合理範圍內，得公開播送他人已公開發表之著作。 前三項情形，利用人應將利用情形通知著作財產權人並支付使用報酬。使用報酬率，由主管機關定之。	之教科用書，始有本條之適用，並不包含專科或大學以上之教科用書在內，又是否需經教育行政機關審定須視相關教育法規而定，爰酌作文字修正。 （二）依現行規定，主張本條之合理使用須符合「在合理範圍」之要件，故在判斷上，尚須符合現行條文第六十五條第二項各款所定要件，致使現行條文在適用上並不明確。考量依本條第四項規定，需支付著作財產權人使用報酬，且本項規定公益性高，爰刪除「在合理範圍內」之要件。 （三）因本次修正刪除現行條文第二十八條之編輯權，爰配合刪除現行「或編輯」之文字。 三、增訂第二項。將現行條文第六十三條第三項所定本條之散布納入。另鑒於數位化教科書發展趨勢及網路科技發展，電子書包為各國教育政策之趨勢，為因應此教育政策之需求，爰明定依法規編製教科書得公開傳輸之規定，惟鑒於公開傳輸之特性

修正條文	現行條文	說明
		影響權利人之權益較大，仍須依修正條文第四項規定支付相當之使用報酬。 四、現行第二項修正後移列為第三項。 五、現行第三項已移列為第五十六條第一項，爰予刪除。 六、第四項酌作文字修正。又修正條文第二項所定公開傳輸之利用型態，涉及接收電子教科書之對象是否有科技保護措施之限制，未來主管機關研擬使用報酬率時，將會考量接收對象範圍之多寡而有所不同，併此敘明。
第五十八條 供公眾使用之圖書館、博物館、歷史館、科學館、藝術館或其他<u>典藏機構</u>，於下列情形之一，得就其收藏之著作重製<u>或散布</u>之： 一、應閱覽人供個人研究之要求，重製已公開發表著作之一部分，或期刊或已公開發表之研討會論文集之單篇著作，每人以一份為限。<u>但不得以數位重製物提供之。</u> 二、<u>基於避免遺失、毀損、或其儲存形式無通用技術可資讀取，且無法於市場以合理管道取得而有保存資料之必要者。</u>	**第四十八條** 供公眾使用之圖書館、博物館、歷史館、科學館、藝術館或其他文教機構，於下列情形之一，得就其收藏之著作重製之： 一、應閱覽人供個人研究之要求，重製已公開發表著作之一部分，或期刊或已公開發表之研討會論文集之單篇著作，每人以一份為限。 二、基於保存資料之必要者。 三、就絕版或難以購得之著作，應同性質機構之要求者。	一、條次變更。 二、現行條文修正後移列為第一項，說明如下： （一）本項規定須具有典藏功能之文教機構始有適用，舉凡國家音樂廳、戲劇院、育樂館、文物館或文化中心等機構，只要具有館藏功能者，均有適用，爰將序文「文教機構」修正為「典藏機構」，以符合館藏功能之本旨。另將現行條文第六十三條第三項所定本條之散布納入。 （二）第一款修正。由於

修正條文	現行條文	說明
三、就絕版或難以購得之著作，應同性質機構之要求者。 四、數位館藏合法授權期間還原著作之需要者。 國家圖書館基於文化保存之目的，得重製下列著作： 一、依圖書館法或其他法令規定應送存之資料。 二、中央或地方機關或公法人於網路上向公眾提供之資料。 依第一項第二款至第四款及前項規定重製之著作，符合下列規定者，得於館內公開傳輸提供閱覽。但商業發行之視聽著作，不適用之： 一、同一著作同一時間提供館內使用者閱覽之數量，未超過該機構現有該著作之館藏數量。 二、提供館內閱覽之電腦或其他顯示設備，未提供使用者進行重製、傳輸。		典藏機構得依本款規定向讀者提供之重製物，僅限於紙本，不得提供數位重製物，爰增訂但書，以資明確。 （三）第二款酌作修正。現行條文所稱基於保存資料之必要，限於二種情形：1、館藏著作已毀損或遺失、或客觀上有毀損、遺失之虞，且無法在市場上以合理管道取得相同或適當版本之重製物（例如：手稿、珍本或已絕版之著作）；2、館藏版本之儲存形式（載體）已過時，利用人於利用時所需技術已無法獲得，且無法在市場上以合理管道取得相同或適當版本之重製物，須以其他形式加以重製者（如圖書館館藏之古老黑膠唱片及傳統VHS錄影帶），爰就上述要件予以明文。此外，如權利人已以數位形式發行或對公眾提供，但其所製作發行之數位格式不具容通性（閉鎖格式），而造成增加館藏保存數位版本之成本者，亦可適用本款規定，併為敘明。

修正條文	現行條文	說明
		（四）第三款未修正。 （五）考量圖書館等典藏機構實務上可能採購永久授權之數位形式館藏，如因毀損、滅失或未來因應技術升級，現行數位形式館藏也必須重新還原才能繼續使用，爰參考加拿大著作權法第三十點一條規定增訂第四款。 三、增訂第二項。依圖書館法第十五條規定，為完整保存國家圖書文獻，國家圖書館為全國出版品之法定送存機關。茲為確保文化資產之保存以及可於將來繼續傳承及利用，爰參考日本著作權法第三十一條第二項、第四十二條之三及韓國著作權法第三十一條等規定，賦予國家圖書館得基於文化保存之目的，就經送存著作及機關或公法人於網路上提供資料予以重製之法源。 四、增訂第三項。考量數位閱讀趨勢，依第一項第二款至第四款及第二項重製之資料，應得於適當要件限制下，提供讀者於館內線上瀏覽。惟為兼顧著作權人權益，爰於各款明定提供館內線上閱覽之要件限制，

修正條文	現行條文	說明
		以免對權利人之權益造成損害。另考量商業發行之視聽著作有其特定之商機及行銷管道，圖書館等典藏機構將其為文化保存目的所為之重製物提供館內閱覽恐造成視聽著作商業利益受損，並不妥適，爰於序文增訂但書明定提供館內線上閱覽不適用於商業發行之視聽著作，以免對權利人之權益造成損害。
第五十九條 中央或地方機關、依法設立之教育機構或供公眾使用之圖書館，得重製、翻譯、散布或公開傳輸下列已公開發表之著作所附之摘要： 一、依學位授予法取得學位而撰寫之碩士、博士論文。 二、刊載於期刊中之學術論文。 三、研討會論文集或研究報告。	**第四十八條之一** 中央或地方機關、依法設立之教育機構或供公眾使用之圖書館，得重製下列已公開發表之著作所附之摘要： 一、依學位授予法撰寫之碩士、博士論文，著作人已取得學位者。 二、刊載於期刊中之學術論文。 三、已公開發表之研討會論文集或研究報告。	一、條次變更。 二、將現行條文第六十三條第一項及第三項規定之翻譯及散布之利用態樣納入序文規範。另為因應數位時代之發展，並考量依本條被利用之著作僅為論文或報告等著作之「摘要」，而非該著作之全文，因而將利用態樣由重製、翻譯及散布擴及於網路上之公開傳輸。 三、第一款及第三款酌作文字修正；第二款未修正。
第六十條 以廣播、攝影、錄影、新聞紙、網路或其他方法為時事報導者，在報導之必要範圍內，得利用其報導過程中所接觸之著作。	**第四十九條** 以廣播、攝影、錄影、新聞紙、網路或其他方法為時事報導者，在報導之必要範圍內，得利用其報導過程中所接觸之著作。	條次變更，內容未修正。
第六十一條 中央或地方機關或公法人	**第五十條** 以中央或地方機關或公法	一、條次變更。 二、刪除在合理範圍內之

修正條文	現行條文	說明
為提供公共資訊之目的，以其名義公開發表之政策說明資料、調查統計資料、報告書或其他類似之著作，得<u>利用之</u>。	人之名義公開發表之著作，在合理範圍內，得重製、公開播送或公開傳輸。	要件，依現行條文規定，須符合在合理範圍之要件始得主張本條之合理使用，故在判斷上，尚須符合現行條文第六十五條第二項各款所定要件，致使現行條文在適用上並不明確。又本條修正後已將中央或地方機關或公法人之名義公開發表之著作限於政策說明資料、調查統計資料、報告書或其他類似之著作等，對於適用範圍已有適當之限制，爰刪除現行「在合理範圍內」之要件。 三、按於網路數位化環境下，民眾利用政府機關公開發表之著作，已不僅限於重製之方式，修正條文第二十五條至第三十六條各種著作財產權之利用均有可能，爰將得利用政府資訊著作之方法擴大，不再限於重製，以符合現今社會發展需要。 四、考量政府出版品之著作人或著作財產權並非均一定為政府機關所有，以及各機關著作性質之不同，恐非一概適合提供民眾利用，惟其中中央或地方機關或公法人為提供公共資訊之目的，以其名義公開發表之政策說明資料、調查

修正條文	現行條文	說明
		統計資料、報告書或其他類似之著作，應屬提供民眾瞭解之公共資訊，均具有讓社會大眾周知流通，以利瞭解施政目的及政策內容之必要，爰參考日本著作權法第三十二條第二項規定，明定該等資料應列入著作財產權合理使用之範圍；至於其他類別之政府資料，由於資料來源、性質會有所不同，是否須經授權，仍宜視其個案性質是否屬著作權保護之標的而決定之。
第六十二條 供個人或家庭為非營利之目的，在合理範圍內，得利用圖書館及非供公眾使用之機器重製已公開發表之著作，並得改作之。 前項所定合理範圍之判斷，應審酌一切情狀及第七十七條第二項各款規定事項。	**第五十一條** 供個人或家庭為非營利之目的，在合理範圍內，得利用圖書館及非供公眾使用之機器重製已公開發表之著作。	一、條次變更。 二、現行條文列為第一項，並將現行條文第六十三條第二項所定本條之改作納入，爰予修正。 三、由於在數位時代科技進步之下，複製他人著作品質高、成本低，且非常輕而易舉，縱為供個人或家庭為非營利目的之重製，如大量利用對相關著作之市場銷售將造成不良影響，故仍維持現行規定，須符合「在合理範圍」之要件始得主張本條之合理使用，且須依現行條文第六十五條第二項各款所定要件判斷該合理範圍，爰

修正條文	現行條文	說明
		增訂第二項，以資明確。
第六十三條 為報導、評論、教學、研究或其他正當目的，在必要範圍內，得以引用之<u>方式利用</u>已公開發表之著作。	**第五十二條** 為報導、評論、教學、研究或其他正當目的<u>之必要</u>，在合理範圍內，<u>得引用</u>已公開發表之著作。	一、條次變更。 二、刪除現行「在合理範圍內」之要件，依現行條文規定，須符合在合理範圍之要件始得主張本條之合理使用，故在判斷上，尚須符合現行條文第六十五條第二項各款所定要件，致使現行條文在適用上並不明確。又按利用行為是否為報導、評論、教學、研究或其他正當目的之必要，係屬客觀上之認定，考量合理使用規定為著作財產權之限制，為求衡平，應以客觀之標準作為是否成立合理使用之要件，爰參考德國著作權法第五十一條及日本著作權法第三十二條等規定，修正為必要範圍內之要件，以資明確。 三、按引用行為，不僅包含引用行為本身，尚包括經過合法引用之著作，附隨被引用著作內容之翻譯、散布及公開傳輸、公開演出等利用行為，均屬合法，例如：論文引用外文文獻，除可翻譯該文獻外，後續論文之發行仍得附隨利用該文獻。爰將得引用之用語修正為得以

修正條文	現行條文	說明
		引用之方式利用之，以涵括前述引用型態，以資明確。
第六十四條 中央或地方機關、非營利機構或團體、依法設立之各級學校，為專供視覺障礙者、學習障礙者、聽覺障礙者或其他感知著作有困難之障礙者使用之目的，得以翻譯、點字、錄音、數位轉換、口述影像、附加手語或其他方式利用已公開發表之著作。 前項所定障礙者或其代理人為供該障礙者個人非營利使用，準用前項規定。 依前二項規定製作之著作重製物，得於前二項所定障礙者、中央或地方機關、非營利機構或團體、依法設立之各級學校間散布或公開傳輸。	**第五十三條** 中央或地方政府機關、非營利機構或團體、依法立案之各級學校，為專供視覺障礙者、學習障礙者、聽覺障礙者或其他感知著作有困難之障礙者使用之目的，得以翻譯、點字、錄音、數位轉換、口述影像、附加手語或其他方式利用已公開發表之著作。 前項所定障礙者或其代理人為供該障礙者個人非營利使用，準用前項規定。 依前二項規定製作之著作重製物，得於前二項所定障礙者、中央或地方政府機關、非營利機構或團體、依法立案之各級學校間散布或公開傳輸。	一、條次變更。 二、第一項及第三項酌作文字修正。將「中央或地方政府機關」修正為「中央或地方機關」，「依法立案」修正為「依法設立」，以維持本法用語之一致性。 三、第二項未修正。
第六十五條 中央或地方機關、依法設立之各級學校或非營利教育機構辦理各種考試，得重製、改作、散布或公開傳輸已公開發表之著作，供為試題之用。但已公開發表之著作如為試題者，不適用之。	**第五十四條** 中央或地方機關、依法設立之各級學校或教育機構辦理之各種考試，得重製已公開發表之著作，供為試題之用。但已公開發表之著作如為試題者，不適用之。	一、條次變更。 二、將「教育機構」修正為「非營利教育機構」，以明確教育機構之範圍，避免補習班等營利機構可以適用，影響權利人之權益。 三、依現行條文第六十三條第一項及第三項規定，僅得翻譯及散布，惟目前考試出題之方式多元發展，如僅限於翻譯將不符時代所需，應允許改作，以應實務需要，爰將翻譯擴大為改作，納入合理使用之

修正條文	現行條文	說明
		範圍。 四、另考量我國目前各種考試（包括評量），將不限於在現場考試，對遠距教學而言，未來利用網路舉行各類考試，亦將有之，爰參考日本著作權法第三十六條及英國著作權法第三十二條第三項規定，將利用態樣由重製擴及於網路上之公開傳輸，以資適用。
第六十六條 非以營利為目的，未對觀眾或聽眾直接或間接收取任何費用，且未對表演人支付報酬者，得公開上映或公開演出他人已公開發表之著作。 前項規定，於電影院首次公開上映未滿三年之電影，不適用之。 第一項情形，應向著作財產權人支付適當之使用報酬。但下列情形，不適用之： 一、非經常性之活動。 二、使用個人私有設備於街道、公園、建築物之開放空間或其他向公眾開放之戶外場所舉辦社會救助、公共安全、公共衛生及個人身心健康目的之活動。 非以營利為目的，未對觀眾或聽眾直接或間接收取任何費用，得再公開傳達他人公開播送之著作。	**第五十五條** 非以營利為目的，未對觀眾或聽眾直接或間接收取任何費用，且未對表演人支付報酬者，得於活動中公開口述、公開播送、公開上映或公開演出他人已公開發表之著作。	一、條次變更。 二、現行條文修正後列為第一項，說明如下： （一）依現行規定，主張本條合理使用，除須符合非以營利為目的、未對觀眾或聽眾直接或間接收取任何費用及未對表演人支付報酬等要件外，尚須是在活動中時始得主張，惟活動之定義及範圍，包括經常性及非經常性活動，現行行政解釋限於非經常性活動始有適用，並不妥適，爰刪除「於活動中」之文字。惟就經常性活動及非經常性活動性質不同之區別，另新增第三項規範需支付使用報酬之情形。 （二）配合現行條文第三條第六款之刪除，

修正條文	現行條文	說明
依第一項及前項規定利用他人著作者，得翻譯該著作。		將公開口述之利用態樣刪除。 （三）另鑑於修正後本條之適用範圍已不限於非經常性之活動，惟如利用人之利用行為係公開播送，因公開播送已包括網路同步播放行為，影響範圍較大，縱使利用人非以營利之目的，例如：電視台轉播賑災募款實況、校園實習電台等，此等利用行為如仍得依本條主張合理使用，恐失之過寬，影響著作財產權人權利過大，爰刪除公開播送之行為態樣。 三、考量視聽著作（如電影影片）有放映週期之市場特殊性，為避免影響著作財產權人之市場利益，爰於第二項增訂公開上映未滿三年之視聽著作，不得主張第一項合理使用之規定，予以限制。 四、增訂第三項。國內機關學校、團體之非營利經常性活動，例如：劇團定期舉辦義演活動播放音樂伴奏、校園於課間播放音樂等利用行為非常普遍，通常屬於經常性之活動，對權利人之權益仍會有一定程

修正條文	現行條文	說明
		度之影響，為調和社會公共利益，該等經常性活動採法定授權制度，雖毋須徵得著作財產權人同意，但應向著作財產權人支付使用報酬，以衡平權利人及利用人雙方利益。惟如屬非經常辦理之活動，例如：天災之義演募款；或於街道、公園、建築物之開放空間或其他向公眾開放之戶外場所舉辦之社會救助、公共安全、公共衛生及個人身心健康目的之活動，且使用自己的設備播放者，如民眾攜帶家中ＣＤ播放機在公園、健身時播放音樂伴奏，因具有公益性及促進國民身心健康目的，則仍維持屬合理使用不須支付使用報酬，爰於但書明定排除之。惟如社區里民活動中心裝設電腦伴唱機供民眾點唱，因非屬戶外場所，不適用本項規定，併予敘明。 五、在公共場所將公開播送之著作內容同時再以螢幕、擴音器或其他機械設備向公眾傳達者乃屬修正條文第三項第十款之再公開傳達，例如：於戶外公共場所播放電視台直播之球賽，若利用人之利用行為非以營

修正條文	現行條文	說明
		利為目的、未對觀眾或聽眾收取直接或間接費用者，由於此類型之利用，利用人一般選擇權有限，市場替代性低，對著作權人之權利影響有限，爰參考日本著作權法第三十八條第三項前段規定「不以營利為目的，且未對聽眾或觀眾收取費用，得以接收信號之裝置再公開傳達廣播或有線廣播之著作（包含已廣播之著作而被自動公眾送信情形之該著作）。」之立法例，增訂第四項，得在合於前述要件下，再公開傳達他人公開播送之著作，以調和社會公共利益。惟為避免利用範圍過寬、影響著作權人權益過鉅，適用對象僅限於他人公開播送之著作，不及於經公開傳輸之著作，併予敘明。 六、第五項係將現行條文第六十三條第一項所定本條之翻譯納入規範。
第六十七條 使用通常家用接收設備者，得再公開傳達他人公開播送之著作。 前項情形，以分線設備再公開傳達者，不適用之。		一、本條新增。 二、修正條文第三十條增訂著作人專有再公開傳達其著作之權利，使其就公開播送或公開傳輸之著作內容，專有以螢幕、擴音器或其他機械設備同時

修正條文	現行條文	說明
		再向公眾傳達其著作之權利。又參考日本著作權法第三十八條第三項規定「不以營利為目的，且未對聽眾或觀眾收取費用，得以接收信號之裝置公開傳達廣播或有線廣播之著作（包含已廣播之著作而被自動公眾送信之著作），使用通常家庭用接收信號之裝置所為者，亦同。」及美國著作權法第一百十條規定「（前略）下列情形不構成著作權侵害……(5)(A)除第(B)目規定之情形外，對收錄有著作之公開演出或公開展示，以通常使用於私人家庭之單一接收裝置予以傳達者。但有下列情形者，不在此限：(I)為收視或收聽該傳輸而收取直接費用者；或(II)將該接收之傳輸再向公眾傳輸者。」等立法例，就再公開傳達之利用行為均立法明定，使利用人如使用通常家用之接收設備收聽收視廣播、電視節目者，得主張合理使用。考量我國實務上於公共場所內（無論是否涉及營利活動），利用通常家用之接收設備收聽廣播、電視節目進行二次利用之情形非常普

修正條文	現行條文	說明
		遍，特別是小型商家（小吃店、家庭美容院等），而公開播送後之二次利用行為，權利人所能獲取之經濟利益有限，爰參考美、日上述規定，新增本條合理使用規定，以為衡平。惟為避免利用範圍過寬、影響著作權人收益過鉅，將得主張本條合理使用之範圍，限於再公開傳達他人公開播送之著作，而不及於經公開傳輸之著作。 三、為有別於修正條文第六十六條第四項非營利目的之合理使用規定，本條之適用不限於非營利目的之利用行為，只要利用人所使用者為通常家用接收設備，縱使是以營利為目的之營業場所，仍得依本條規定再公開傳達他人公開播送之著作，例如：販售飲料之店家於店面擺放一台收音機播放廣播節目聆聽。至於前條第四項規定，仍以非營利之目的為前提，但只要符合未對觀眾、聽眾直接或間接收取任何費用之要件，即使再公開傳達時所使用之設備非屬通常家用設備，仍得主張合理使用，例如：公益團體辦理戒

修正條文	現行條文	說明
		菸宣導活動，邀請觀眾免費參加，於活動現場以電視牆播放電視節目。 四、至於通常家用接收設備之認定，由於市場上各類視聽設備類型繁多，且科技日新月異，實難於條文中明定「通常家用接收設備」之定義，復參考美國、日本等國之立法例，均未就「通常家用接收設備」加以定義，其認定主要亦參照伯恩公約指南第十一條之二之說明，其利用情形著重在使用該設備是否已達到擴大播送之效果而創造了新的觀眾，予以認定。個案如有爭議，應由司法機關依據具體個案事實判斷之。 五、惟如接收公開播送之著作內容，再藉由線纜系統或其他器材（如媒體盒）將原播送之著作內容分送到其他接收設備者，例如：在某一定點利用機上盒接收電視節目信號後，再傳送至電視牆之各個電視螢幕或營業場所不同空間之各個電視機，則屬擴大原播送之效果，無法主張合理使用，爰於第二項明定之。
第六十八條	第五十六條	一、條次變更。

修正條文	現行條文	說明
廣播或電視，為公開播送之目的，得以自己之設備錄音或錄影該著作。但以其公開播送業經著作財產權人之授權或合於本法規定者為限。 前項錄製物除經著作權專責機關核准保存於指定之處所外，應於錄音或錄影後六個月內銷<u>毀</u>之。	廣播或電視，為公開播送之目的，得以自己之設備錄音或錄影該著作。但以其公開播送業經著作財產權人之授權或合於本法規定者為限。 前項錄製物除經著作權專責機關核准保存於指定之處所外，應於錄音或錄影後六個月內銷燬之。	二、第一項未修正。 三、第二項酌作文字修正。按現行所用「燬」字，其他法律亦有用「毀」字，為求法律用語統一，參考專利法及營業秘密法之用語，將「燬」字修正為「毀」字。
第六十九條 為加強收視效能，得以社區共同天線同時轉播依法設立無線電視臺播送之著作，不得變更其形式或內容。	**第五十六條之一** 為加強收視效能，得以依法令設立之社區共同天線同時轉播依法設立無線電視臺播送之著作，不得變更其形式或內容。	一、條次變更。 二、現行所定之社區共同天線，原依交通部六十二年四月三日發布之電視廣播增力機變頻機及社區共同天線電視設備設置規則申請許可設置，始得適用本條規定，惟都市化發展之結果，高樓大廈林立，為了建築物之美觀，許多建商在落成時即設立屋頂共同天線，避免每個住戶自行外接天線之雜亂無章，此種為共同生活便利與公共利益所設置之社區共同天線電視設備，其設置者未從事營業行為者，自一百零一年四月六日修正該規則為電視增力機變頻機及社區共同天線電視設備設立辦法後，上開未從事營業之設置行為即不適用該辦法規範。因此，基於衡平原則，從事營業行為之社區共同天線（須依法設立）既可

修正條文	現行條文	說明
		適用本條之規定，未從事營業行為之社區共同天線（不須依法設立）應亦可適用本條之規定，爰刪除依法令設立之文字，以符實務現況。
第七十條 美術著作或攝影著作原件或合法重製物之所有人或經其同意之人，得公開展示該著作原件或合法重製物。 前項公開展示之人，為向參觀人解說著作，得於說明書內重製該著作。	**第五十七條** 美術著作或攝影著作原件或合法重製物之所有人或經其同意之人，得公開展示該著作原件或合法重製物。 前項公開展示之人，為向參觀人解說著作，得於說明書內重製該著作。	條次變更，內容未修正。
第七十一條 於街道、公園、建築物之外壁或其他向公眾開放之戶外場所長期展示之美術著作或建築著作，除下列情形外，得以任何方法利用之： 一、以建築方式重製建築物。 二、以雕塑方式重製雕塑物。 三、為於本條規定之場所長期展示目的所為之重製。 四、專門以販賣美術著作重製物為目的所為之重製。	**第五十八條** 於街道、公園、建築物之外壁或其他向公眾開放之戶外場所長期展示之美術著作或建築著作，除下列情形外，得以任何方法利用之： 一、以建築方式重製建築物。 二、以雕塑方式重製雕塑物。 三、為於本條規定之場所長期展示目的所為之重製。 四、專門以販賣美術著作重製物為目的所為之重製。	條次變更，內容未修正。
第七十二條 合法電腦程式著作重製物之所有人或被授權人得因配合其所使用機器之需要，重製或修改其程式，或因備用存檔之需要重製其程式。但限於該所有人	**第五十九條** 合法電腦程式著作重製物之所有人得因配合其所使用機器之需要，修改其程式，或因備用存檔之需要重製其程式。但限於該所有人自行使用。	一、條次變更。 二、第一項酌作修正，說明如下： （一）目前電腦程式絕大多數係依契約授權消費者使用，甚至許多軟體係透過

修正條文	現行條文	說明
或被授權人自行使用。 前項所有人因滅失以外之事由，喪失原重製物之所有權，或前項被授權人，於授權關係消滅者，除經著作財產權人同意外，應將其修改或重製之程式銷毀之。	前項所有人因滅失以外之事由，喪失原重製物之所有權者，除經著作財產權人同意外，應將其修改或重製之程式銷燬之。	下載取得，消費者沒有取得光碟等實體重製物，惟實務上軟體之被授權人與所有權人一樣，均有配合機械使用修改電腦程式之需要，以免因各人使用機型不同及操作系統不統一，造成應用上之困擾，爰參考歐盟一九九一年電腦程式著作保護指令第五條規定，增訂電腦程式著作之被授權人為本條適用主體。 （二）現行係針對配合機器使用電腦程式所產生之重製行為漏未規定，爰參考美國著作權法第一百十七條及歐盟一九九一年電腦程式著作保護指令第五條規定修正，將重製予以納入。 三、第二項酌作修正，說明如下： （一）配合第一項之修正，被授權人於授權關係消滅者（例如：授權期間屆滿、授權契約終止或不存在等情形），除經著作財產權人同意外，亦應將其修改或重製之程式銷毀之，以資明確。 （二）「銷燬」修正為

修正條文	現行條文	說明
		「銷毀」，理由同修正條文第六十八條說明三。
第七十三條 經著作財產權人以移轉所有權之方式散布之著作原件或其重製物，取得該著作原件或其重製物之人得散布之。但錄音及電腦程式著作，不得以出租之方式散布之。 有第九十七條第一項第三款規定之情事者，除經著作財產權人同意於國內散布外，不適用前項規定。 附含於貨物、機器或設備之電腦程式著作重製物，隨同貨物、機器或設備合法出租且非該項出租之主要標的者，不適用第一項但書規定。	**第五十九條之一** 在中華民國管轄區域內取得著作原件或其合法重製物所有權之人，得以移轉所有權之方式散布之。 **第六十條** 著作原件或其合法著作重製物之所有人，得出租該原件或重製物。但錄音及電腦程式著作，不適用之。 附含於貨物、機器或設備之電腦程式著作重製物，隨同貨物、機器或設備合法出租且非該項出租之主要標的物者，不適用前項但書之規定。	一、現行條文第五十九條之一及第六十條第一項合併修正為第一項，說明如下： （一）按現行條文第五十九條之一及第六十條均係「權利耗盡」之規定，經參考美國著作權法第一百零九條、歐盟二○○一年資訊社會著作權與相關權利調和指令第四條，釐清「權利耗盡」應指著作原件或其重製物經權利人以移轉所有權之方式散布後，權利人對該物不得再行主張以移轉所有權或出租之方式散布之權利，因此，為求法律明確，爰予合併修正。 （二）刪除在中華民國管轄區域內取得之要件：按現行條文第五十九條之一限於在中華民國管轄區域內取得之著作原件或重製物始有適用，惟現行條文第六十條則無此規定，參考上述美國及歐盟立法例，權利耗盡不以取得該著作原件或重製物之所有權為要件，

修正條文	現行條文	說明
		亦與該著作原件或重製物之所有權取得是否在中華民國管轄區域內無涉，爰將該要件刪除。 （三）但書酌作文字修正。 二、增訂第二項，說明如下： （一）按有修正條文第九十七條第一項第三款規定未經著作財產權人同意而輸入著作原件或其國外合法重製物之情形，其後續在國內散布亦屬未得著作財產權人同意，應無權利耗盡原則之適用，爰規定除經著作財產權人同意於國內散布外，不適用第一項權利耗盡之規定。 （二）依修正條文第九十八條規定而輸入取得之著作原件或重製物，因非屬修正條文第九十七條第一項第三款之情形，自仍有第一項權利耗盡原則之適用。另依本法強制授權取得之著作原件或重製物，係由著作權專責機關授權許可，亦有第一項權利耗盡原則之適用，併予敘明。 三、現行條文第六十條第二項修正後移列為第

修正條文	現行條文	說明
		三項。
第七十四條 於新聞紙、雜誌或網路上評論有關政治、經濟或社會上時事問題之文字、圖片或視聽影像及其所附帶利用之著作，除經註明不許利用者外，得以下列方式利用之： 一、由其他新聞紙、雜誌轉載或散布。 二、公開播送、公開傳輸或再公開傳達。 前項規定之利用方式，於期刊之學術論文，不適用之。 依第一項規定利用他人著作者，得翻譯該著作。	**第六十一條** 揭載於新聞紙、雜誌或網路上有關政治、經濟或社會上時事問題之論述，得由其他新聞紙、雜誌轉載或由廣播或電視公開播送，或於網路上公開傳輸。但經註明不許轉載、公開播送或公開傳輸者，不在此限。	一、條次變更。 二、現行條文修正後移列為第一項，說明如下： （一）按現今社會現況，網路時事新聞轉載者已不限於語文著作，尚包含圖片、影音，且該等圖片、影音亦有可能附帶利用到他人著作。若仍嚴格限於語文著作始能適用，將對資訊流通形成過度限制，與現今社會發展所需不符，故將現行「論述」修正為「文字、圖片或視聽影像及其所附帶利用之著作」，納為可合理使用之標的，以符實務需求；但書有關經註明不許轉載之規定，移列為本文除外規定，並將可利用之方式分二款規定，以資明確。 （二）配合修正條文第三條第十款有關再公開傳達之定義，並將現行條文第六十三條第三項所定本條之散布納入，爰於第一款新增散布，於第二款新增再公開傳達等利用態樣。 三、增訂第二項。按時事

修正條文	現行條文	說明
		論述如屬刊載於期刊中之學術論文，因其具學術性質，與一般時事論述希望廣為流傳之性質不同，爰參考日本著作權法第三十九條第一項，明文予以排除適用。 四、第三項係將現行條文第六十三條第一項所定本條之翻譯納入規範。
第七十五條 政治或宗教上之公開演說、裁判程序及中央或地方機關之公開陳述，任何人得利用之。但專就特定人之演說或陳述，編輯成編輯著作者，應經著作財產權人之同意。	**第六十二條** 政治或宗教上之公開演說、裁判程序及中央或地方機關之公開陳述，任何人得利用之。但專就特定人之演說或陳述，編輯成編輯著作者，應經著作財產權人之同意。	條次變更，內容未修正。
	第六十三條 依第四十四條、第四十五條、第四十八條第一款、第四十八條之一至第五十條、第五十二條至第五十五條、第六十一條及第六十二條規定得利用他人著作者，得翻譯該著作。 依第四十六條及第五十一條規定得利用他人著作者，得改作該著作。 依第四十六條至第五十條、第五十二條至第五十四條、第五十七條第二項、第五十八條、第六十一條及第六十二條規定利用他人著作者，得散布該著作。	一、本條刪除。 二、現行規定得翻譯、改作及散布他人著作之利用態樣，業依著作性質分別納入修正條文第五十三條至第五十五條、第五十七條至第六十六條、第七十一條、第七十四條及第七十五條規範，爰予刪除。 三、另修正條文第五十六條、第五十八條及第七十條第二項等合理使用規定，依其著作利用性質，並無散布或翻譯之必要，爰未將現行第一項有關「第四十八條第一款」之翻譯、第三項有關「第四十七條」

修正條文	現行條文	說明
		及「第五十七條第二項」之散布規定納入上開修正條文規範，併予敘明。
第七十六條 依第五十三條、第五十四條、~~第五十六條~~、第五十七條、第五十九條、~~第六十一條~~、第六十三條、第六十四條、第六十六條、第七十條、第七十一條、第七十四條或第七十五條規定利用他人著作者，應明示其出處。 前項明示出處，就著作人之姓名或名稱，除不具名著作或著作人不明者外，應以合理之方式為之。	**第六十四條** 依第四十四條至第四十七條、第四十八條之一至第五十條、第五十二條、第五十三條、第五十五條、第五十七條、第五十八條、第六十條至第六十三條規定利用他人著作者，應明示其出處。 前項明示出處，就著作人之姓名或名稱，除不具名著作或著作人不明者外，應以合理之方式為之。	一、條次變更。 二、第一項配合修正條文條次變動及現行條文第六十三條刪除，酌作文字修正。另本項係規定合理使用應明示出處，惟修正條文第五十五條（現行條文第四十六條）及第六十條（現行條文第四十九條）分別涉及課堂教學及時事報導之合理使用規定，具高度時效性，實務上難以一一註明出處，又修正條文第七十三條（現行條文第六十條）係權利耗盡原則規定，爰不予列入。 三、第二項未修正。
第七十七條 符合第五十三條至第七十五條及本條第二項規定者，為著作之合理使用，不構成著作財產權之侵害。 著作之利用是否合於第五十三條至第七十五條規定以外之其他合理使用情形，應審酌一切情狀，尤應注意下列事項，以為判斷之基準： 一、利用之目的及性質，包括係為商業目的或非營利教育目的。 二、著作之性質。 三、所利用之質量及其在	**第六十五條** 著作之合理使用，不構成著作財產權之侵害。 著作之利用是否合於第四十四條至第六十三條所定之合理範圍或其他合理使用之情形，應審酌一切情狀，尤應注意下列事項，以為判斷之基準： 一、利用之目的及性質，包括係為商業目的或非營利教育目的。 二、著作之性質。 三、所利用之質量及其在整個著作所占之比例。 四、利用結果對著作潛在	一、條次變更。 二、第一項酌作修正。本法第二章第四節第四款款名為「著作財產權限制」，然無論係修正條文第五十三條至第七十五條及本條第二項均為合理使用而不構成著作財產權之侵害，因而第一項所定著作之合理使用，包含符合修正條文第五十三條至第七十五條及本條第二項規定者，為明確其法律效果，以利適用，爰明定符合第

修正條文	現行條文	說明
整個著作所占之比例。 四、利用結果對著作潛在市場與現在價值之影響。 著作權人團體與利用人團體就著作之合理使用範圍達成協議者，得為前項判斷之參考。 前項協議過程中，得諮詢著作權專責機關之意見。	市場與現在價值之影響。 著作權人團體與利用人團體就著作之合理使用範圍達成協議者，得為前項判斷之參考。 前項協議過程中，得諮詢著作權專責機關之意見。	五十三條至第七十五條及本條第二項規定為著作之合理使用，以資明確。 三、第二項酌作修正。按本項為獨立之概括合理使用規定，得於個案中依本項所定基準判斷是否符合合理使用而不構成侵害，與修正條文第五十三條至第七十五條明定利用行為必須合於各該條文要件而不構成侵害有所不同，為避免產生適用疑義，爰明定本項之合理使用係第五十三條至第七十五條規定以外其他情形，以釐清本項規定與修正條文第五十三條至第七十五條均屬「著作財產權限制」（或稱合理使用），亦即本項係彌補修正條文第五十三條至第七十五條列舉式合理使用之不足，例如：詼諧仿作、混搭利用著作等，以因應各種可能之著作合理使用行為，避免遺漏。 四、第三項及第四項未修正。
第七十八條 第五十三條至第七十五條或第七十七條規定，對著作人之著作人格權不生影響。	**第六十六條** 第四十四條至第六十三條及第六十五條規定，對著作人之著作人格權不生影響。	一、條次變更。 二、配合修正條文條次變動及現行條文第六十三條刪除，酌作文字修正。
第五款　著作利用之強制	第五款　著作利用之強制	款名未修正。

修正條文	現行條文	說明
授權	授權	
	第六十七條 （刪除）	一、本條刪除。 二、本次為全案修正，爰刪除原保留之條次。
	第六十八條 （刪除）	一、本條刪除。 二、本次為全案修正，爰刪除原保留之條次。
第七十九條 錄有音樂著作之銷售用錄音著作發行滿六個月，欲利用該音樂著作錄製其他銷售用錄音著作者，經申請著作權專責機關許可強制授權，並給付使用報酬後，得利用該音樂著作，另行錄製及散布。 前項音樂著作強制授權許可、使用報酬之計算方式及其他相關事項之辦法，由主管機關定之。	第六十九條 錄有音樂著作之銷售用錄音著作發行滿六個月，欲利用該音樂著作錄製其他銷售用錄音著作者，經申請著作權專責機關許可強制授權，並給付使用報酬後，得利用該音樂著作，另行錄製。 前項音樂著作強制授權許可、使用報酬之計算方式及其他應遵行事項之辦法，由主管機關定之。	一、條次變更。 二、按本條係有關為製作銷售用錄音著作而申請利用音樂著作之強制授權規範，因而利用態樣除錄製外應包含散布，爰於第一項增訂散布之利用態樣。 三、第二項酌作文字修正。
第八十條 利用人就已公開發表之著作，因著作財產權人不明或其所在不明，已盡相當努力仍無法取得授權者，得向著作權專責機關申請許可強制授權。 前項申請，經著作權專責機關核定使用報酬並許可授權者，利用人於提存使用報酬後，得於許可範圍內利用該著作。 著作權專責機關之授權許可，應以適當之方式公告。 第二項使用報酬之金額，應與一般著作經自由磋商所應支付合理之使用報酬相當。 第一項之申請，利用人得		一、本條新增。 二、孤兒著作強制授權規定於文化創意產業發展法第二十四條雖有明文，惟其適用範圍限於文化創意產業，恐不符目前社會發展需要，又現行之執行機關係由著作權專責機關辦理，故著作權專責機關依前揭發展法訂有著作財產權人不明著作利用之許可授權及使用報酬辦法。為擴大適用範圍，爰於本法建立著作權人不明著作利用之授權制度，第一項明定利用人已盡相當努力仍無法取得授權

修正條文	現行條文	說明
同時向著作權專責機關申請先行利用及核定保證金，並於提存保證金後，依第一項申請之利用方式，先行利用該著作。 利用人依前項規定先行利用著作，經著作權專責機關許可授權者，其保證金與第二項之使用報酬相抵後，應通知利用人補足或退還，並依提存相關規定辦理。 利用人依第五項規定先行利用著作，如未獲著作權專責機關許可授權者，應即停止利用該著作。著作權專責機關應核定其已利用期間之使用報酬，並與保證金相抵後，通知利用人補足或退還，及依提存相關規定辦理。 前七項之申請許可與先行利用、使用報酬之計算方式及其他相關事項之辦法，由主管機關定之。		者，得向著作權專責機關申請授權，利用該著作。 三、第二項明定當著作財產權人不明，利用人向專責機關申請強制授權時，利用人因無法與權利人進行協商，應由著作權專責機關依個案情況核予許可授權並核定其使用報酬，以確保權利人之權益，並要求申請人加以提存。 四、強制授權許可之處分，涉及公權力介入之性質，為達公示、周知之目的，爰於第三項規定應由著作權專責機關將該處分以適當之方式公告，以利外界知悉。 五、著作財產權人不明之強制授權機制係為處理解決著作財產權不明或其所在不明所致之授權困難，故其使用報酬在政策上並不涉及需要減免之考量，爰於第四項明定應與一般著作經自由磋商所應支付合理之使用報酬相當。 六、為促進著作權專責機關審查效率及兼顧利用人可盡快使用孤兒著作，爰參考日本著作權法第六十七條之二規定，於第五項明定利用人依第一項規定提出申請時，可同時申請先行利用及核

修正條文	現行條文	說明
		定保證金，於提存保證金後，即得先行利用孤兒著作。 七、第六項明定第五項所定之保證金，於著作權專責機關許可授權後，與核定之使用報酬相抵後，如有差額，應通知利用人補足或退還。 八、利用人提存保證金先行利用者，如未獲著作權專責機關許可授權，應停止利用該著作，已利用期間之使用報酬應由著作權專責機關核定，其已提存之保證金，經扣除著作權專責機關核定已利用期間之使用報酬後，仍有不足或剩餘者，申請人應補足或退還其差額，爰於第七項明定之。 九、第八項明定有關本條之申請許可授權及先行利用、使用報酬之計算方式等事項，授權主管機關訂定辦法據以執行。
第八十一條 依前二條規定利用著作者，不得將其重製物銷售至中華民國管轄區域外。	**第七十條** 依前條規定利用音樂著作者，不得將其錄音著作之重製物銷售至中華民國管轄區域外。	一、條次變更。 二、配合增訂修正條文第八十條規定，酌作文字修正。按著作權係屬地原則，授權範圍應僅限於我國，故不論音樂著作強制授權或孤兒著作強制授權，其重製物均不得銷售至中華民國管轄區域外。

修正條文	現行條文	說明
第八十二條 依第七十九條或第八十條規定，取得強制授權之許可後，發現其申請有虛偽不實之情事者，著作權專責機關應撤銷其許可。 依第七十九條或第八十條規定，取得強制授權之許可後，未依著作權專責機關許可之方式利用著作者，著作權專責機關應廢止其許可。	**第七十一條** 依第六十九條規定，取得強制授權之許可後，發現其申請有虛偽情事者，著作權專責機關應撤銷其許可。 依第六十九條規定，取得強制授權之許可後，未依著作權專責機關許可之方式利用著作者，著作權專責機關應廢止其許可。	一、條次變更。 二、第一項及第二項配合增訂修正條文第八十條及條次變動，酌作文字修正。
	第七十二條 （刪除）	一、本條刪除。 二、本次為全案修正，爰刪除原保留之條次。
	第七十三條 （刪除）	一、本條刪除。 二、本次為全案修正，爰刪除原保留之條次。
	第七十四條 （刪除）	一、本條刪除。 二、本次為全案修正，爰刪除原保留之條次。
	第七十五條 （刪除）	一、本條刪除。 二、本次為全案修正，爰刪除原保留之條次。
	第七十六條 （刪除）	一、本條刪除。 二、本次為全案修正，爰刪除原保留之條次。
	第七十七條 （刪除）	一、本條刪除。 二、本次為全案修正，爰刪除原保留之條次。
	第七十八條 （刪除）	一、本條刪除。 二、本次為全案修正，爰刪除原保留之條次。
第六款　著作財產權之設質登記		一、款名新增。 二、著作權設質登記於文化創意產業發展法第二十三條雖有明文，

修正條文	現行條文	說明
		惟其適用範圍限於文化創意產業，又其執行係由著作權專責機關辦理，故著作權專責機關尚訂有著作財產權質權登記及查閱辦法。為滿足文化創意產業外之一般民眾申辦質權登記之需求，爰於本法建立著作財產權質權公示制度，俾利著作流通交易、保障交易安全，促進融資及文創產業發展。
第八十三條 以著作財產權為標的之質權，其設定、讓與、變更、消滅或處分之限制，得向著作權專責機關登記；未經登記者，不得對抗善意第三人。但因混同、著作財產權或擔保債權之消滅而質權消滅者，不在此限。 前項登記內容，任何人均得申請查閱。 第一項登記及前項查閱之辦法，由主管機關定之。 第一項之登記及第二項查閱之業務，著作權專責機關得委託民間機構或團體辦理。		一、本條新增。 二、第一項明定由著作權專責機關辦理質權登記事項。此制度之建立係為解決設定質權所產生之問題，登記悉依申請人自行申報其登記事項之事實，著作權專責機關並不作實質審查，有關登記是否真實、是否屬著作、是否侵權等，仍須循司法途徑釐清，與著作權之爭議解決途徑相同。 三、為達公示、周知之目的，爰於第二項規定任何人均得申請查閱登記內容。 四、有關第一項之登記及第二項之查閱辦法，授權主管機關定之，爰於第三項明定之。 五、為減省行政成本，第四項明定有關第一項之登記及第二項之查

修正條文	現行條文	說明
		閱得委託民間機構或團體辦理。
第四章　製版權	第四章　製版權	章名未修正。
第八十四條 無著作財產權或著作財產權消滅之文字著述或美術著作，經製版人就文字著述整理印刷，或就美術著作原件以影印、印刷或類似方式重製首次發行，並經向著作權專責機關登記者，製版人就其版面，專有以影印、印刷或類似方式重製之權利。 製版人之權利，自製版完成時起算存續十年。 前項保護期間，以該期間屆滿當年之末日，為期間之終止。 製版權之讓與或信託，非經登記，不得對抗第三人。 前四項製版權登記、讓與登記、信託登記及其他相關事項之辦法，由主管機關定之。	**第七十九條** 無著作財產權或著作財產權消滅之文字著述或美術著作，經製版人就文字著述整理印刷，或就美術著作原件以影印、印刷或類似方式重製首次發行，並依法登記者，製版人就其版面，專有以影印、印刷或類似方式重製之權利。 製版人之權利，自製版完成時起算存續十年。 前項保護期間，以該期間屆滿當年之末日，為期間之終止。 製版權之讓與或信託，非經登記，不得對抗第三人。 製版權登記、讓與登記、信託登記及其他應遵行事項之辦法，由主管機關定之。	一、條次變更。 二、第一項明定製版權之登記係向著作權專責機關為之，爰予修正。 三、第二項至第四項未修正。 四、第五項酌作文字修正。
第八十五條 第五十一條及第五十二條有關著作財產權消滅之規定、第五十三條至第五十八條、第六十條、第六十二條至第六十五條、第七十六條及第七十七條關於著作財產權限制之規定，於製版權準用之。	**第八十條** 第四十二條及第四十三條有關著作財產權消滅之規定、第四十四條至第四十八條、第四十九條、第五十一條、第五十二條、第五十四條、第六十四條及第六十五條關於著作財產權限制之規定，於製版權準用之。	一、條次變更。 二、配合修正條文條次變動酌作文字修正，另為促進無法感知常規著作之視、聽障者得以接觸資訊，爰增訂修正條文第六十四條於製版權亦得準用。
第五章　權利管理電子資訊及科技保護措施	第四章之一　權利管理電子資訊及防盜拷措施	章名及章次修正。配合章次調整及修正條文第三條第十八款將「防盜拷措

修正條文	現行條文	說明
		施」用語修正為「科技保護措施」，爰予修正。
第八十六條 著作權人所為之權利管理電子資訊，不得移除或變更。但有下列情形之一者，不在此限： 一、因行為時之技術限制，非移除或變更著作權利管理電子資訊即不能合法利用該著作。 二、錄製或傳輸系統轉換時，其轉換技術上必要之移除或變更。 明知著作權利管理電子資訊，業經非法移除或變更者，不得散布或意圖散布而輸入或持有該著作原件或其重製物，亦不得公開播送、公開演出、公開傳輸或再公開傳達。	**第八十條之一** 著作權人所為之權利管理電子資訊，不得移除或變更。但有下列情形之一者，不在此限： 一、因行為時之技術限制，非移除或變更著作權利管理電子資訊即不能合法利用該著作。 二、錄製或傳輸系統轉換時，其轉換技術上必要之移除或變更。 明知著作權利管理電子資訊，業經非法移除或變更者，不得散布或意圖散布而輸入或持有該著作原件或其重製物，亦不得公開播送、公開演出或公開傳輸。	一、條次變更。 二、第一項未修正。 三、配合修正條文第三條第十款增訂再公開傳達之定義，業經非法移除或變更權利管理電子資訊之著作亦應不得再公開傳達，爰於第二項增列。
第八十七條 著作權人所採取禁止或限制他人擅自接觸著作之科技保護措施，未經合法授權不得予以破解、破壞或以其他方法規避之。 破解、破壞或規避科技保護措施之設備、器材、零件、技術或資訊，未經合法授權不得製造、輸入、提供公眾使用或為公眾提供服務。 前項所定設備、器材、零件、技術或資訊，應具有下列情形之一： 一、主要供規避科技保護措施而設計或製造。 二、除用於規避科技保護措施外，其他商業用	第八十條之二　著作權人所採取禁止或限制他人擅自進入著作之防盜拷措施，未經合法授權不得予以破解、破壞或以其他方法規避之。 破解、破壞或規避防盜拷措施之設備、器材、零件、技術或資訊，未經合法授權不得製造、輸入、提供公眾使用或為公眾提供服務。 前二項規定，於下列情形不適用之： 一、為維護國家安全者。 二、中央或地方機關所為者。 三、檔案保存機構、教育機構或供公眾使用之	一、條次變更。 二、第一項配合修正條文第三條第十八款修正文字。 三、第二項配合修正條文第三條第十八款酌作修正。 四、增訂第三項，說明如下： （一）基於科技中立原則，現行條文第二項所禁止之相關設備或服務，目前實務上係依「著作權法第八十條之二第三項各款內容認定要點」第三點規定認定其設備等是否符合主要用途係用

修正條文	現行條文	說明
途有限。 三、由明知得規避科技保護措施之人為促銷或廣告。 第一項及第二項規定，於下列情形不適用之： 一、為維護國家安全者。 二、中央或地方機關所為者。 三、檔案保存機構、教育機構或供公眾使用之圖書館，為評估是否取得資料所為者。 四、為保護未成年人者。 五、為保護個人資料者。 六、為電腦或網路進行安全測試者。 七、為進行加密研究者。 八、為進行還原工程者。 九、為依第五十三條至第七十五條或第七十七條規定利用他人著作者。 十、其他經主管機關所定情形。 前項各款之內容，由主管機關定之，並定期檢討。	圖書館，為評估是否取得資料所為者。 四、為保護未成年人者。 五、為保護個人資料者。 六、為電腦或網路進行安全測試者。 七、為進行加密研究者。 八、為進行還原工程者。 九、為依第四十四條至第六十三條及第六十五條規定利用他人著作者。 十、其他經主管機關所定情形。 前項各款之內容，由主管機關定之，並定期檢討。	於規避科技保護措施、除規避科技保護措施外，僅具極有限之商業用途、為供規避科技保護措施而銷售等要件，由於此等要件攸關科技保護措施之認定及適用範圍，應移至本法規定，以資明確，爰參酌美國著作權法第一二○一條及德國著作權法第九十五a條酌作文字修正，並分款規範。 （二）各款情形舉例如下：1、主要供規避科技保護措施而設計或製造者，例如：業者為破解電子書之防盜拷功能，進而設計或製造專供破解該該功能之程式或技術；2、除用於規避科技保護措施外，其他商業用途有限者，例如：某DVD燒錄軟體除可提供燒錄DVD外，同時具有破解DVD防盜拷功能，雖該燒錄軟體主要並非用以規避科技保護措施，惟倘無此規避功能則其燒錄之商業用途仍屬有限，因而有本款之適用；3、由明知得規避科技保護措施之人為促銷

修正條文	現行條文	說明
		或廣告者，例如：某經銷者明知某設備可用以供規避科技保護措施，並以此促銷或廣告做為號召，上游業者即不得製造、輸入或提供該設備予經銷商。 五、現行第三項移列為第四項，並配合本條項次變動及援引之條次變更酌作文字修正。 六、現行第四項移列為第五項，內容未修正。
第六章　著作權集體管理團體與著作權審議及調解委員會	第五章　著作權集體管理團體與著作權審議及調解委員會	章次修正。
第八十八條 著作財產權人為行使權利、收受及分配使用報酬，經著作權專責機關之許可，得組成著作權集體管理團體。 專屬授權之被授權人，亦得加入著作權集體管理團體。 第一項團體之許可設立、組織、職權及其監督、輔導，另以法律定之。	**第八十一條** 著作財產權人為行使權利、收受及分配使用報酬，經著作權專責機關之許可，得組成著作權集體管理團體。 專屬授權之被授權人，亦得加入著作權集體管理團體。 第一項團體之許可設立、組織、職權及其監督、輔導，另以法律定之。	條次變更，內容未修正。
第八十九條 著作權專責機關應組成著作權審議及調解委員會，辦理下列事項： 一、第五十七條第四項規定使用報酬率之審議。 二、著作權集體管理團體與利用人間，對使用報酬爭議之調解。	**第八十二條** 著作權專責機關應設置著作權審議及調解委員會，辦理下列事項： 一、第四十七條第四項規定使用報酬率之審議。 二、著作權集體管理團體與利用人間，對使用報酬爭議之調解。	一、本條由現行條文第八十二條及第八十三條合併修正。 二、現行條文第八十二條第一項列為第一項。除序文酌作文字修正外，按著作權審議及調解委員會之職掌，應得涵括本法相關內容，均得作為諮詢之

修正條文	現行條文	說明
三、著作權或製版權爭議之調解。 四、其他有關著作權或製版權事項之諮詢。 前項第三款所定爭議之調解，其涉及刑事者，以告訴乃論罪之案件為限。 第一項第二款、第三款之調解，應由當事人向著作權專責機關申請；其申請、程序進行及其他相關事項之辦法，由主管機關定之。	三、著作權或製版權爭議之調解。 四、其他有關著作權審議及調解之諮詢。 前項第三款所定爭議之調解，其涉及刑事者，以告訴乃論罪之案件為限。 **第八十三條** 前條著作權審議及調解委員會之組織規程及有關爭議之調解辦法，由主管機關擬訂，報請行政院核定後發布之。	事項，現行第四款所定範圍會有過於狹隘之虞，爰修正增列製版權事項；另第一款配合修正條文條次變動酌作文字修正。 三、現行條文第八十二條第二項列為第二項，內容未修正。 四、現行條文第八十三條修正後移列為第三項。依中央行政機關組織基準法規定，本法所定之著作權審議及調解委員會應為任務編組，由著作權專責機關訂定設置要點即可，無須於本法明文規定其組織規程訂定之依據，爰刪除有關該組織章程訂定之規定；另有關涉及著作權或製版權之爭議調解，明文規定應向著作權專責機關申請，並明定授權訂定辦法之事項，俾符合授權明確性原則。
第九十條 著作權專責機關應於調解成立之日起十日內，將調解書及卷證送請管轄之法院審核。 前項調解書，法院應儘速審核，認其應予核定者，應由法官簽名並蓋法院印信，除抽存一份外，併調解事件卷證發還著作權專責機關送達當事人。 法院因調解內容牴觸法令、違背公共秩序或善良	**第八十二條之一** 著作權專責機關應於調解成立後七日內，將調解書送請管轄法院審核。 前項調解書，法院應儘速審核，除有違反法令、公序良俗或不能強制執行者外，應由法官簽名並蓋法院印信，除抽存一份外，發還著作權專責機關送達當事人。 法院未予核定之事件，應將其理由通知著作權專責	一、條次變更。 二、按現行條文係於九十二年間參考鄉鎮市調解條例訂定，因該條例已於九十四年全盤修正，爰參考該條例第二十六條規定修正第一項至第三項，並增訂第四項。

修正條文	現行條文	說明
風俗或不能強制執行而未予核定者，應將其理由通知著作權專責機關。 調解文書之送達，準用民事訴訟法關於送達之規定。	機關。	
第九十一條 調解經法院核定後，當事人就該事件不得再行起訴、告訴或自訴。 經法院核定之民事調解，與民事確定判決有同一之效力；經法院核定之刑事調解，以給付金錢或其他代替物或有價證券之一定數量為標的者，其調解書得為執行名義。	**第八十二條之二** 調解經法院核定後，當事人就該事件不得再行起訴、告訴或自訴。 前項經法院核定之民事調解，與民事確定判決有同一之效力；經法院核定之刑事調解，以給付金錢或其他代替物或有價證券之一定數量為標的者，其調解書具有執行名義。	一、條次變更。 二、第一項未修正。 三、按現行條文係於九十二年間參考鄉鎮市調解條例訂定，因該條例已於九十四年全盤修正，爰參考該條例第二十七條規定修正第二項。
第九十二條 民事事件已繫屬於法院，在判決確定前，調解成立，並經法院核定者，訴訟終結。原告得於送達法院核定調解書之日起三個月內，向法院聲請退還已繳裁判費三分之二。 告訴乃論之刑事事件於偵查中或第一審法院辯論終結前，調解成立，並於調解書上記載當事人同意撤回意旨，經法院核定者，視為於調解成立時撤回告訴或自訴。	**第八十二條之三** 民事事件已繫屬於法院，在判決確定前，調解成立，並經法院核定者，視為於調解成立時撤回起訴。 刑事事件於偵查中或第一審法院辯論終結前，調解成立，經法院核定，並經當事人同意撤回者，視為於調解成立時撤回告訴或自訴。	一、條次變更。 二、按現行條文係於九十二年間參考鄉鎮市調解條例訂定，因該條例已於九十四年全盤修正，爰參考該條例第二十八條規定修正第一項及第二項。
第九十三條 民事調解經法院核定後有無效或得撤銷之原因者，當事人得向原核定法院提起宣告調解無效或撤銷調解之訴。 前項規定，當事人應於法院核定之調解書送達後	**第八十二條之四** 民事調解經法院核定後，有無效或得撤銷之原因者，當事人得向原核定法院提起宣告調解無效或撤銷調解之訴。 前項訴訟，當事人應於法院核定之調解書送達後	一、條次變更。 二、按現行條文係於九十二年間參考鄉鎮市調解條例訂定，因該條例已於九十四年全盤修正，爰參考該條例第二十九條規定修正第一項及第二

修正條文	現行條文	說明
三十日内為之。 民事訴訟法第五百零二條及強制執行法第十八條第二項規定，於第一項情形準用之。	三十日内提起之。	項，並增訂第三項。
第七章　權利侵害之救濟	第六章　權利侵害之救濟	章次修正。
第九十四條 著作權人或製版權人對於侵害其權利者，得請求排除之，有侵害之虞者，得請求防止之。	**第八十四條** 著作權人或製版權人對於侵害其權利者，得請求排除之，有侵害之虞者，得請求防止之。	條次變更，内容未修正。
第九十五條 侵害著作人格權者，負損害賠償責任。雖非財產上之損害，被害人亦得請求賠償相當之金額。 前項侵害，被害人並得請求表示著作人之姓名或名稱、更正内容或為其他回復名譽之適當處分。	**第八十五條** 侵害著作人格權者，負損害賠償責任。雖非財產上之損害，被害人亦得請求賠償相當之金額。 前項侵害，被害人並得請求表示著作人之姓名或名稱、更正内容或為其他回復名譽之適當處分。	條次變更，内容未修正。
第九十六條 著作人死亡後，除其遺囑另有指定外，下列之人，依順序對於違反第二十條或有違反之虞者，得依第九十四條及前條第二項規定，請求救濟： 一、配偶。 二、子女。 三、父母。 四、孫子女。 五、兄弟姐妹。 六、祖父母。 前項所定由著作人以遺囑指定之人，請求該項救濟之期間，存續至著作人死亡後五十年。但期間屆滿後，前項各款所定之人尚生存者，其請求救濟之期	**第八十六條** 著作人死亡後，除其遺囑另有指定外，下列之人，依順序對於違反第十八條或有違反之虞者，得依第八十四條及前條第二項規定，請求救濟： 一、配偶。 二、子女。 三、父母。 四、孫子女。 五、兄弟姐妹。 六、祖父母。	一、條次變更。 二、現行條文列為第一項，序文配合修正條文條次變動酌作文字修正。 三、增訂第二項。依現行規定著作人死亡後得請求救濟之人，除第一款至第六款之親屬外，尚有遺囑指定之人，且以遺囑指定之人請求救濟應優先於第一款至第六款規定之親屬，爰參考日本著作權法第一百十六條第三項，明定著作人以遺囑指定法人或自然人之情形，其被指定之人之請求救濟

修正條文	現行條文	說明
間，至前項各款所定之人之最後生存期間。		期間，存續至著作人死亡後五十年；於該期間屆滿後，第一項親屬尚生存者，其請求救濟之期間，存續於最後一位親屬生存期間，以為衡平。至於著作人為法人者，該法人經消滅後，法人格即已消滅，則無法適用本條規定請求保護，併予敘明。
第九十七條 有下列情形之一，除本法另有規定外，視為侵害著作權或製版權： 一、明知為侵害製版權之物而散布或意圖散布而公開陳列或持有者。 二、輸入未經著作財產權人或製版權人授權重製之重製物或製版物者。 三、未經著作財產權人同意而輸入著作原件或其國外合法重製物者。 四、明知為侵害著作財產權之物而以出借之方式散布，或意圖散布而公開陳列或持有者。 五、未經著作財產權人同意或授權，意圖供公眾透過網路公開傳輸或重製他人著作，侵害著作財產權，對公眾提供可公開傳輸或重製著作之電腦程式或其他技術，而受有	**第八十七條** 有下列情形之一者，除本法另有規定外，視為侵害著作權或製版權： 一、以侵害著作人名譽之方法利用其著作者。 二、明知為侵害製版權之物而散布或意圖散布而公開陳列或持有者。 三、輸入未經著作財產權人或製版權人授權重製之重製物或製版物者。 四、未經著作財產權人同意而輸入著作原件或其國外合法重製物者。 五、以係侵害電腦程式著作財產權之重製物而作為營業之使用者。 六、明知為侵害著作財產權之物而以移轉所有權或出租以外之方式散布者，或明知為侵害著作財產權之物，意圖散布而公開陳列或持有者。 七、未經著作財產權人同	一、條次變更。 二、第一項酌作修正，說明如下： （一）現行第一款刪除。本款內容已移列至修正條文第十九條，爰予刪除。 （二）現行第二款至第四款移列為第一款至第三款，內容未修正。 （三）現行第五款刪除。按現行所定「以侵害電腦程式著作財產權之重製物作為營業之使用者？視為侵害著作權，惟使用盜版電腦程式會在電腦隨機存取記憶體（ＲＡＭ）中產生暫時性重製，依修正條文第二十五條第二項規定，係構成侵害重製權，無擬制為侵害著作權之必要，爰予刪除。 （四）現行第六款修正後移列為第四款。

修正條文	現行條文	說明
利益者。 前項第五款之行為人，採取廣告或其他積極措施，教唆、誘使、煽惑、說服公眾利用電腦程式或其他技術侵害著作財產權者，為具備該款之意圖。	意或授權，意圖供公眾透過網路公開傳輸或重製他人著作，侵害著作財產權，對公眾提供可公開傳輸或重製著作之電腦程式或其他技術，而受有利益者。 前項第七款之行為人，採取廣告或其他積極措施，教唆、誘使、煽惑、說服公眾利用電腦程式或其他技術侵害著作財產權者，為具備該款之意圖。	按修正條文第三條第十二款所定之散布，包含以移轉所有權之方式散布、以出租之方式散布、以及以出借之方式散布三種。因而本款所稱以移轉所有權或出租以外之方式散布，事實上即指以出借之方式散布，為求明確，爰予修正，於實質規範內容上並無更動。另本款後段明知為侵害著作財產權之物與前段規範之主觀要件相同，為求精簡，爰予刪除。 （五）現行第七款移列為第五款，內容未修正。 三、第二項配合第一項款次調整酌作文字修正。
第九十八條 有下列情形之一，前條第一項第三款之規定，不適用之： 一、為供中央或地方機關之利用而輸入。但為供學校或其他教育機構之利用而輸入或非以保存資料之目的而輸入視聽著作原件或其重製物者，不在此限。 二、為供非營利之學術、教育或宗教機構保存資料之目的而輸入	**第八十七條之一** 有下列情形之一者，前條第四款之規定，不適用之： 一、為供中央或地方機關之利用而輸入。但為供學校或其他教育機構之利用而輸入或非以保存資料之目的而輸入視聽著作原件或其重製物者，不在此限。 二、為供非營利之學術、教育或宗教機構保存資料之目的而輸入	一、條次變更。 二、第一項酌作修正，說明如下： （一）序文定明援引條文之項次，並配合修正條文第九十七條第一項款次調整酌作文字修正。 （二）第二款及第三款配合修正條文條次變動予以修正。 （三）第四款除配合修正條文條次變動予以修正外，其餘文字修正理由同修正條

修正條文	現行條文	說明
視聽著作原件或一定數量重製物，或為其圖書館借閱或保存資料之目的而輸入視聽著作以外之其他著作原件或一定數量重製物，並應依第五十八條規定利用之。 三、為供輸入者個人非散布之利用或屬入境人員行李之一部分而輸入著作原件或一定數量重製物者。 四、中央或地方機關、非營利機構或團體、依法設立之各級學校，為專供視覺障礙者、學習障礙者、聽覺障礙者或其他感知著作有困難之障礙者使用之目的，得輸入以翻譯、點字、錄音、數位轉換、口述影像、附加手語或其他方式重製之著作重製物，並應依第六十四條規定利用之。 五、附含於貨物、機器或設備之著作原件或其重製物，隨同貨物、機器或設備之合法輸入而輸入者，該著作原件或其重製物於使用或操作貨物、機器或設備時不得重製。 六、附屬於貨物、機器或設備之說明書或操作手冊隨同貨物、機器或設備之合法輸入而輸入者。但以說明書或操作手冊為主要輸入者，不在此限。	視聽著作原件或一定數量重製物，或為其圖書館借閱或保存資料之目的而輸入視聽著作以外之其他著作原件或一定數量重製物，並應依第四十八條規定利用之。 三、為供輸入者個人非散布之利用或屬入境人員行李之一部分而輸入著作原件或一定數量重製物者。 四、中央或地方政府機關、非營利機構或團體、依法立案之各級學校，為專供視覺障礙者、學習障礙者、聽覺障礙者或其他感知著作有困難之障礙者使用之目的，得輸入以翻譯、點字、錄音、數位轉換、口述影像、附加手語或其他方式重製之著作重製物，並應依第五十三條規定利用之。 五、附含於貨物、機器或設備之著作原件或其重製物，隨同貨物、機器或設備之合法輸入而輸入者，該著作原件或其重製物於使用或操作貨物、機器或設備時不得重製。 六、附屬於貨物、機器或設備之說明書或操作手冊隨同貨物、機器或設備之合法輸入而輸入者。但以說明書或操作手冊為主要輸	文第六十四條說明二。 三、第二項依法制體例酌作修正。

修正條文	現行條文	說明
前項第二款及第三款之一定數量，由主管機關定之。	入者，不在此限。 前項第二款及第三款之一定數量，由主管機關另定之。	
第九十九條 因故意或過失不法侵害他人之著作財產權或製版權者，負損害賠償責任。數人共同不法侵害者，連帶負賠償責任。 前項損害賠償，被害人得依下列規定擇一請求： 一、依民法第二百十六條之規定請求。但被害人不能證明其損害時，得以其行使權利依通常情形可得預期之利益，減除被侵害後行使同一權利所得利益之差額，為其所受損害。 二、請求侵害人因侵害行為所得之利益。但侵害人不能證明其成本或必要費用時，以其侵害行為所得之全部收入，為其所得利益。 三、請求相當於著作權人授權他人利用著作時所得收取之權利金。 四、請求法院依侵害情節，在新臺幣一萬元以上一百萬元以下酌定賠償額；損害行為屬故意且情節重大者，賠償額得增至新臺幣五百萬元。	**第八十八條** 因故意或過失不法侵害他人之著作財產權或製版權者，負損害賠償責任。數人共同不法侵害者，連帶負賠償責任。 前項損害賠償，被害人得依下列規定擇一請求： 一、依民法第二百十六條之規定請求。但被害人不能證明其損害時，得以其行使權利依通常情形可得預期之利益，減除被侵害後行使同一權利所得利益之差額，為其所受損害。 二、請求侵害人因侵害行為所得之利益。但侵害人不能證明其成本或必要費用時，以其侵害行為所得之全部收入，為其所得利益。 依前項規定，如被害人不易證明其實際損害額，得請求法院依侵害情節，在新臺幣一萬元以上一百萬元以下酌定賠償額。如損害行為屬故意且情節重大者，賠償額得增至新臺幣五百萬元。	一、條次變更。 二、第一項未修正。 三、第二項酌作修正，說明如下： （一）第一款及第二款未修正。 （二）按專利法第九十七條第一項第三款及商標法第七十一條第一項第四款等有關損害賠償之規定，均有依授權所得收取之權利金為損害計算之規定，爰增訂第三款計算方式便於權利人計算損害賠償，解決損害賠償不易舉證之問題。 （三）現行第三項修正後移列為第四款。按現行條文第三項實務上被害人必須先依第二項證明其實際損害額未果，才能依第三項規定請求；惟著作權係無體財產，被害人實際受損害之情形，往往難以計算或證明，如需先踐行第二項之舉證責任未果後，才能依第三項規定請求法院酌定賠償額，將增加被害人之舉證負擔，爰刪除被害人

修正條文	現行條文	說明
		提出證明之要件，並移列第二項規範，以減輕被害人之舉證責任，並提升被害人以民事賠償取代刑事訴訟之意願。
第一百條 依第九十四條、第九十五條第一項或前條第一項請求時，對於侵害行為作成之物或主要供侵害所用之物，得請求銷毀或為其他必要之處置。	**第八十八條之一** 依第八十四條或前條第一項請求時，對於侵害行為作成之物或主要供侵害所用之物，得請求銷燬或為其他必要之處置。	一、條次變更。 二、現行條文僅就請求著作權或製版權之排除侵害、防止侵害及損害賠償時，對於侵害行為作成之物或主要供侵害所用之物，得請求銷毀或為其他必要之處置，就請求著作人格權之損害賠償時，亦有得請求銷毀或為其他必要之處置之需求，爰予增訂。 三、配合修正條文條次變動酌作修正；並將「銷燬」修正為「銷毀」，理由同修正條文第六十八條說明三。
第一百零一條 被害人得請求由侵害人負擔費用，將判決書內容全部或一部登載新聞紙、雜誌。	**第八十九條** 被害人得請求由侵害人負擔費用，將判決書內容全部或一部登載新聞紙、雜誌。	條次變更，內容未修正。
第一百零二條 第九十五條第一項及第九十九條之損害賠償請求權，自請求權人知有損害及賠償義務人時起，二年間不行使而消滅。自有侵權行為時起，逾十年者亦同。	**第八十九條之一** 第八十五條及第八十八條之損害賠償請求權，自請求權人知有損害及賠償義務人時起，二年間不行使而消滅。自有侵權行為時起，逾十年者亦同。	一、條次變更。 二、配合修正條文條次變動，酌作文字修正。另因本條為損害賠償請求權之消滅時效規定，惟現行條文第八十五條第二項為回復名譽之適當處分，非屬損害賠償請求

修正條文	現行條文	說明
		權，爰明定為該條第一項，以資明確。
第一百零三條 共同著作之各著作權人，對於侵害其著作權者，得各依本章之規定，請求救濟，並得按其應有部分，請求損害賠償。 前項規定，於因其他關係成立之共有著作財產權或製版權之共有人準用之。	**第九十條** 共同著作之各著作權人，對於侵害其著作權者，得各依本章之規定，請求救濟，並得按其應有部分，請求損害賠償。 前項規定，於因其他關係成立之共有著作財產權或製版權之共有人準用之。	條次變更，內容未修正。
第一百零四條 著作權人或製版權人對輸入或輸出之物有侵害其著作權或製版權之虞者，得申請海關先予查扣。 前項申請應以書面為之，並釋明侵害之虞之事實，及提供相當於海關核估該進口貨物完稅價格或出口貨物離岸價格之保證金或擔保。 海關受理查扣之申請，應即通知申請人。如認符合前項規定而實施查扣時，應以書面通知申請人及被查扣人。 被查扣人得提供第二項保證金二倍之保證金或相當之擔保，請求海關廢止查扣，並依有關進出口貨物通關規定辦理。 查扣物經申請人取得法院確定判決，屬侵害著作權或製版權者，由海關予以沒入。沒入物之貨櫃延滯費、倉租、裝卸費及處理銷毀費等有關費用，應由被查扣人負擔。 前項處理銷毀所需費用，經海關限期通知繳納而不	**第九十條之一** 著作權人或製版權人對輸入或輸出侵害其著作權或製版權之物者，得申請海關先予查扣。 前項申請應以書面為之，並釋明侵害之事實，及提供相當於海關核估該進口貨物完稅價格或出口貨物離岸價格之保證金，作為被查扣人因查扣所受損害之賠償擔保。 海關受理查扣之申請，應即通知申請人。如認符合前項規定而實施查扣時，應以書面通知申請人及被查扣人。 申請人或被查扣人，得向海關申請檢視被查扣之物。 查扣之物，經申請人取得法院民事確定判決，屬侵害著作權或製版權者，由海關予以沒入。沒入物之貨櫃延滯費、倉租、裝卸費等有關費用暨處理銷燬費用應由被查扣人負擔。 前項處理銷燬所需費用，經海關限期通知繳納而不繳納者，依法移送強制執	一、條次變更。 二、第一項及第二項酌作文字修正。 三、第三項未修正。 四、現行第四項移列至第一百零八條第一項，爰予刪除。 五、增訂第四項。明定被查扣人得提供保證金或相當之擔保請求廢止查扣等相關事項。海關依申請所為查扣，著重著作權人或製版權人行使侵害防止請求權之急迫性，並未對其實體關係作判斷，即查扣物是否為侵害物，尚不得而知，爰參酌民事訴訟法第五百二十七條規定，許債務人供擔保後撤銷假扣押，及同法第五百三十六條第一項及第二項規定有特別情形，亦得許債務人供擔保後撤銷假處分之精神，於本項增訂被查扣人得提供第二項保證金二倍之保證金或相當之擔

修正條文	現行條文	說明
繳納者，依法移送強制執行。	行。 有下列情形之一者，除由海關廢止查扣依有關進出口貨物通關規定辦理外，申請人並應賠償被查扣人因查扣所受損害： 一、查扣之物經法院確定判決，不屬侵害著作權或製版權之物者。 二、海關於通知申請人受理查扣之日起十二日內，未被告知就查扣物為侵害物之訴訟已提起者。 三、申請人申請廢止查扣者。 前項第二款規定之期限，海關得視需要延長十二日。 有下列情形之一者，海關應依申請人之申請返還保證金： 一、申請人取得勝訴之確定判決或與被查扣人達成和解，已無繼續提供保證金之必要者。 二、廢止查扣後，申請人證明已定二十日以上之期間，催告被查扣人行使權利而未行使者。 三、被查扣人同意返還者。 被查扣人就第二項之保證金與質權人有同一之權利。 海關於執行職務時，發現進出口貨物外觀顯有侵害著作權之嫌者，得於一個工作日內通知權利人並通知進出口人提供授權資	保，向海關請求廢止查扣。所定二倍保證金，係作為被查扣人敗訴時之擔保，因被查扣人敗訴時，著作權人或製版權人得依修正條文第九十九條之規定請求賠償，是以，若被查扣人未提供相當之擔保，隨即放行，則日後求償將因被查扣人業已脫產或逃匿而無法獲償，爰斟酌被查扣人應提供之保證金或擔保之額度，及查扣人權利之衡平，明定保證金為二倍。 六、第五項及第六項酌作文字修正，其中「銷燬」修正為「銷毀」，理由同修正條文第六十八條說明三。 七、現行第七項及第八項移列至修正條文第一百零五條，第九項及第十項移列至修正條文第一百零六條，第十一項至第十三項移列至修正條文第一百零七條，爰予刪除。

修正條文	現行條文	說明
	料。權利人接獲通知後對於空運出口貨物應於四小時內，空運進口及海運進出口貨物應於一個工作日內至海關協助認定。權利人不明或無法通知，或權利人未於通知期限內至海關協助認定，或經權利人認定系爭標的物未侵權者，若無違反其他通關規定，海關應即放行。 經認定疑似侵權之貨物，海關應採行暫不放行措施。 海關採行暫不放行措施後，權利人於三個工作日內，未依第一項至第十項向海關申請查扣，或未採行保護權利之民、刑事訴訟程序，若無違反其他通關規定，海關應即放行。	
第一百零五條 有下列情形之一者，海關應廢止查扣，並依有關進出口貨物通關規定辦理： 一、申請人於海關通知受理查扣之翌日起十二日內，未就查扣物為侵害物提起訴訟，並通知海關。 二、申請人就查扣物為侵害物所提訴訟經法院裁判駁回確定。 三、查扣物經法院確定判決，不屬侵害著作權或製版權之物。 四、申請人申請廢止查扣。 五、符合前條第四項規定。 前項第一款規定之期限，	**第九十條之一第七項及第八項** 有下列情形之一者，除由海關廢止查扣依有關進出口貨物通關規定辦理外，申請人並應賠償被查扣人因查扣所受損害： 一、查扣之物經法院確定判決，不屬侵害著作權或製版權之物者。 二、海關於通知申請人受理查扣之日起十二日內，未被告知就查扣物為侵害物之訴訟已提起者。 三、申請人申請廢止查扣者。 前項第二款規定之期限，海關得視需要延長十二日。	一、現行條文第九十條之一第七項修正後移列為第一項，說明如下： （一）本項係規定海關應廢止查扣之法定事由，至於損害賠償事由則另於修正條文第一百零六條規範，爰修正序文，各款款次並依訴訟程序先後調整順序。 （二）現行條文第九十條之一第七項第二款修正後移列為第一款。 （三）增訂第二款。申請人就查扣物為侵害物所提訴訟經法院

修正條文	現行條文	說明
海關得視需要延長十二日。 查扣因第一項第一款至第四款之事由廢止者，申請人應負擔查扣物之貨櫃延滯費、倉租、裝卸費等有關費用。		裁判駁回確定者，亦屬對當事人兩造權益造成影響之訴訟程序進行可能之結果態樣，爰增訂之。 （四）現行條文第九十條之一第七項第一款及第三款修正後移列為第三款及第四款。 （五）增訂第五款。被查扣人依修正條文第一百零四條第四項規定提出反擔保者，對申請人權益之保護已屬周延，為衡平被查扣人權益，自應廢止查扣，爰增訂之。 二、現行條文第九十條之一第八項移列為第二項，並配合前項款次調整酌作文字修正。 三、增訂第三項。因第一項第一款至第四款廢止查扣事由，均屬可歸責於申請人之情形，爰明定申請人應負擔因實施查扣所支出之有關費用。
第一百零六條 查扣因前條第一項第一款至第四款之事由廢止者，申請人應賠償被查扣人因查扣或提供第一百零四條第四項規定保證金或擔保所受之損害。 申請人就第一百零四條第四項規定之保證金或擔保、被查扣人就第一百零	**第九十條之一第九項及第十項** 有下列情形之一者，海關應依申請人之申請返還保證金： 一、申請人取得勝訴之確定判決或與被查扣人達成和解，已無繼續提供保證金之必要者。	一、依現行條文第九十條之一第七項規定廢止查扣者，申請人應賠償被查扣人因查扣所受之損害；另參酌民事訴訟法第五百三十一條第一項規定，於第一項明定申請人賠償之範圍應及於被查扣人因提供

修正條文	現行條文	說明
四條第二項之保證金或擔保，與質權人有同一之權利。但前條第三項及第一百零四條第五項規定之貨櫃延滯費、倉租、裝卸費及處理銷毀費等有關費用，優先於申請人或被查扣人之損害受償。 有下列情形之一者，海關應依申請人之申請返還第一百零四條第二項規定之保證金或擔保： 一、申請人取得勝訴之確定判決或與被查扣人達成和解，已無繼續提供保證金或擔保之必要。 二、因前條第一項第一款至第四款規定之事由廢止查扣，致被查扣人受有損害後，或被查扣人取得勝訴之確定判決後，申請人證明已定二十日以上之期間，催告被查扣人行使權利而未行使。 三、被查扣人同意返還。 有下列情形之一者，海關應依被查扣人之申請，返還第一百零四條第四項規定之保證金或擔保： 一、因前條第一項第一款至第四款規定之事由廢止查扣，或被查扣人與申請人達成和解，已無繼續提供保證金或擔保之必要。 二、申請人取得勝訴之確定判決後，被查扣人證明已定二十日以上之期間，催告申請人行使權利而未行使。	二、廢止查扣後，申請人證明已定二十日以上之期間，催告被查扣人行使權利而未行使者。 三、被查扣人同意返還者。 被查扣人就第二項之保證金與質權人有同一之權利。	修正條文第一百零四條第四項保證金或擔保所受之損害。 二、現行條文第九十條之一第十項修正後移列為第二項。現行條文第九十條之一第二項保證金之提供，在擔保被查扣人因查扣或提供反擔保所受之損害；而修正條文第一百零四條第四項保證金之提供，在擔保申請人因被查扣人提供反擔保而廢止查扣後所受之損害，參酌民事訴訟法第一百零三條第一項規定意旨，明定申請人就修正條文第一百零四條第四項之保證金或擔保、被查扣人就第一百零四條第二項之保證金或擔保，與質權人有同一之權利。另修正條文第一百零五條第三項及第一百零四條第五項規定之貨櫃延滯費、倉租、裝卸費等有關費用，屬實施查扣及維護查扣物所支出之必要費用，為法定程序主張權利所應支出之有益費用，爰於第二項但書明定應優先於申請人或被查扣人之損害受償。 三、現行條文第九十條之一第九項移列為第三項，並參酌民事訴訟法第一百零四條規定

修正條文	現行條文	說明
三、申請人同意返還。		意旨，就申請人得申請返還第一百零四條第二項所定保證金或擔保之事由酌作文字修正。 四、增訂第四項。明定被查扣人得申請返還修正條文第一百零四條第四項所定保證金或擔保之事由，以衡平當事人雙方權益。
第一百零七條 海關於執行職務時，發現輸入或輸出之物品顯有侵害著作權之虞者，應通知著作權人及進出口人。 海關為前項之通知時，應限期著作權人至海關進行認定，並提出侵權事證，同時限期進出口人提供無侵權情事之證明文件。但著作權人或進出口人有正當理由，無法於指定期間內提出者，得以書面釋明理由向海關申請延長，並以一次為限。 著作權人已提出侵權事證，且進出口人未依前項規定提出無侵權情事之證明文件者，海關應採行暫不放行措施。 著作權人提出侵權事證，經進出口人依第二項規定提出無侵權情事之證明文件者，海關應通知著作權人於通知之日起三個工作日內，依第一百零四條第一項規定申請查扣。 著作權人未於前項規定期限內，依第一百零四條第一項規定申請查扣者，	**第九十條之一第十一項至第十三項** 海關於執行職務時，發現進出口貨物外觀顯有侵害著作權之嫌者，得於一個工作日內通知權利人並通知進出口人提供授權資料。權利人接獲通知後對於空運出口貨物應於四小時內，空運進口及海運出口貨物應於一個工作日內至海關協助認定。權利人不明或無法通知，或權利人未於通知期限內至海關協助認定，或經權利人認定系爭標的物未侵權者，若無違反其他通關規定，海關應即放行。 經認定疑似侵權之貨物，海關應採行暫不放行措施。 海關採行暫不放行措施後，權利人於三個工作日內，未依第一項至第十項向海關申請查扣，或未採行保護權利之民、刑事訴訟程序，若無違反其他通關規定，海關應即放行。	一、本條為現行條文第九十條之一第十一項至第十三項移列，並參考商標法第七十五條予以分項規定。 二、基於法制調和之需求，本條規定之程序及期日，參考商標法第七十五條規定酌作修正，以利一致執行。

修正條文	現行條文	說明
海關得於取具代表性樣品後，將物品放行。		
第一百零八條 海關在不損及查扣物機密資料保護之情形下，得依第一百零四條之申請人或被查扣人或前條之著作權人或進出口人之申請，同意其檢視查扣物。 海關依第一百零四條第三項規定實施查扣或依前條第三項規定採行暫不放行措施後，著作權人或製版權人得向海關申請提供進出口人、收發貨人之姓名或名稱、地址及疑似侵權物品之數量。 著作權人或製版權人依前項規定所取得之資訊，僅限於作為侵害著作權或製版權案件之調查及提起訴訟之目的而使用，不得洩漏予第三人。	**第九十條之一第四項** 申請人或被查扣人，得向海關申請檢視被查扣之物。	一、現行條文第九十條之一第四項修正後移列為第一項。為利申請人或被查扣人及著作權人或進出口人雙方瞭解查扣物之狀況，繼而就該查扣物主張權利，明定海關在不損及查扣物機密資料保護之情形下，得依申請同意其檢視查扣物。 二、增訂第二項。參考商標法第七十六條第二項規定，允許海關依權利人之申請，為調查侵權事實或提起訴訟之必要，得提供權利人侵權貨物相關資訊，期能周全保護著作權人或製版權人之權益。 三、第二項規定係為便利權利人主張或實行其權利，應限制相關資訊之用途，爰參考商標法第七十六條第三項規定，增訂第三項規定。
第一百零九條 著作權人依第一百零七條第二項規定進行侵權認定時，得繳交相當於海關核估進口貨樣完稅價格及相關稅費或海關核估出口貨樣離岸價格及相關稅費百分之一百二十之保證金，向海關申請調借貨樣進行認定。但以有調借貨樣進		一、本條新增。 二、由於部分著作侵權認定困難，著作權人有向海關調借貨樣進行侵權認定之必要，爰於第一項明定允許權利人提供保證金向海關申請調借貨樣進行侵權認定；並於第二項明定保證金不得低

修正條文	現行條文	說明
行認定之必要，且經著作權人書面切結不侵害進出口人利益及不使用於不正當用途者為限。 前項保證金，不得低於新臺幣三千元。 著作權人未於第一百零七條第二項所定提出侵權認定事證之期限內返還所調借之貨樣，或返還之貨樣與原貨樣不符或發生缺損等情形者，海關應留置其保證金，以賠償進出口人之損害。 貨樣之進出口人就前項規定留置之保證金，與質權人有同一之權利。		於新臺幣三千元。 三、著作權人未於規定期限內返還貨樣，或返還之貨樣與原貨樣不符或發生缺損等類似情形，為賠償進出口人之損失，爰於第三項明定以著作權人提供之保證金作為貨樣損害之賠償，而海關應留置其保證金做為賠償之來源，而留置在此為一般用語，與民法第九百二十八條所定之留置權並無關連。 四、有關本條保證金之提供，在擔保貨樣之進出口人就調借貨樣所定之損害得以受償，爰參酌民事訴訟法第一百零三條第一項規定意旨，於第四項明定進出口人就第三項規定留置之保證金，與質權人有同一之權利，以便利進出口人主張權利。
第一百十條 第一百零四條至第一百零六條規定之申請查扣、廢止查扣、保證金或擔保之繳納、提供、返還之程序、應備文件及其他相關事項之辦法，由主管機關會同財政部定之。 第一百零七條至第一百零九條規定之海關執行著作權保護措施、權利人申請檢視查扣物、申請提供侵權貨物之相關資訊及申請	**第九十條之二** 前條之實施辦法，由主管機關會同財政部定之。	一、條次變更。 二、現行條文修正後列為第一項，明定修正條文第一百零四條至第一百零六條之具體實施內容，亦即有關申請查扣、廢止查扣、保證金或擔保之繳納、提供、返還之程序、應備文件及其他相關事項之辦法，授權由主管機關會同財政部定之。

修正條文	現行條文	說明
調借貨樣，其程序、應備文件及其他相關事項之辦法，由財政部定之。		三、增訂第二項。明定修正條文第一百零七條至第一百零九條規定之海關執行著作權保護措施、權利人申請檢視查扣物、申請提供侵權貨物之相關資訊及申請調借貨樣，其程序、應備文件及其他相關事項之辦法，由財政部定之。
第一百十一條 違反第八十六條或第八十七條規定，致著作權人受損害者，負賠償責任。數人共同違反者，負連帶賠償責任。 第九十四條、第一百條、第一百零二條及第一百零四條至第一百零九條規定，於違反第八十六條或第八十七條規定者，準用之。	**第九十條之三** 違反第八十條之一或第八十條之二規定，致著作權人受損害者，負賠償責任。數人共同違反者，負連帶賠償責任。 第八十四條、第八十八條之一、第八十九條之一及第九十條之一規定，於違反第八十條之一或第八十條之二規定者，準用之。	一、條次變更。 二、配合修正條文條次變動，酌作文字修正。 三、因違反權利管理電子資訊規定及科技保護措施之民事賠償責任，均準用現行條文第六章（權利侵害救濟章）中有關防止、排除侵害請求權、侵害物之處置、請求權消滅時效及邊境措施等規定，故本次增訂修正條文第一百零九條亦準用之，併予敘明。
第八章　網路服務提供者之民事免責事由	**第六章之一　網路服務提供者之民事免責事由**	章次修正。
第一百十二條 符合下列規定之網路服務提供者，適用第一百十三條至第一百十六條之規定： 一、以契約、電子傳輸、自動偵測系統或其他方式，告知使用者其著作權或製版權保護措施，並確實履行該	**第九十條之四** 符合下列規定之網路服務提供者，適用第九十條之五至第九十條之八之規定： 一、以契約、電子傳輸、自動偵測系統或其他方式，告知使用者其著作權或製版權保護措施，並確實履行該	一、條次變更。 二、第一項序文配合修正條文條次變動酌作文字修正。 三、第二項及第三項未修正。

修正條文	現行條文	說明
保護措施。 二、以契約、電子傳輸、自動偵測系統或其他方式，告知使用者若有三次涉有侵權情事，應終止全部或部分服務。 三、公告接收通知文件之聯繫窗口資訊。 四、執行第三項之通用辨識或保護技術措施。 連線服務提供者於接獲著作權人或製版權人就其使用者所為涉有侵權行為之通知後，將該通知以電子郵件轉送該使用者，視為符合前項第一款規定。 著作權人或製版權人已提供為保護著作權或製版權之通用辨識或保護技術措施，經主管機關核可者，網路服務提供者應配合執行之。	保護措施。 二、以契約、電子傳輸、自動偵測系統或其他方式，告知使用者若有三次涉有侵權情事，應終止全部或部分服務。 三、公告接收通知文件之聯繫窗口資訊。 四、執行第三項之通用辨識或保護技術措施。 連線服務提供者於接獲著作權人或製版權人就其使用者所為涉有侵權行為之通知後，將該通知以電子郵件轉送該使用者，視為符合前項第一款規定。 著作權人或製版權人已提供為保護著作權或製版權之通用辨識或保護技術措施，經主管機關核可者，網路服務提供者應配合執行之。	
第一百十三條 有下列情形者，連線服務提供者對其使用者侵害他人著作權或製版權之行為，不負賠償責任： 一、所傳輸資訊，係由使用者所發動或請求。 二、資訊傳輸、發送、連結或儲存，係經由自動化技術予以執行，且連線服務提供者未就傳輸之資訊為任何篩選或修改。	**第九十條之五** 有下列情形者，連線服務提供者對其使用者侵害他人著作權或製版權之行為，不負賠償責任： 一、所傳輸資訊，係由使用者所發動或請求。 二、資訊傳輸、發送、連結或儲存，係經由自動化技術予以執行，且連線服務提供者未就傳輸之資訊為任何篩選或修改。	條次變更，內容未修正。
第一百十四條 有下列情形者，快速存取服務提供者對其使用者侵害他人著作權或製版權之行為，不負賠償責任：	**第九十條之六** 有下列情形者，快速存取服務提供者對其使用者侵害他人著作權或製版權之行為，不負賠償責任：	條次變更，內容未修正。

修正條文	現行條文	說明
一、未改變存取之資訊。 二、於資訊提供者就該自動存取之原始資訊為修改、刪除或阻斷時，透過自動化技術為相同之處理。 三、經著作權人或製版權人通知其使用者涉有侵權行為後，立即移除或使他人無法進入該涉有侵權之內容或相關資訊。	一、未改變存取之資訊。 二、於資訊提供者就該自動存取之原始資訊為修改、刪除或阻斷時，透過自動化技術為相同之處理。 三、經著作權人或製版權人通知其使用者涉有侵權行為後，立即移除或使他人無法進入該涉有侵權之內容或相關資訊。	
第一百十五條 有下列情形者，資訊儲存服務提供者對其使用者侵害他人著作權或製版權之行為，不負賠償責任： 一、對使用者涉有侵權行為不知情。 二、未直接自使用者之侵權行為獲有財產上利益。 三、經著作權人或製版權人通知其使用者涉有侵權行為後，立即移除或使他人無法進入該涉有侵權之內容或相關資訊。	**第九十條之七** 有下列情形者，資訊儲存服務提供者對其使用者侵害他人著作權或製版權之行為，不負賠償責任： 一、對使用者涉有侵權行為不知情。 二、未直接自使用者之侵權行為獲有財產上利益。 三、經著作權人或製版權人通知其使用者涉有侵權行為後，立即移除或使他人無法進入該涉有侵權之內容或相關資訊。	條次變更，內容未修正。
第一百十六條 有下列情形者，搜尋服務提供者對其使用者侵害他人著作權或製版權之行為，不負賠償責任： 一、對所搜尋或連結之資訊涉有侵權不知情。 二、未直接自使用者之侵權行為獲有財產上利益。 三、經著作權人或製版權人通知其使用者涉有侵權行為後，立即移	**第九十條之八** 有下列情形者，搜尋服務提供者對其使用者侵害他人著作權或製版權之行為，不負賠償責任： 一、對所搜尋或連結之資訊涉有侵權不知情。 二、未直接自使用者之侵權行為獲有財產上利益。 三、經著作權人或製版權人通知其使用者涉有侵權行為後，立即移	條次變更，內容未修正。

修正條文	現行條文	說明
除或使他人無法進入該涉有侵權之內容或相關資訊。	除或使他人無法進入該涉有侵權之內容或相關資訊。	
第一百十七條 資訊儲存服務提供者應將第一百十五條第三款處理情形，依其與使用者約定之聯絡方式或使用者留存之聯絡資訊，轉送該涉有侵權之使用者。但依其提供服務之性質無法通知者，不在此限。 前項之使用者認其無侵權情事者，得檢具回復通知文件，要求資訊儲存服務提供者回復其被移除或使他人無法進入之內容或相關資訊。 資訊儲存服務提供者於接獲前項之回復通知後，應立即將回復通知文件轉送著作權人或製版權人。 著作權人或製版權人於接獲資訊儲存服務提供者前項通知之次日起十個工作日內，向資訊儲存服務提供者提出已對該使用者訴訟之證明者，資訊儲存服務提供者不負回復之義務。 著作權人或製版權人未依前項規定提出訴訟之證明，資訊儲存服務提供者至遲應於轉送回復通知之次日起十四個工作日內，回復被移除或使他人無法進入之內容或相關資訊。但無法回復者，應事先告知使用者，或提供其他適當方式供使用者回復。	**第九十條之九** 資訊儲存服務提供者應將第九十條之七第三款處理情形，依其與使用者約定之聯絡方式或使用者留存之聯絡資訊，轉送該涉有侵權之使用者。但依其提供服務之性質無法通知者，不在此限。 前項之使用者認其無侵權情事者，得檢具回復通知文件，要求資訊儲存服務提供者回復其被移除或使他人無法進入之內容或相關資訊。 資訊儲存服務提供者於接獲前項之回復通知後，應立即將回復通知文件轉送著作權人或製版權人。 著作權人或製版權人於接獲資訊儲存服務提供者前項通知之次日起十個工作日內，向資訊儲存服務提供者提出已對該使用者訴訟之證明者，資訊儲存服務提供者不負回復之義務。 著作權人或製版權人未依前項規定提出訴訟之證明，資訊儲存服務提供者至遲應於轉送回復通知之次日起十四個工作日內，回復被移除或使他人無法進入之內容或相關資訊。但無法回復者，應事先告知使用者，或提供其他適當方式供使用者回復。	一、條次變更。 二、第一項配合修正條文條次變動，酌作文字修正。 三、第二項至第五項未修正。

修正條文	現行條文	說明
第一百十八條 有下列情形之一者，網路服務提供者對涉有侵權之使用者，不負賠償責任： 一、依第一百十四條至第一百十六條之規定，移除或使他人無法進入該涉有侵權之內容或相關資訊。 二、知悉使用者所為涉有侵權情事後，善意移除或使他人無法進入該涉有侵權之內容或相關資訊。	**第九十條之十** 有下列情形之一者，網路服務提供者對涉有侵權之使用者，不負賠償責任： 一、依第九十條之六至第九十條之八之規定，移除或使他人無法進入該涉有侵權之內容或相關資訊。 二、知悉使用者所為涉有侵權情事後，善意移除或使他人無法進入該涉有侵權之內容或相關資訊。	一、條次變更。 二、第一款配合修正條文條次變動，酌作文字修正。 三、第二款未修正。
第一百十九條 因故意或過失，向網路服務提供者提出不實通知或回復通知，致使用者、著作權人、製版權人或網路服務提供者受有損害者，負損害賠償責任。	**第九十條之十一** 因故意或過失，向網路服務提供者提出不實通知或回復通知，致使用者、著作權人、製版權人或網路服務提供者受有損害者，負損害賠償責任。	條次變更，內容未修正。
第一百二十條 第一百十二條聯繫窗口之公告、第一百十四條至第一百十七條之通知、回復通知內容、應記載事項、補正及其他相關事項之辦法，由主管機關定之。	**第九十條之十二** 第九十條之四聯繫窗口之公告、第九十條之六至第九十條之九之通知、回復通知內容、應記載事項、補正及其他應遵行事項之辦法，由主管機關定之。	一、條次變更。 二、配合修正條文條次變動，酌作文字修正。
第九章　罰則	第七章　罰則	章次修正。
第一百二十一條 擅自以重製之方法侵害他人之著作財產權者，處三年以下有期徒刑、拘役或科或併科新臺幣七十五萬元以下罰金。 意圖銷售或出租而擅自以重製之方法侵害他人之著作財產權者，處五年以下有期徒刑，得併科新臺幣二十萬元以上二百萬元以	**第九十一條** 擅自以重製之方法侵害他人之著作財產權者，處三年以下有期徒刑、拘役，或科或併科新臺幣七十五萬元以下罰金。 意圖銷售或出租而擅自以重製之方法侵害他人之著作財產權者，處六月以上五年以下有期徒刑，得併科新臺幣二十萬元以上	一、條次變更。 二、第一項參酌刑法體例酌作標點符號修正。 三、第二項及第三項修正。依第二項及第三項規定不論有無獲利，或是重製之數量多寡，其刑責均在六月以上，因此僅網拍少量盜版CD、使用未經授權照片於DM，至

修正條文	現行條文	說明
下罰金。 以重製於光碟之方法犯前項之罪者，處五年以下有期徒刑，得併科新臺幣五十萬元以上五百萬元以下罰金。	二百萬元以下罰金。 以重製於光碟之方法犯前項之罪者，處六月以上五年以下有期徒刑，得併科新臺幣五十萬元以上五百萬元以下罰金。 著作僅供個人參考或合理使用者，不構成著作權侵害。	少判刑六個月，未免情輕刑重，致罪責不相符，且相較於刑法普通竊盜罪之罪責，亦有輕重失衡之情形，爰刪除六月以上之法定刑下限，俾利司法機關依侵害情節輕重處以不同刑責。 四、現行第四項刪除。按著作僅供個人參考或合理使用者，不構成著作權侵害，修正條文第七十七條已有明文，爰予刪除。
第一百二十二條 明知係侵害著作財產權之重製物而擅自以移轉所有權之方式散布者，處三年以下有期徒刑、拘役或科或併科新臺幣七十五萬元以下罰金。 犯前項之罪，其重製物為光碟者，處三年以下有期徒刑，得併科新臺幣二十萬元以上二百萬元以下罰金。 犯前二項之罪，經供出其物品來源，因而破獲者，得減輕其刑。	**第九十一條之一** 擅自以移轉所有權之方法散布著作原件或其重製物而侵害他人之著作財產權者，處三年以下有期徒刑、拘役，或科或併科新臺幣五十萬元以下罰金。 明知係侵害著作財產權之重製物而散布或意圖散布而公開陳列或持有者，處三年以下有期徒刑，得併科新臺幣七萬元以上七十五萬元以下罰金。 犯前項之罪，其重製物為光碟者，處六月以上三年以下有期徒刑，得併科新臺幣二十萬元以上二百萬元以下罰金。但違反第八十七條第四款規定輸入之光碟，不在此限。 犯前二項之罪，經供出其物品來源，因而破獲者，得減輕其刑。	一、條次變更。 二、現行第一項刪除。按未經著作財產權人同意散布正版品之情形較為少見，少數情形如偷竊正版品販售，已有刑法之刑事責任，又例如著作財產權人交付一定數量合法重製物並限於合約期間內銷售完畢，惟廠商逾合約期限後仍繼續銷售之行為，以民事賠償已足，不以刑事處罰為必要，爰予刪除。 三、現行第二項修正後移列為第一項，說明如下： （一）修正條文第三條第十二款所稱散布僅限於現實交付，不包含公開陳列及持有概念，現行條文第二項有關明知為侵害著作財產權之

修正條文	現行條文	說明
		物，意圖散布而公開陳列或持有之行為，已於修正條文第九十七條第一項第四款之視為侵害規定予以規範，並依修正條文第一百二十四條第六款規定加以處罰，爰予刪除。 （二）本項係處罰以移轉所有權之方式散布盜版品之行為，其刑責應與製作盜版品者相當，爰參酌修正條文第一百二十一條第一項規定，增訂拘役或單科罰金之規定，及刪除七萬元以上之罰金下限。 四、現行第三項修正後移列第二項，說明如下： （一）刪除六月以上之法定刑下限，理由同修正條文第一百二十一條說明三。 （二）現行但書移列至修正條文第一百二十五條，爰予刪除。 五、現行第四項移列為第三項，內容未修正。
第一百二十三條 擅自以公開播送、公開上映、公開演出、公開傳輸、再公開傳達、公開展示、改作、出租之方法侵害他人之著作財產權者，	**第九十二條** 擅自以公開口述、公開播送、公開上映、公開演出、公開傳輸、公開展示、改作、編輯、出租之方法侵害他人之著作財產	一、條次變更。 二、配合本次修正將公開口述權納入公開演出權並刪除編輯權，爰將現行條文之公開口述、編輯予以刪除；

修正條文	現行條文	說明
處三年以下有期徒刑、拘役或科或併科新臺幣七十五萬元以下罰金。	權者，處三年以下有期徒刑、拘役，或科或併科新臺幣七十五萬元以下罰金。	另配合修正條文第三十條增訂再公開傳達權之規定，爰於修正條文中予以增列，並配合刑法體例酌作標點符號修正。
第一百二十四條 有下列情形之一者，處二年以下有期徒刑、拘役或科或併科新臺幣五十萬元以下罰金： 一、侵害第十七條規定著作人公開發表之權利。 二、侵害第十八條規定著作人表示其本名、別名或不具名之權利。 三、侵害第十九條規定禁止他人損害著作人名譽之權利。 四、違反第八十一條規定，將重製物銷售至中華民國管轄區域外。 五、有第九十七條第一項第二款情形，輸入未經著作財產權人授權重製之重製物。 六、有第九十七條第一項第四款情形，明知為侵害著作財產權之物，而以出借之方式散布或意圖散布而公開陳列或持有。 七、有第九十七條第一項第五款情形，意圖供公眾透過網路公開傳輸或重製他人著作，侵害著作財產權，對公眾提供可公開傳輸或重製著作之電腦程	**第九十三條** 有下列情形之一者，處二年以下有期徒刑、拘役，或科或併科新臺幣五十萬元以下罰金： 一、侵害第十五條至第十七條規定之著作人格權者。 二、違反第七十條規定者。 三、以第八十七條第一項第一款、第三款、第五款或第六款方法之一侵害他人之著作權者。但第九十一條之一第二項及第三項規定情形，不在此限。 四、違反第八十七條第一項第七款規定者。	一、條次變更。 二、序文配合刑法體例酌作標點符號修正。 三、為符合刑罰明確性原則，爰將現行第一款違反之內容分列第一款至第三款明文規定，俾利瞭解處罰事項，並配合修正條文條次變動酌作文字修正。 四、現行第二款移列為第四款，並配合修正條文條次變動及明文處罰事項，酌作文字修正。按著作權係屬地主義，不論音樂著作強制授權或孤兒著作強制授權，其重製物均不得銷售至中華民國管轄區域外，爰明定其罰則。 五、現行第三款修正後移列為第五款及第六款，說明如下： （一）「以第八十七條第一項第三款侵害他人之著作權」移列為第五款，「以第八十七條第一項第六款侵害他人著作權」移列為第六款，並配合修正條文條次、款次變動及明文處罰事項，

修正條文	現行條文	說明
式或其他技術，而受有利益。		酌作調整。 （二）配合修正條文第九十七條第一項修正，業已將現行條文第八十七條第一項第一款及第五款刪除，爰將現行第三款所列上開款次之規定予以刪除。 （三）配合現行條文第九十一條之一第二項所定「意圖散布而公開陳列或持有」於修正後刪除（修正條文第一百二十二條第一項），回歸適用修正條文第九十七條第一項第四款之視為侵害規定並依本條規定處罰，現行但書無規範必要，爰配合刪除。 六、現行第四款移列為第七款，並配合修正條文第九十七條條次、款次修正及明文處罰事項，酌作調整。
第一百二十五條 第一百二十二條第一項、第二項、第一百二十三條之出租及第一百二十四條第六款之規定，於未經著作權人同意而輸入之著作原件或其國外合法重製物，不適用之。		一、本條新增。 二、鑑於違反修正條文第九十七條第一項第三款規定輸入之著作原件或其國外合法重製物之行為係課予民事責任，則就該等經輸入之著作原件及重製物之後續散布行為，亦應僅課予民事責任，以求責任之衡平，爰增訂排除以移轉所有權方式

修正條文	現行條文	說明
		之散布（修正條文第一百二十二條第一項、第二項）、以出租方式之散布（修正條文第一百二十三條之出租）以及以出借方式之散布或意圖散布而公開陳列或持有（修正條文第一百二十四條第六款）等行為之刑事責任。
	第九十四條 （刪除）	一、本條刪除。 二、本次為全案修正，爰刪除原保留之條次。
第一百二十六條 有下列情形之一者，處一年以下有期徒刑、拘役或科或併科新臺幣二萬元以上二十五萬元以下罰金： 一、違反第八十六條權利管理電子資訊之規定。 二、違反第八十七條第二項科技保護措施之規定。 三、違反第一百四十三條規定，重製該條所定著作之翻譯或銷售其重製物。	**第九十五條** 違反第一百十二條規定者，處一年以下有期徒刑、拘役，或科或併科新臺幣二萬元以上二十五萬元以下罰金。 第九十六條之一　有下列情形之一者，處一年以下有期徒刑、拘役，或科或併科新臺幣二萬元以上二十五萬元以下罰金： 一、違反第八十條之一規定者。 二、違反第八十條之二第二項規定者。	按現行條文第九十五條及第九十六條之一之法定刑與罰金刑均相同，爰將此二條文合併後修正移列為本條文，並配合刑法體例、修正條文條次變動及明文處罰事項，酌作文字修正。
第一百二十七條 違反第七十二條第二項或第七十六條規定者，科新臺幣五萬元以下罰金。	**第九十六條** 違反第五十九條第二項或第六十四條規定者，科新臺幣五萬元以下罰金。	一、條次變更。 二、配合修正條文條次變動，酌作文字修正。
第一百二十八條 依本章科罰金時，應審酌犯人之資力及犯罪所得之利益。如所得之利益超過罰金最多額時，得於所得利益之範圍內酌量加重。	**第九十六條之二** 依本章科罰金時，應審酌犯人之資力及犯罪所得之利益。如所得之利益超過罰金最多額時，得於所得利益之範圍內酌量加重。	條次變更，內容未修正。

修正條文	現行條文	說明
	第九十七條 （刪除）	一、本條刪除。 二、本次為全案修正，爰刪除原保留之條次。
第一百二十九條 犯第一百二十一條第三項及第一百二十二條第二項之罪，其供犯罪所用、犯罪預備之物或犯罪所生之物，不問屬於犯罪行為人與否，得沒收之。	**第九十八條** 犯第九十一條第三項及第九十一條之一第三項之罪，其供犯罪所用、犯罪預備之物或犯罪所生之物，不問屬於犯罪行為人與否，得沒收之。	一、條次變更。 二、配合修正條文條次變動，酌作文字修正。
	第九十八條之一 犯第九十一條第三項或第九十一條之一第三項之罪，其行為人逃逸而無從確認者，供犯罪所用或因犯罪所得之物，司法警察機關得逕為沒入。 前項沒入之物，除沒入款項繳交國庫外，銷燬之。其銷燬或沒入款項之處理程序，準用社會秩序維護法相關規定辦理。	一、本條刪除。 二、現行條文係對於盜版光碟或販售盜版光碟，其行為人逃逸而無從確認者，供犯罪所用或因犯罪所得之物，司法警察機關得逕為沒入，屬於行政罰。惟刑法增訂沒收專章後，已於第四十條明文規定犯罪所得、供犯罪所用、犯罪預備之物或犯罪所生之物，屬於犯罪行為人或犯罪行為人以外之自然人、法人或非法人團體者，因事實上或法律上原因未能追訴犯罪行為人之犯罪或判決有罪者，得單獨宣告沒收之。鑒於刑法新制已可解決夜市賣盜版者以擺設良心桶，由消費者自行投幣取貨，規避警察取締等脫法行為，現行條文無規定之實益，爰配合刑法修正予以刪除。
第一百三十條	**第九十九條**	一、條次變更。

修正條文	現行條文	說明
犯第一百二十一條至第一百二十四條、第一百二十六條第三款之罪者，因被害人或其他有告訴權人之聲請，得令將判決書全部或一部登報，其費用由被告負擔。	犯第九十一條至第九十三條、第九十五條之罪者，因被害人或其他有告訴權人之聲請，得令將判決書全部或一部登報，其費用由被告負擔。	二、配合修正條文條次變動，酌作文字修正。
第一百三十一條 本章之罪，須告訴乃論。但犯第一百二十一條第三項或第一百二十二條第二項之罪，不在此限。	**第一百條** 本章之罪，須告訴乃論。但犯第九十一條第三項及第九十一條之一第三項之罪，不在此限。	一、條次變更。 二、配合修正條文條次變動，酌作文字修正。
第一百三十二條 法人之代表人、法人或自然人之代理人、受雇人或其他從業人員，因執行業務，犯第一百二十一條至第一百二十四條、第一百二十六條或第一百二十七條之罪者，除依各該條規定處罰其行為人外，對該法人或自然人亦科各該條之罰金。 對前項行為人、法人或自然人之一方告訴或撤回告訴者，其效力及於他方。	**第一百零一條** 法人之代表人、法人或自然人之代理人、受雇人或其他從業人員，因執行業務，犯第九十一條至第九十三條、第九十五條至第九十六條之一之罪者，除依各該條規定處罰其行為人外，對該法人或自然人亦科各該條之罰金。 對前項行為人、法人或自然人之一方告訴或撤回告訴者，其效力及於他方。	一、條次變更。 二、第一項配合修正條文條次變動，酌作文字修正。 三、第二項未修正。
第一百三十三條 未經認許之外國法人，對於第一百二十一條至第一百二十四條、第一百二十六條或第一百二十七條之罪，得為告訴或提起自訴。	**第一百零二條** 未經認許之外國法人，對於第九十一條至第九十三條、第九十五條至第九十六條之一之罪，得為告訴或提起自訴。	一、條次變更。 二、配合修正條文條次變動，酌作文字修正。
第一百三十四條 事業以公開傳輸之方法，犯第一百二十一條、第一百二十三條或第一百二十四條第七款之罪，經法院判決有罪者，應停止其行為；如不停	**第九十七條之一** 事業以公開傳輸之方法，犯第九十一條、第九十二條及第九十三條第四款之罪，經法院判決有罪者，應停止其行為；如不停止，且經主管機關邀集	一、條次變更。 二、按本條為主管機關對於事業經法院判決有罪得命令停業之規定，性質係屬行政罰，爰移列至罰則章最末條規範，以臻體

修正條文	現行條文	說明
止，且經著作權專責機關邀集專家學者及相關業者認定侵害情節重大，嚴重影響著作財產權人權益者，著作權專責機關應限期一個月內改正，屆期不改正者，得命令停業或勒令歇業。	專家學者及相關業者認定侵害情節重大，嚴重影響著作財產權人權益者，主管機關應限期一個月內改正，屆期不改正者，得命令停業或勒令歇業。	例完備。 三、又本條實際執行機關為著作權專責機關，爰將現行「主管機關」修正為「著作權專責機關」。另配合修正條文條次變動及修正條文第一百二十四條之款次調整，酌作文字修正。
	第一百零三條 司法警察官或司法警察對侵害他人之著作權或製版權，經告訴、告發者，得依法扣押其侵害物，並移送偵辦。	一、本條刪除。 二、按司法警察對侵害他人之著作權案件，依刑事訴訟法即可進行扣押侵害物，並移送偵辦，現行規定並無必要，爰予刪除。
	第一百零四條 （刪除）	一、本條刪除。 二、本次為全案修正，爰刪除原保留之條次。
第十章　附則	第八章　附則	章次修正。
第一百三十五條 有下列情形之一者，應繳納規費： 一、依第七十九條、第八十條規定申請許可強制授權。 二、依第八十三條規定申請登記質權之設定、讓與、變更、消滅或處分之限制。 三、依第八十四條規定申請製版權登記、讓與登記或信託登記。 四、依第八十九條規定申請調解。 前項規費之收費辦法，由主管機關定之。	**第一百零五條** 依本法申請強制授權、製版權登記、製版權讓與登記、製版權信託登記、調解、查閱製版權登記或請求發給謄本者，應繳納規費。 前項收費基準，由主管機關定之。	一、條次變更。 二、第一項酌作修正，說明如下： （一）針對申請人應繳納規費之情形，配合相關條文修正，予以分款規定，以資明確，其款次依條次先後排列。 （二）現行所定申請強制授權為音樂著作強制授權，移列為第一款，並增列修正條文第八十條著作財產權人不明強制授權之申請應繳納規費。 （三）增訂第二款。配合

修正條文	現行條文	說明
		修正條文第八十三條之增訂，爰新增第二款明定質權之設定、讓與、變更、消滅或處分之限制等情形，申請人應繳納規費。 （四）現行所定製版權之申請、讓與登記或信託登記，修正後移列為第三款。另「經濟部及所屬機關提供政府資訊收費標準」已就閱覽或重製政府資訊訂有收費標準，現行查閱製版權登記或請求發給謄本應繳納規費等規定已無必要，爰予以刪除。 （五）現行所定調解，修正後移列為第四款。 三、第二項酌作文字修正。
第一百三十六條 著作完成於中華民國八十一年六月十日本法修正施行前，且合於八十七年一月二十一日修正施行前本法第一百零六條至第一百零九條規定之一者，除本章另有規定外，適用本法。 著作完成於中華民國八十一年六月十日本法修正施行後者，適用本法。	**第一百零六條** 著作完成於中華民國八十一年六月十日本法修正施行前，且合於中華民國八十七年一月二十一日修正施行前本法第一百零六條至第一百零九條規定之一者，除本章另有規定外，適用本法。 著作完成於中華民國八十一年六月十日本法修正施行後者，適用本法。	條次變更，酌作文字修正。
第一百三十七條 著作完成於世界貿易組織協定在中華民國管轄區	**第一百零六條之一** 著作完成於世界貿易組織協定在中華民國管轄區	一、條次變更。 二、第一項未修正，第二項依法制體例酌作文

修正條文	現行條文	說明
域內生效日之前，未依歷次本法規定取得著作權而依本法所定著作財產權期間計算仍在存續中者，除本章另有規定外，適用本法。但外國人著作在其源流國保護期間已屆滿者，不適用之。 前項但書所定源流國，依西元一九七一年保護文學與藝術著作之伯恩公約第五條規定決定之。	域內生效日之前，未依歷次本法規定取得著作權而依本法所定著作財產權期間計算仍在存續中者，除本章另有規定外，適用本法。但外國人著作在其源流國保護期間已屆滿者，不適用之。 前項但書所稱源流國依西元一九七一年保護文學與藝術著作之伯恩公約第五條規定決定之。	字修正。
第一百三十八條 依前條規定受保護之著作，其利用人於世界貿易組織協定在中華民國管轄區域內生效日之前，已著手利用該著作或為利用該著作已進行重大投資者，除本章另有規定外，自該生效日起二年內，得繼續利用，不適用當時本法第六章及第七章規定。 自中華民國九十二年七月九日本法修正施行起，利用人依前項規定利用著作者，除出租或出借之情形外，應對被利用著作之著作財產權人支付該著作一般經自由磋商所應支付合理之使用報酬。 依前條規定受保護之著作，利用人未經授權所完成之重製物，自本法中華民國九十二年七月九日修正施行一年後，不得再行銷售。但仍得出租或出借。 利用依前條規定受保護之著作另行創作之著作重製物，不適用前項規定；—	第一百零六條之二　依前條規定受保護之著作，其利用人於世界貿易組織協定在中華民國管轄區域內生效日之前，已著手利用該著作或為利用該著作已進行重大投資者，除本章另有規定外，自該生效日起二年內，得繼續利用，不適用第六章及第七章規定。 自中華民國九十二年六月六日本法修正施行起，利用人依前項規定利用著作者，除出租或出借之情形外，應對被利用著作之著作財產權人支付該著作一般經自由磋商所應支付合理之使用報酬。 依前條規定受保護之著作，利用人未經授權所完成之重製物，自本法修正公布一年後，不得再行銷售。但仍得出租或出借。 利用依前條規定受保護之著作另行創作之著作重製物，不適用前項規定，但除合於第四十四條至第六十五條規定外，應對被	一、條次變更。 二、第一項配合本次全案修正已更動章次，所指「第六章及第七章」係世界貿易組織協定生效日起二年內之各該規定，爰增列「當時本法」之文字。 三、第二項酌作修正。按現行「九十二年六月六日」之文字係立法院三讀通過日，並非本條施行日，爰予以修正。 四、第三項修正。本法歷經多次修正，爰明定該次修正之日期，以資明確。 五、第四項依法制體例並配合修正條文條次變動，酌作文字修正。

修正條文	現行條文	說明
除合於第五十三條至第七十七條規定者外，應對被利用著作之著作財產權人支付該著作一般經自由磋商所應支付合理之使用報酬。	利用著作之著作財產權人支付該著作一般經自由磋商所應支付合理之使用報酬。	
第一百三十九條 於世界貿易組織協定在中華民國管轄區域內生效日之前，就第一百三十七條第一項所定著作改作完成之衍生著作，且受歷次本法保護者，於該生效日以後，得繼續利用，不適用第七章及第九章規定。 自中華民國九十二年七月九日本法修正施行起，利用人依前項規定利用著作者，應對原著作之著作財產權人支付該著作一般經自由磋商所應支付合理之使用報酬。 前二項規定，對衍生著作之保護，不生影響。	**第一百零六條之三** 於世界貿易組織協定在中華民國管轄區域內生效日之前，就第一百零六條之一著作改作完成之衍生著作，且受歷次本法保護者，於該生效日以後，得繼續利用，不適用第六章及第七章規定。 自中華民國九十二年六月六日本法修正施行起，利用人依前項規定利用著作者，應對原著作之著作財產權人支付該著作一般經自由磋商所應支付合理之使用報酬。 前二項規定，對衍生著作之保護，不生影響。	一、條次變更。 二、第一項配合章次變動及修正條文條次變動，酌作文字修正。 三、第二項修正日期之理由同修正條文第一百三十八條說明三。 四、第三項未修正。
	第一百零七條 （刪除）	一、本條刪除。 二、本次為全案修正，爰刪除原保留之條次。
	第一百零八條 （刪除）	一、本條刪除。 二、本次為全案修正，爰刪除原保留之條次。
	第一百零九條 （刪除）	一、本條刪除。 二、本次為全案修正，爰刪除原保留之條次。
第一百四十條 第十六條規定，於中華民國八十一年六月十日本法修正施行前已完成註冊之著作，不適用之。	**第一百十條** 第十三條規定，於中華民國八十一年六月十日本法修正施行前已完成註冊之著作，不適用之。	一、條次變更。 二、配合修正條文條次變動，酌作文字修正。

修正條文	現行條文	說明
第一百四十一條 有下列情形之一者，第十三條及第十四條規定，不適用之： 一、依中華民國八十一年六月十日修正施行前本法第十條及第十一條規定取得著作權。 二、依中華民國八十七年一月二十一日修正施行前本法第十一條及第十二條規定取得著作權。 三、依本法中華民國○年○月○日修正之條文施行前第十一條及第十二條規定取得著作權。	**第一百十一條** 有下列情形之一者，第十一條及第十二條規定，不適用之： 一、依中華民國八十一年六月十日修正施行前本法第十條及第十一條規定取得著作權者。 二、依中華民國八十七年一月二十一日修正施行前本法第十一條及第十二條規定取得著作權者。	一、條次變更。 二、序文配合修正條文條次變動，酌作文字修正。 三、第一款及第二款未修正。 四、增訂第三款。配合修正條文第十三條及第十四條之調整，使雇用人與受雇人或受聘人與出資人之間之約定更有彈性，以符合契約自由原則。惟為維持修正條文施行前已完成職務著作及出資聘人完成著作之著作財產權歸屬之穩定性，應採取不溯及既往原則，爰予明定，以資適用。
第一百四十二條 第十五條規定，於本法中華民國○年○月○日修正之條文施行前已完成之視聽著作及錄音著作，不適用之。 第三十六條第二項第二款至第四款規定，於本法中華民國○年○月○日修正之條文施行前已得合法就視聽物公開傳輸、以移轉所有權或出租之方式散布者，不適用之。		一、本條新增。 二、修正條文第十五條係規定視聽著作及錄音著作著作人及著作財產權之歸屬，為本次修正所增訂，為維持此等事項於本法修正施行前已完成之視聽著作及錄音著作之著作權歸屬之穩定，應採取不溯及既往原則，爰予明定，以資適用。 三、修正條文第三十六條第二項規定表演人就其已固著之表演享有公開傳輸、以移轉所有權或出租之方式散布等權利，均為本次修正所增訂，為免影響本法修正前，已

修正條文	現行條文	說明
		取得視聽物之公開傳輸、以移轉所有權或出租之方式散布等合法利用者，仍得繼續利用，無庸再行取得表演人之授權，為避免實務運作之困擾，並兼顧法律秩序之穩定，爰於第二項明定不適用修法後之規定，以資明確。
第一百四十三條 中華民國八十一年六月十日本法修正施行前，翻譯受八十一年六月十日修正施行前本法保護之外國人著作，如未經其著作權人同意者，於八十一年六月十日本法修正施行後，除合於第五十三條至第七十七條規定者外，不得再重製。 前項翻譯之重製物，於中華民國八十一年六月十日本法修正施行滿二年後，不得再行銷售。	**第一百十二條** 中華民國八十一年六月十日本法修正施行前，翻譯受中華民國八十一年六月十日修正施行前本法保護之外國人著作，如未經其著作權人同意者，於中華民國八十一年六月十日本法修正施行後，除合於第四十四條至第六十五條規定者外，不得再重製。 前項翻譯之重製物，於中華民國八十一年六月十日本法修正施行滿二年後，不得再行銷售。	一、條次變更。 二、第一項配合修正條文條次變動，酌作文字修正。 三、第二項未修正。
	第一百十三條 自中華民國九十二年六月六日本法修正施行前取得之製版權，依本法所定權利期間計算仍在存續中者，適用本法規定。	一、本條刪除。 二、由於本法九十二年修正時，於現行條文第七十九條增訂第四項規定製版權之讓與或信託，非經登記，不得對抗第三人，為使在該項修正前取得之製版權，在本次修正後權利保護期間仍在存續中的，可適用新法之修正效果，乃於本條予以明文，惟九十二年六月六日本法修正施行前取得之

修正條文	現行條文	說明
		製版權，依現行條文所定權利期間計算，均已於一百零二年十二月三十一日屆滿，目前無適用本條規定之餘地，爰予刪除。
	第一百十四條 （刪除）	一、本條刪除。 二、本次為全案修正，爰刪除原保留之條次。
	第一百十五條 本國與外國之團體或機構互訂保護著作權之協議，經行政院核准者，視為第四條所稱協定。	一、本條刪除。 二、按著作權之保護係屬涉及人民之權利義務且具有法律上效力者，因而，我國與外國之團體或機構互訂保護著作權之協議，已有修正條文第四條規定可資適用，爰予刪除。
	第一百十五條之一 製版權登記簿、註冊簿或製版物樣本，應提供民眾閱覽抄錄。 中華民國八十七年一月二十一日本法修正施行前之著作權註冊簿、登記簿或著作樣本，得提供民眾閱覽抄錄。	一、本條刪除。 二、由於政府資訊及檔案提供民眾閱覽抄錄為政府資訊公開法與檔案法所明定，著作權法應無需重複規定，爰予刪除。
第一百四十四條 法院為處理著作權訴訟案件，得設立專業法庭或指定專人辦理。 著作權訴訟案件，法院應以判決書正本一份送著作權專責機關。	**第一百十五條之二** 法院為處理著作權訴訟案件，得設立專業法庭或指定專人辦理。 著作權訴訟案件，法院應以判決書正本一份送著作權專責機關。	條次變更，內容未修正。
	第一百十六條 （刪除）	一、本條刪除。 二、本次為全案修正，爰刪除原保留之條次。

修正條文	現行條文	說明
第一百四十五條 本法施行日期，由行政院定之。	**第一百十七條** 本法除中華民國八十七年一月二十一日修正公布之第一百零六條之一至第一百零六條之三規定，自世界貿易組織協定在中華民國管轄區域內生效日起施行，及中華民國九十五年五月五日修正之條文，自中華民國九十五年七月一日施行外，自公布日施行。	一、條次變更。 二、本次著作權修正條次重編，修正內容繁多，更動幅度甚大，為利民眾瞭解修法內容，同時廣為宣導，明定本法施行日期由行政院定之。

國家圖書館出版品預行編目資料

著作權法實務問題研析（二）／蕭雄淋著.
一一初版. 一一臺北市：五南, 2018.06
　面；　公分
ISBN 978-957-11-9718-0（平裝）

1.著作權法　2.論述分析

588.34　　　　　　　　　　　107006774

4U08

著作權法實務問題研析（二）

作　　　者 ― 蕭雄淋（390）

發 行 人 ― 楊榮川

總 經 理 ― 楊士清

副總編輯 ― 劉靜芬

責任編輯 ― 高丞嫻　蔡琇雀

封面設計 ― 姚孝慈

出 版 者 ― 五南圖書出版股份有限公司

地　　　址：106台北市大安區和平東路二段339號4樓

電　　　話：(02)2705-5066　　傳　　　真：(02)2706-6100

網　　　址：http://www.wunan.com.tw

電子郵件：wunan@wunan.com.tw

劃撥帳號：01068953

戶　　　名：五南圖書出版股份有限公司

法律顧問　林勝安律師事務所　林勝安律師

出版日期　2018年6月初版一刷

定　　　價　新臺幣380元